# 慈禧太后
# 身世之谜

**秉笔直书中国千年大变局，揭开一代铁腕太后神秘垂帘**

破解惊天谜案，澄清野史轶事
## 看透宫廷心计！

冷月 编著

内蒙古出版集团
内蒙古文化出版社

图书在版编目（CIP）数据

慈禧太后身世之谜 / 冷月编著 . — 呼伦贝尔 : 内蒙古文化
出版社，2014.6
ISBN 978-7-5521-0683-1

Ⅰ . ①慈… Ⅱ . ①冷… Ⅲ . ①西太后（1835～1908）—
人物研究 Ⅳ . ① K827=52

中国版本图书馆 CIP 数据核字（2014）第 144838 号

# 慈禧太后身世之谜
CIXI TAIHOU SHENSHI ZHI MI

冷 月　编著

责任编辑　　王　春
封面设计　　鸿儒文轩

出版发行　内蒙古文化出版社
地　　址　呼伦贝尔市海拉尔区河东新春街4－3号
直销热线　0470－8241422　　邮编　021008

排版制作　鸿儒文轩
印刷装订　三河市华东印刷有限公司
开　　本　710×1000毫米　1/16
字　　数　186千
印　　张　21
版　　次　2014年8月第1版
印　　次　2023年4月第2次印刷
书　　号　ISBN 978-7-5521-0683-1
定　　价　65.00元

# 引言：一代妖后，谜案重重

慈禧太后，即清朝孝钦显皇后，姓叶赫那拉，名杏贞，咸丰帝的妃子，同治帝的生母，光绪帝的姨母兼养母，史载生于 1835 年 11 月 29 日，卒于 1908 年 11 月 15 日。她本是咸丰皇帝的次妃，咸丰皇帝死后，她发动辛酉政变，掌握了国家最高权力，开始玩弄权术于股掌之间，并以皇太后身份两次垂帘听政，为自 1861 年至 1908 年间大清王朝的实际统治者。

慈禧太后统治中国长达近五十年，其在统治期间倒行逆施，逆世界潮流的种种举措使中国错失了发展的良机，一手把中国送进了内忧并起、外患连连的半殖民地半封建社会的深渊之中，给近代中国造了难以形容的巨大伤害，因之被称为"一代妖后"，在人们的心目中，她也成为了狠毒、自私、昏庸、专横、残暴的代名词。

可以说，慈禧是近代史上对中国影响最大的极少数人物之一，但基本都是负面影响，她正是造成近现代中国落后挨打局面的关键

性人物。慈禧本也是一介女流，为什么要攫取清王朝的最高权力？
又为什么会给近代中国带来那么大的负面影响？她为什么会有那样
扭曲险恶的性格？其人格是如何造就的？对此我们不得不问问她的
出身及性格塑造之根源。慈禧出生在什么样的家庭？她的父母亲
人是什么样的人？她幼年的经历、家庭环境，以及所受的教育是
什么样的？一直以来，世人对此都充满了疑问与好奇。但奇怪的
是，慈禧的身世却是个谜，百余年来，猜测不断，种种传说，未有
定论。那么真相到底如何呢？本书将综合百年来的种种说法，并以
历史证据为凭，以合理的分析评述，向您揭开慈禧的身世及一生的
种种谜团。

慈禧太后身世之谜

## 【第一章】 慈禧身世，扑朔迷离

慈禧太后身世之谜

# 【第二章】 慈禧亲族人物历史揭秘

# 【第三章】 慈禧的童年及入宫经历

慈禧太后身世之谜

## 【第四章】 慈禧问政与辛酉政变

# 【第五章】 三次垂帘听政，慈禧祸国殃民

慈禧太后身世之谜

257

## 【第六章】　慈禧私生活大揭秘

269

## 【第七章】　慈禧与荣禄，兄妹还是情人？

【第八章】 慈禧与慈安，姐妹还是敌人？

【第九章】 慈禧与奕䜣，战友还是对手？

慈禧太后身世之谜

【第十章】 慈禧之死，谜雾又生

慈禧身世，扑朔迷离

第一章

# "叶赫灭清"预言，慈禧应谶而生

慈禧的身世之谜，历来众说纷纭。有人说慈禧是满人，有人则说慈禧是汉人，而关于慈禧的出生地则说法更多，主要的说法就有北京说、山西长治说、甘肃兰州说、安徽芜湖说、浙江乍浦说、内蒙古呼和浩特说等六种说法。那么慈禧到底出生在哪里呢？她到底是满人还是汉人？她的身世到底是什么样的？她的一生都有哪些谜团呢？下面我们从"叶赫灭清"的传说开始，拨开重重迷雾，一探慈禧的真正面目和身份。

先说"北京说"，这也是正史上记载的说法，并为多数史学家所认同的说法。

史书记载慈禧太后名字叫叶赫那拉·杏贞，其既姓叶赫那拉，当为女真叶赫部后裔，属满人。而再统观慈禧的一生，其先是进宫为妃，又因生子而贵，终在咸丰帝死后掌握大权，左右大清天下，在她的昏庸统治下，本有着雄厚根基和庞大国力的清王朝一步步走向衰落，终至灭亡，可以说，清朝也是毁在慈禧的手里的，这样的话，就不得不让人回忆起自清朝开国时便流传的一个预言——"叶赫灭清"之谶语。

## 叶赫那拉氏与爱新觉罗氏

二十世纪八十年代中期，电影《火烧圆明园》风靡中国大陆。这部

电影摄制于 1983 年，由香港导演李翰祥执导，中国电影合作制片公司、香港新昆仑影业有限公司联合摄制。该影片以宿命论的观点，将大清的衰亡，特别是列强入侵和圆明园被焚，归咎于慈禧的专权及腐败；而又将慈禧的专权归因于慈禧的叶赫那拉家族与大清的爱新觉罗家族的历史宿怨。电影的开场白，便推出这样一段话："她（慈禧）的祖姓叶赫那拉。那拉的原意是太阳，叶赫的原意是河边。这个家族的祖先布扬古和金台石同清太祖努尔哈赤曾经有过一场会战，在被努尔哈赤杀死之前，他们曾经对天发誓：'即使叶赫那拉家族只剩下一个女人，都要报仇雪恨。叶赫那拉同努尔哈赤不共戴天！'"

清朝的历史至今仍有许多未解之谜，"叶赫灭清"预言便是其中之一。电影中的这个片段说的就是贯穿整个清朝的"叶赫灭清"谶言之谜。传说在清太祖努尔哈赤消灭叶赫部时，叶赫部被杀戮得非常凄惨，叶赫部首领悲痛万分，临终前扬言说：叶赫那拉部族将同努尔哈赤部族不共戴天，只要叶赫那拉家族还剩下一个女人，也要为部族报仇雪恨，将来要灭掉努尔哈赤的部族。

"叶赫"一词的词意，有姓氏与部落之分，部落主要指 16 至 17 世纪建立于今天吉林省西部的叶赫部（也称叶赫国），作为姓氏则主要指叶赫那拉家族，属女真那拉姓中的一个外来分支。"那拉"本是我国东北地区最古老的氏族部落——肃慎（宋后称女真）部落之一，其分支非常繁多，因分布于叶赫河（今吉林省梨树县一带）的那拉氏得名叶赫那拉。叶赫部落号称叶赫那拉部，分布于南起长白山，东至滨海地带，是为同姓叶赫。

在明清两代，叶赫氏族部落分支非常繁多，元末明初时，金朝贵族遗裔那拉氏的纳齐布录起兵反元，在今吉林省中部建立扈伦国，并接受明朝册封立为塔山卫。这个邦国就是后来扈伦四部的前身。大约明永乐至洪熙年间，扈伦国吞并此前的女真锡伯部（今吉林省双阳河流域），其势力范围扩展到今吉林省西部白城辽原一代，那拉氏族人便有迁居该地者，即以地称姓叶赫那拉，因此这部分那拉氏的后人被扈伦国其他那拉家族视为"同姓叶赫"。而后来叶赫部的领主集团，也就是慈禧太后一支那拉氏的祖先，却并非出自扈伦国的正统那拉家族。

叶赫部的领主叶赫那拉氏本出自蒙古土默特部，原姓土默特氏。对于这个家族的先祖身世究竟是依附于蒙古女真人，还是女真化的蒙古人，史学界至今说法不一。这支叶赫那拉氏的最早祖先名叫"星根达尔汗"，大约明朝中期景泰年间，星根达尔汗的后人率领其家族入赘于扈伦国的叶赫部，改姓那拉氏。其后人通过联姻等政治手段逐渐继承了叶赫部的统辖权。因其本由土默特氏改姓而来，扈伦国其他那拉家族称其为"异姓叶赫"，与叶赫其他那拉家族不同。

明代时，叶赫部成为海西女真四部（叶赫、扈伦、哈达、辉发）之一，依附乌拉部（乌拉部即扈伦国嫡系那拉氏，后称乌拉那拉），与明保持密切关系。因靠近明朝在当地所设的马市镇北关（俗称北关），故明人有时也称叶赫部为"北关"。

努尔哈赤像

当时女真的众多部落之间经常互有争斗。而明朝对付女真的一般策略，是尽力维持各部落的均势，防止其中某个部落成为独霸东北的势力。爱新觉罗·努尔哈赤便是在这样的状况下崛起。

但叶赫那拉氏族与爱新觉罗氏族之间的矛盾却不是从努尔哈赤开始的，而是由来已久。据说早在元末明初时，叶赫那拉氏族与爱新觉罗氏族之间发生了一场战争。当

时，爱新觉罗家族的头领为了使叶赫那拉氏臣服，指着大地说："我们是大地上最尊贵的金子（爱新觉罗是金子的意思）！"而叶赫那拉的首领听了一阵大笑，他指着天上的太阳说道："金子算什么，我们姓它（叶赫那拉就是太阳的意思）。"结果，在那场战争中，叶赫那拉氏最后打败了爱新觉罗氏，成为当时女真族最大的部落。

　　然而，历史的发展难以预见，各种势力都是随利益而走，叶赫那拉氏族和爱新觉罗氏族总是在敌人与朋友之间徘徊，是敌人的时候，难免要打上几仗；是朋友的时候，便开始联姻。是战是和，都是视当时的情况和利益而定。事实上，叶赫那拉氏和爱新觉罗氏世世代代都是血统之亲，努尔哈赤不但是叶赫那拉氏所生，还娶了叶赫那拉部落的女子。努尔哈赤的儿子皇太极便是叶赫那拉氏（孟古）所生。但相对而言，双方为敌的时候更多。

## 努尔哈赤灭叶赫，慈禧太后灭大清

　　明万历四十四年（1616年），努尔哈赤割据辽东，称大汗，国号金，历史上称为后金。后金天命三年（明万历四十六年，1618年）四月十三日，努尔哈赤誓师伐明，向大明国正式宣战，随后发兵连克大明关外数城。受挫的明朝决定发动一场大规模的围剿战争，企图一举消灭后金政权。大明从浙江、江西、四川等地调遣军队驰援辽东，并争取到叶赫部及朝鲜国出兵相助，于明万历四十七年（1619年）二月，以数十万大军兵分四路围剿后金。努尔哈赤面对强敌毫不畏惧，在萨尔浒同明朝军队展开决战。努尔哈赤集中兵力，采用声东击西、各个击破战术，经数日驰战，以少胜多先后逐个击败大明的四路围剿大军，取得了辉煌的胜利，并从此结束了大明控制东北的历史。

　　这就是历史上有名的满明"萨尔浒之战"。作为明朝的依附者，叶赫部也参战了，打算助明军一臂之力，结果明军大败，叶赫部见到明军战败，也慌忙撤退。

慈禧太后身世之谜

— 006 —

这次大战之后，明朝丧师失地。为挽回辽东局势，明朝派熊廷弼经略辽东，熊廷弼坚守不战。于是努尔哈赤以叶赫部助明朝进攻自己为由，调转兵锋，集中力量进攻叶赫部。为求自保，叶赫部奋起反抗，八月，努尔哈赤发下誓言："不克叶赫，誓不回师！"

努尔哈赤疯狂杀戮，叶赫部损失惨重，出战不利的叶赫首领金台石和布扬古分别固守东、西二城。努尔哈赤命后金军掘地为穴，城墙倒塌，后金军攻入城中。金台石拒不投降，自焚而死。布扬古见东城已破，孤城无援，在得到降后不杀的保证后，才盟毕出降。

但努尔哈赤为防止叶赫部东山再起，却食言杀了布扬古，叶赫部遂告灭亡。努尔哈赤将叶赫的平民迁到建州，入籍编旗，变成了自己的臣民。

据说，叶赫部首领布扬古临死前曾对天发誓："我叶赫那拉就算只剩下一个女人，也要灭建州女真。"

关于这个预言，曾有多部文学和史学作品提及，只是出自谁之口有所差异，有的说是金台石，有的说是布扬古。2006 年，吉林省四平市出版了《话说四平》一书，收录了近年来四平当地文艺工作者收集、编写的一些民间故事、传说。四平是叶赫那拉家族的祖居地，该书有两篇传说故事分别写到叶赫部被努尔哈赤剿灭时叶赫部首领发出过毒誓。在《叶赫贝勒宁死不降的呐喊》一篇中写道："金台石三次拒降……面对努尔哈赤，叶赫贝勒金台石大呼：'我叶赫那拉，就算只剩下一个女人也要报仇！'努尔哈赤只好让人把金台石勒死了。"在《门出叶赫那拉的三皇后》一篇中写道："当年清太祖努尔哈赤攻打叶赫时，杀戮甚惨，叶赫部首领金台石在临死前曾说：'叶赫部就是只剩下一个女子，也要灭亡大清！'"

2006 年，北京故宫图书馆馆长向斯在其新出版的《女人慈禧》一书中，以《引子：先祖神秘誓言》开篇，将全书从这则叶赫部首领的毒誓提起，然后再去展开慈禧的一生故事。向斯在《引子：先祖神秘誓言》提到了三则"有关史料"，并写道：《清光绪帝外传》称：叶赫部长布扬古，临终前愤然留下遗言：吾子孙，虽存一女子，亦必覆满洲！因此，满清祖制规定：宫闱不选叶赫女子。"

而蔡东藩的《慈禧太后演义》则称："叶赫金台石，临刑前厉声说：'我生前不能存叶赫，死后有知，定不使叶赫绝种！无论传下一子一女，总要报仇雪恨！'"

还有一部名叫《瀛台泣血记》的书，又名《光绪秘记》。作者德龄（约 1884 — 1944），女，汉军正白旗人，幼时与妹容龄随父母宦居欧洲多年，1903 年初回国，姊妹俩同入清朝宫廷，为慈禧太后贴身女官。1905 年因父亡出宫。后与美国驻沪副领事结婚，随夫去美。1927 年至 1935 年曾回国小住。抗日战争时期，在美参加"中国之夜"等募款活动。后在加拿大遭遇车祸致死。德龄生前以其在清宫之所见所闻，用英文写成《清宫二年记》、《御香缥缈记》、《瀛台泣血记》等书，被译成中文出版后，在国内曾经轰动一时，对了解清朝末期历史有一定的参考价值。在《光绪秘记》一书中，德龄写道：

德龄像

在历史上可以看到不少起初觉得毫无价值的诅咒，到后来竟会极神秘地应验起来。叶赫那拉和清廷皇室嫡系间的仇恨，其起因也是由于一句很空泛的诅咒，但后来是应验得多么灵异啊？究竟这一句诅咒是在什么时候说的，现在也没有确切的日子可以查考了，只知道是在满清入关以后的初期发生的……这誓言从此便深深地印入了每一个满洲人的

脑海里。而他们这一族的人，从此也就不能再在朝廷上占到重要的地位了。因为依照当时的习惯，只要一族的人里头有一个人做了什么损害名誉的事情，那么整族的人就要一起给人家轻视了，甚至后代的子孙，也永远不能洗尽这个耻辱……

叶赫那拉一族的前途就这样被断送了，他们可以不用再希望别族的人能够尊敬他们；大家都相信他们所做的事必然是对皇室不利的。

可以说有清一代，民间一直流传着叶赫那拉与爱新觉罗世代为仇、清廷宫中后妃不选叶赫的祖制。但史实并非如此，清朝的历代皇帝都有姓叶赫那拉氏的嫔妃，叶赫部族的子孙更有不少在清朝廷位居要职。金台石的儿子德尔格勒，授佐领，予三等男爵；其弟尼雅哈，授佐领，予骑都尉世职；孙子南楚，任护军统领，袭三等男爵。南楚的儿子穆占率兵征湖南，平云南，后授正黄旗都统，列议政大臣。

尼雅哈的儿子明珠是康熙朝有名的权臣，由侍卫授銮仪卫治仪正，迁内务府郎中，后擢升为内务府总管，再授弘文院学士，又历任刑部尚书、都察院左都御使、兵部尚书、武英殿大学士，后赠太子太傅，晋太子太师，可谓是权倾一时。明珠的儿子纳兰性德更被誉为"清初第一才子"。

纳兰性德生于顺治十一年十二月十二日（1655年1月19日），17岁进入太学读书，18岁时就高中举人，22岁的时候考取进士，随后被康熙授予三等侍卫，以后又分别晋升为二等侍卫、一等侍卫，并作为乾清宫侍卫侍于皇帝左右。由于才华出众，康熙帝非常看重纳兰性德，这使得他的词集《侧帽集》《饮水词》刊行于世，并能够为后人所知。康熙二十四年五月三十日（1685年7月1日），纳兰性德病故，时年31岁。纳兰性德17岁时与两广总督卢兴祖之女卢氏成婚，两人情感甚笃，婚后三年卢氏不幸亡故，又续娶关氏。纳兰性德有三子。长子富格为侧室颜氏所出，次子富尔敦为卢氏所出，三子富森为沈宛出，其孙名瞻岱。这些都是叶赫那拉氏的名人。

不过不可思议的是，清朝最终确实亡于叶赫那拉氏之手。慈禧太后姓叶赫那拉氏，由于她的保守和固执加速了清朝的灭亡，慈禧死后两年，开国延祚三百余年的大清王朝也走到了尽头，被辛亥革命的大火焚毁在了历史的时空中。而最终签署清帝退位条约的人，正是慈禧太后的侄女——隆裕皇太后，当然也姓叶赫那拉。

## 满洲身份，旗人之女

"叶赫灭清"这一预言和传说，以及跟随这一传说的史料都有力地证明，咸丰朝的大臣和咸丰皇帝本人，都认为慈禧是满人，属叶赫那拉部，且根红苗正。

而史学界也大都认为慈禧为满洲镶蓝旗人，后抬旗入镶黄旗，其先祖属叶赫部（今吉林省四平市附近），玉牒明确记载是"叶赫那拉氏惠征之女"，母富察氏。

《清宫档案》也记载：慈禧太后为叶赫那拉氏，满洲镶黄旗人。生于1835年，死于1908年，安徽宁池太广道惠征之女。咸丰元年大选秀女的时候，被选入后宫，封为兰贵人。因得宠于咸丰帝，四年后又被封为懿嫔。咸丰六年三月二十三日未时，叶赫那拉氏生了同治帝载淳。母因子贵，那拉氏也因此被晋封为懿妃。咸丰七年正月又被加封为懿贵妃。1861年，咸丰帝驾崩承德行宫，同治帝继位，尊封她为圣母皇太后，徽号慈禧。1908年10月22日，慈禧因疾病去世，卒年74岁。

《清史稿·后妃传》则记载说："孝钦显皇后，叶赫那拉氏，安徽徽宁池太广道惠征女，咸丰元年，被选入宫，号懿贵人，四年封懿嫔，六年三月庚辰，穆宗生，进懿妃。七年，进懿贵妃，十年，从幸热河。十一年七月，文宗崩，穆宗即位，尚孝贞皇后并尊为皇太后。"

但从这些史料的记载中，我们也仅可以看出，慈禧名为叶赫那拉氏，镶黄旗人，父亲为安徽宁池太广道惠征。

这些就真是慈禧的真实身份么？我们从历史资料中随便就可以查到慈禧的许多资料，但是关于慈禧的出生地和她的小时候的事却完全没有记载，可以说是一个空白，要知道，慈禧的年代距离我们并不遥远，不过刚有一百年而已，何以她年少时的故事就这么少呢？皇家史料没有记载，别的史料为什么也没有详细的记载呢？既然无从说起，那么她的身世，也就真成了个谜。

但历史总有其真实的一面，那么慈禧到底出生在哪里？她的童年是什么样的？史料虽没给我们答案，但却有个地方一直流传的故事和一些证据，将慈禧神秘而又曲折的童年时代，丰富地展现到了我们眼前，让我们看到慈禧的性格塑造情形，并且完全地否定了慈禧的满人身份，这个地方就是山西省长治县，这就是慈禧身世的"山西长治说"。

# 山西出生，本是汉女

## 悲苦的童年——王小慊与宋龄娥

在山西省长治县的西坡村和上秦村一带，有个并不广为世人所知的传说和秘密，就是关于慈禧身世和童年的故事，这个传说在这里已流传了上百年。

1989年6月，长治市郊区（原属长治县）下秦村77岁的村民赵发旺带着他和上秦村宋双花、宋六则、宋德文、宋德武等人的联名信，找到长治市地方志办公室。赵发旺说，慈禧是上秦村人，他是慈禧太后的五辈外甥，宋双花、宋六则等人是慈禧的五辈侄孙。他们要求政府帮助澄清慈禧的身世真相。以此为基础，曾任长治市地方志办公室副主任的刘奇先生撰写了《揭开慈禧童年之谜》的论文，这篇7000余字的论文，集中阐述了慈禧的身世问题，在文化部中国艺术研究院主持召开的"共和国社会主义文学艺术五十年研讨会"上获得一等奖。论文中拿出3大类38项依据，论证了慈禧是1835年出生于山西长治县西坡村一个贫穷的汉族农民家庭的名叫"王小慊"的女孩子。

由此开始，慈禧的身世和出生地之争，又掀起了一场大波澜。

据刘奇考证，慈禧于1835年出生在山西长治县西坡村一个贫穷的汉族农民家庭，取名"王小慊"，属羊。其祖父名王会听，祖母陈氏。父亲王增昌，母亲李氏，父母只有她一个女儿。王小慊还有一个舅舅，两个姨妈。其父靠打短工度日。道光十八年（1838年），母亲李氏因病去世，因为家境贫寒，无奈的父亲将她卖给上秦村富户宋四元家，改名为宋龄娥。

小龄娥天资聪慧，嗓音极好，爱唱小曲，被宋家夫妇视为掌上明珠，7岁读书，9岁会双手写字。可是，好景不长，她11岁时，宋家遭

山西长治县西坡村的"慈禧童年展览馆"

难，无力继续抚养这个孤女，遂将她转卖给潞安府知府惠征家做丫头。由此开始了她由一个农民丫头向满洲贵族富家女的转变。

据传说，小龄娥有一次在服侍惠征夫人富察氏洗脚的时候，看见她的脚底有一颗痣，便说自己的两只脚底都有痣。富察氏一听大惊，认为两脚底都有痣是做皇后的命。于是，不敢再让她做婢女，而是将她收为养女，这成为小龄娥命运的转机，之后惠征夫人让小龄娥改姓叶赫那拉，更名玉兰，在后衙中精心培养，又请人教她学习满文、汉文。天性机敏的她就有了些文化功底。后来到了咸丰二年（1852年），咸丰帝在八旗中广选秀女，惠征家也有名额，惠征夫人舍不得亲生女儿，便让小玉兰参加三年一次的选秀女，结果她被选中入宫，先做兰贵人，之后经过种种机缘和拼争，她从妃嫔一步步升为皇太后，权倾天下。

## 百年传说，长治慈禧

如果根据这个传说，那么慈禧就不是满洲人，生父也不是惠征，她原本是长治县西坡村汉族农民王增昌之女，名叫王小谦。

这里的人们还为这个传说找到了大量的旁证和物证，刘奇在他的论著《解开慈禧童年之谜》一书中，列举了38条证据来证明慈禧本来是汉人的说法，大致分为民间口传史料、历史实物和典籍文献3大类。如：在西坡村王英培家的王家的家谱上有"王小谦后来成为慈禧太后"的记载；在西坡村外羊头上的山脚下有慈禧母亲的坟；同时在慈禧的第二故乡上秦村也发现了证据，就是在宋家后人宋六则和宋德文家里发现了祖传的光绪、宣统年间清廷制作的皮夹式清代帝后宗祀谱；在宋六则家中还发现了一封慈禧寄给其堂兄宋禧馀的感谢宋家养育之恩信件残片和慈禧本人的单身照片；在这个村子里还保留着一座叫做"娘娘院"的老房子，据说是慈禧童年的时候住过的，慈禧做了皇太后之后，当地的人们为了纪念，就把这所老房子改名为娘娘院保留下来。长治市城区原潞安府衙后院还保留有"慈禧太后书房院"。

山西长治慈禧太后书房院

　　百余年来，长治县西坡、上秦两村村民及附近村庄的老人，都说慈禧是本地人。写成书面材料表达此意的，就有 150 余人。这两村还留传有"天皇皇，地皇皇，皇上娶我当娘娘"的民谣。

　　山西长治的"慈禧后裔"们至今保存着 5 件相关的"文物"：西坡村王培英家的家谱有慈禧的乳名及"王小谦后来成为慈禧太后"等文字记载，上秦村宋六则和宋德文家祖传的光绪、宣统年间清廷制作的皮夹式清代帝后宗祀谱，宋六则家中还有慈禧寄给其堂兄宋禧馀的信件残片和慈禧本人的单身照片。这些都可成为物证。

　　除实地勘察外，刘奇还长时间查阅了大量的历史文献。关于慈禧生活习惯和言行的记载，表明慈禧与山西长治有着千丝万缕的联系。据说慈禧入宫当了太后之后，曾让长治七里坡村韩印则的二老奶奶当奶妈，请长治小常村陈四孩作御厨，安排长治史家庄村原殿鳌担任御前侍卫，在原殿鳌任御前侍卫期间，因触犯刑律，本当处斩，慈禧念其是同乡，免其死罪，并让他到江西做官。另外，慈禧还曾特别关照长治籍官员、

长治地方官和山西商人。

1900年八国联军打进北京，慈禧与光绪逃至大同，于当年8月29日开始在此留住三日，兵荒马乱中仍召见潞安知府许涵度和擢冀宁道众人。

此外，刘奇还列举了慈禧的一些与长治有关的生活习惯，如慈禧爱吃长治人常吃的萝卜团子、壶关醋、玉米掺粥、沁州黄小米，这一说法在慈禧的御前女官裕德龄所写的《清宫二年记》也可以得到印证，它里面曾经记载慈禧太后说她"喜欢乡村生活，觉得那比起宫里的生活来自然得多了。"慈禧太后还有自己的田庄，每隔四五天，就要到田里去看一次，说明她还是比较喜欢农家生活的。

慈禧太后爱看山西地方戏上党梆子等。据《壶关文史资料》记载，光绪二十一年（1895年），壶关上党梆子戏"十万班"进京为慈禧太后祝寿演出，在当地轰动一时。慈禧看后亲笔题词"乐意班"，并钦旨不支官、不纳税。

慈禧善唱小曲，爱唱山西民歌，据说咸丰皇帝有一次曾问慈禧："你为什么能把山西等地的民歌唱得很好，而满歌却唱不了？"她说："我幼年随父在潞安府长大，对那里的民歌熟悉。"另外，慈禧太后好吸长治人爱吸的水烟，不吸关东烟（旱烟），而台湾史学家高阳在《慈禧前传》中也说慈禧"只认识汉字，不认识满文"。

"慈禧太后本是山西汉人"的观点得到有关专家学者的支持和认同，并被《明清四大太监丛书·皇妃身边的贴心人——安德海》和《西风瘦马——恭亲王奕訢传》等著述所采纳。

有位叫于善浦的清史研究者认为，慈禧出生于山西长治之说证据最全。他曾于1984年参与开棺检验慈禧尸体，说"开棺后，我看到，她的身上盖着一个黄缎子被。因为1928年东陵盗宝案，她的上衣已被剥光，但尸身基本完整，小黄布包里还放有她的指甲和牙齿。此外仅遗留有织金陀罗尼经被、福字夹袄、团金寿字袍、佛字龙袍、荷花褥、珍珠花盆鞋、枕套、背心长袍等几件衣物，原本镶在上面的珍珠也都被盗走了。这些盗陵剩下的随葬品皆堪称亮点，但目前一直在库内存放，一般人无法看到。"他还说自己亲自丈量过慈禧的脚及袜子，足底长为19.5厘米，说明很有可能是缠过小脚后又放开的，很多见过慈禧的人也说，她有一双"半落子"脚（缠过又放开的小脚），这也可以证明慈禧本是汉人，因为汉女是缠足，满女是天足。不过他的说法值得怀疑，因为据传慈禧陵被盗后，慈禧的棺材被打开过，已被盗墓者破坏得尸骨无存。

1993年，长治市慈禧研究会与北京史学会联合召开了"慈禧童年学术研讨会"，有三十余位专家学者参加了会议研讨。有的专家认为：长治市慈禧童年研究会"经过多年的深入访问调查，提出了自己的学术见解，认为慈禧出生于山西长治，这是关于慈禧童年研究中值得重视的一种意见。"

长治市的一些清史研究者还为此专门成立了慈禧童年研究会，《长

西坡村慈禧童年展览馆关于慈禧出生的碑文

治日报》连篇刊载了有关慈禧童年及其家世的文章，认为"慈禧太后本是山西汉人"。长治慈禧研究会还陆续编辑出版了《慈禧童年考》、《慈禧童年——解开百年不解之谜》等书，拍摄了《慈禧是长治人》、《慈禧后代、乡亲话慈禧》的电视片、资料片，举办了慈禧童年展览等活动。

## 迷雾重重，真相何在

对于慈禧生于山西长治一说，史学研究上分歧比较大。山西大学教授姚奠中认为，刘奇的研究成果"初步解决了慈禧童年这段历史空白问题"。中国史学会副秘书长、原中国人民大学历史系主任王汝丰教授和张革非教授在《慈禧童年考》（刘奇主撰）的序中写道：本文"言之有据，并非凭空臆断。这本书的出版，是对慈禧研究中一个薄弱环节的重要补充。""如果否定其著述中的个别论据或某些枝节，比较容易；如果全盘否定其结论，没有充分根据，似亦很难。"中国人民大学一位近代史教授说，关于慈禧的出生地，以往有 5 种说法，目前北京说和山西说可暂时并存。

但有更多历史方面的专家学者对慈禧生于长治的说法提出了一些疑点和不同看法，他们认为，此说太富于传奇色彩，物证中有许多地方值得推敲，论证分析如下：

第一，慈禧生母之坟。这是长治说的物证之一，据长治说的说法，1958 年时，西坡村曾平了许多坟，因为在六七十年代时，该村和全国一样，在"农业学大寨"高潮中也曾到处平坟造地，但因该墓系慈禧太后生母之墓，得以保存至今。反对长治说的学者观点正好相反，他们认为，"自清末以来，慈禧太后的名声一直不太好，特别是建国以后，慈禧太后更成为一个臭名昭著的人物"，六七十年代时还一度在全国掀起了批判慈禧的高潮，在当时的年代里，许多历史名人的墓被毁被平，怎么会在西坡村独留下慈禧生母的坟？另外，该坟之碑为后立石碑，当地人说此前是木碑，但早已不见。所以此物证难以成立，唯一的办法就是

DNA 验证了。

第二，慈禧给宋家的书信残片。据说其是由慈禧的五辈孙宋六则从当年慈禧所住房屋东面的土炕里刨出的，这是长治说的又一关键证据。但反对此说者将其和清宫档案中光绪二十六年（1900 年）慈禧写的便条及咸丰刚刚去世时慈禧写给恭亲王奕䜣的密谕进行鉴别对比，认为明显不是慈禧的手笔。再看全信的内容，支离破碎，仅剩下了 45 个字，而由"山西说"的学者按自己的思想猜测增加上去的竟达 118 个字，并且关键性的字是加上去的，所以可信度很低。另外请人代写这种私密信，也不符合慈禧一贯的做事风格。在清宫档案中，有一些慈禧写的便条和密旨以及元旦开笔所写的吉字等，都是慈禧亲手写的，与此差别较大。

第三，王氏家谱上写的"王小慊后来成为慈禧太后"的话。王家从乾隆五十九年一直续到现在的家谱，虽然写着"王小慊后来成为慈禧太后"，但是这份家谱不是原件，而是重新抄写的，这段话虽是家谱标注，但是是后人所为，是什么人所加、根据是什么都不知道，这使其史料价值大打折扣，在没有弄清来龙去脉之前，更不足为凭。

第四，清制黄皮夹。说它制于清光绪年间可能是正确的，但是说持此皮夹者应为高级官员和皇亲国戚则不一定，从这个皮夹就推断出宋四元夫妇为慈禧太后（养身）父母也缺乏根据，而说它是慈禧"让家人作为进京入宫谒见皇太后的通行证"，更是与清朝宫廷制度不符。

所以山西长治说虽然讲到了慈禧的童年，但证据方面明显不足，并且此说光传说部分就分歧比较大，有一说是王小慊被卖给了潞安府某人，后来又辗转卖给了潞安府知府。大约过了七八年，传说潞安府知府有一个丫环，十一二岁，长得如花似玉，两个脚心上还各长了一个瘊子。知府夫人觉得，此后其人必会大富大贵，就把她认为义女。消息传到西坡村，王小慊的祖母陈氏听说了。老人心想，我的孙女脚上也长了两个瘊子，况且，也应该是十一二岁了。就让小儿子王增鸿到潞安府去打听。几经周折，也没有打听到实信。其祖母陈氏带着遗憾，在咸丰四年（1854 年）去世了。

还有一说则直接说慈禧是上秦村人，姓宋，名龄娥，生于道光十五年（1835 年）十月初十，长得俊俏，聪明伶俐。父亲排行老四，名宋四元。母亲李氏，在一个叫弹花弓的地方被狼咬死，龄娥还有个哥哥，也在河滩上被狼吃掉。道光二十五年（1845 年），家乡闹大饥荒，树皮都被吃光。龄娥饿得骨瘦如柴。宋四元只好将女儿龄娥卖给了潞安府知府惠征做奴婢。不久，宋四元也饿死了，宋家就没有人了。惠征买了龄峨，起名兰儿。惠征的夫人有一天发现龄娥两个脚心各有一个痦子，认为她是一个贵人，就认为义女，改姓叶赫那拉，并请人教她念书识字。到了咸丰二年（1852 年），龄娥被选入清宫，后来当上了皇太后。

　　这些传说曲折离奇，传奇色彩丰富，但要考证历史事物的真伪，必须有充足的资料，且必须是真实可信的，如遗迹资料必须是原始真实的、口碑资料必须是关联紧密的，上述所谓的各种资料显然都不具备这些条件。

　　另外，以上二说，即西坡村说和上秦村说之间，也存在着许多相互矛盾之处。但是，长治市的地方人士仍然认定慈禧是长治人。为此，他们还成立了长治市慈禧童年研究会，并召开了研讨会。

　　大多数史学界人士之所以不相信山西长治说，还有至关重要的一点，就是慈禧之父惠征并未在山西长治做过知府。据学者考证，在慈禧出生到入宫的这段时间，历任潞安府知府的共有七人，其中并没有惠征。学者查找了清代的起居注档、上谕档、朱批奏折等档案，详细查对了历任潞安府知府的任职年代。从道光五年（1825 年）至咸丰元年（1851 年），这 25 年间，担任潞安府知府的共有七人，分别是：道光五年六月至十五年七月，知府马绍援，任职十年一个月；道光十五年八月至十八年三月，知府达镛，任职两年半；道光十八年四月至二十八年八月，知府多慧，任职十年五个月，其中道光二十四年，多慧因大计卓异，赴京由吏部引见皇帝，知府之任由同知陈维屏代理；道光二十八年九月至咸丰元年五月，知府珠隙，在任两年七个月；咸丰元年六月至九月，知府万济堪，在任三个月，期间八月曾拟调袁彦龄，但袁未到任，

慈禧太后像

知府实际还是由万济堪担任；咸丰元年十月始，知府金君善，在这之后，慈禧就入宫参选秀女了。

这也就是说，在这超过慈禧当时年龄的这 25 年中，潞安府七任知府中，均没有惠征的名字。而且在惠征的任官经历中，也没有查到任过知府这一职务的记载。故这些学者提出：既然惠征没有在潞安任过职，甚至没有到过潞安府，怎么会存在慈禧在潞安被卖到惠征家之事？这样一来，所谓的慈禧在潞安府被卖给惠征的说法，就成了无源之水、无本之木了。

但惠征虽没有在潞安府做过官，并不代表他一生没路过此地，惠征一生光做官就曾到过好几个地方，王小谦（或者叫宋龄娥）并不是没有被卖给惠征家的可能性，所以，此说并不能完全否定，但在新的有力的证据出现之前，这都只能是猜测了。

## 安徽出生，善唱南曲

### 生长南中，少而慧黠

安徽说一度是北京说之外流传最广的说法，是说慈禧出生在安徽芜湖。对此《满清外史》一书记载道：那拉氏者，惠征之女也。惠征尝为徽宁池太广道，其女生长南中，少而慧黠。嫚艳无匹侪，雅善南方诸小曲。凡江浙盛行诸调，皆琅琅上口，曲尽其妙。于咸丰初年，被选入圆明园，充宫女。是时英法同盟军未至，园尚全盛，各处皆以宫女内监司之。那拉氏乃编入桐阴深处。已而洪杨之势日炽，兵革遍天下，清兵屡战北，警报日有所闻。奕詝（咸丰帝）置不顾。方寄情声色以自娱，暇辄携妃嫔游行园中，闻有歌南调者，心异之。越日复往，近桐阴深处，歌声又作，因问随行内监以歌者何人。内监以兰儿对。兰儿者，那拉氏之小字也。宫中尝以此名呼之。奕詝乃步入桐阴深处，盘踞炕上（凡园内各处皆设炕，备御座也）曰："召那拉入。"略诘数语，即命就廊栏坐，命仍奏前歌。良久，奕詝唤茶。时侍从均散避他舍，那拉氏乃以茶进，此即得幸之始也。或曰，奕詝得屡听歌声，及内监所对之言，均那拉氏贿赂所使。盖宫殿深邃，非有内侍牵引，必不能至。故那拉氏不吝金钱，卒以达其目的云。

以上这段话，叙说了慈禧年少之事和如何进宫受宠的细节。其中说的"雅善南方诸小曲。凡江浙盛行诸调，皆琅琅上口，曲尽其妙"，使慈禧正因此意外地得到了咸丰帝的青睐，并受到宠幸。

## 吴棠义举，官运亨通

安徽芜湖这一说同时还涉及了另一个故事，就是慈禧与吴棠相交的故事。这个故事最早见于《崇陵传信录》。

最先考证慈禧身世的资料出版在清末民初之时，恽毓鼎《崇陵传信录》和金梁《四朝佚闻》中有关于慈禧身世的记载。恽毓鼎从光绪二十三年（1897年）起充当日讲起居注官。日讲起居注是记载帝王言行的档册，皇帝每天的政事活动，都由日讲起居注官记录下来，按年月日的顺序编辑成册，一般每月两册，一年二十四册，用满、汉两种文字记载。起居注官必须每天伴随皇帝左右。恽毓鼎虽然算不上清朝知名的大人物，但是他久任讲官，熟知晚清宫廷内幕和花边新闻。金梁是满洲宗室，民国初年曾参与修纂《清史稿》的工作，熟谙宫廷掌故。他们是怎么记载慈禧身世的呢？

《崇陵传信录》载：慈禧的父亲死于湖南官任上，慈禧与妹妹扶父亲的灵柩归丧，由于穷困至极，连丧服都买不起。船过清江浦（属于今江苏省淮安市）时，正好赶上县令吴棠的一位部下死了，丧船也停泊于此，于是吴棠派人送丧礼三百两。可阴差阳错的是差官竟将礼金送到了慈禧的船上。差官回来复命，吴棠接到谢帖一看，才知道送错了，遂勃然大怒，命人要索回礼金。

吴棠身边的一个幕僚说："听说船上的女子是满洲的闺秀，此行也为了进京参加皇宫的选秀，怎么知道她就不能富贵？姑且与她结好，或许她秀女得中，对大人有利。"吴棠对幕僚的这个意见颇为赞许："一旦这个女子发迹了，在皇帝身边我不就有个说得上话的人了吗？"于是吴棠听从了幕僚的建议，没有索回礼金，而且还送佛送到西，亲自登上慈

吴棠故居

禧的船去吊丧。

慈禧感激涕零，将吴棠的名帖小心地放在梳妆盒里，并对妹妹说："我们如果他日得志，一定不要忘记这个县官。"后慈禧果然发迹，贵为太后时，吴棠官职一路攀升，最后升到四川总督，死于任上。

《四朝佚闻》也载：慈禧的父亲惠征，是安徽徽宁池太广道的道员，由于贪污公款被罢官，死在路上。慈禧奉母亲之命，扶父亲的灵柩归丧，由于家徒四壁，无以为生。恰逢北京有一民俗，有号丧的女子，也叫"丧娘"，丧家经常雇她们助哀。而慈禧嗓音洪亮，又能歌，又善哭，于是就当上了号丧女子，以此糊口。后参加选秀入宫，成为圣母皇太后。

以上两种记载，虽然记述慈禧的经历各不相同，有的地方可以说是南辕北辙，但我们不难发现相同有之处：即：惠征是慈禧的父亲；慈禧以秀女的身份入宫；慈禧入宫之前曾经历家庭的变故，家境艰难，屡经磨难，备尝人世艰辛。从中我们可以看到恽、金二人一致认为惠征为父、选秀入宫是慈禧的真实经历。

## 桐荫深处歌一曲，引得君王不早朝

有史料说慈禧入宫不久，其家庭就发生了重大变故。父亲被调任为安徽宁池太广道道员，刚上任即遇上太平军顺长江而下，一路势如破竹，安徽巡抚蒋文庆被杀，惠征押解一万两银子辗转逃到了镇江的丹徒镇，操办粮台，以待援兵。刑部左侍郎李嘉端参劾他临阵逃脱，咸丰帝一怒之下将其解职查办。惠征惊骇过度，一病不起，于咸丰三年（1853年）六月初三死于镇江。家庭惨遭变故，在形势复杂的后宫，慈禧只能和泪往肚子里吞，现在唯一能改变她命运的只有咸丰帝。

但命运十分眷顾慈禧，慈禧更知机会是人创造的，圆明园本为皇家夏宫，皇帝一年难得去几次，可内忧外患让咸丰帝心烦意乱，干脆躲进圆明园寄情声色。慈禧花钱笼络了身边的宫娥太监，并与咸丰帝身边的宣诏太监安德海搭上了线，决定铤而走险。

一天午后，咸丰帝乘着御辇在圆明园漫无目的地游玩，行至一桐荫

圆明园残迹

深处，清风徐来，传来一腔腔娇脆的江南小调。咸丰帝知道这是新晋秀女的所在，一听这歌曲婉转，便动了风流心思，顺歌而行，来到一处宫殿，见殿内林阴夹道，花气袭人，一女子手摇折扇，细款柳腰，正在引颈高歌，正是慈禧。

慈禧早进行了刻意打扮，又是少女怀春之时，女人天生的矜持和对男人的渴望让她娇羞又风骚，咸丰帝一见便喜，当场便与她脱衣交欢，接连几天就寝时，咸丰帝都翻下了她的绿头牌，让她陪侍自己。

电影《火烧圆明园》中有一个情节：兰贵人（慈禧）在圆明园"桐荫深处"唱一曲缠绵的南方小曲"女儿十八正当年"，咸丰皇帝听得如醉如痴，于是在园中的"天地一家春"这个地方将她临幸，从此咸丰欲罢不能，慈禧深得宠爱。

## 惠征赴任，慈禧入宫

咸丰二年（1852年）五月的清宫秀女决选，咸丰帝收获不少女人，左拥右抱好不得意，他的后宫又多了8个只属于他的女人，其中包括4名"贵人"——兰贵人（慈禧）、丽贵人、婉贵人、伊贵人，4名"常在"——容常在、鑫常在、明常在、玫常在。

根据清朝的后妃制度，后宫的位号有皇后、皇贵妃、贵妃、妃、嫔、贵人、常在、答应八个等级，贵人只位于第六等。这就意味着进宫后的慈禧只能身处下层，去应对、去挣扎。

后宫争宠之战历来波谲云诡，风云突变。咸丰帝好色又多情，后宫佳丽无数，却无固宠，后宫人人自危，夺宠之争更加激烈。后宫等级森严，皇后之下还有一个皇贵妃，两个贵妃，四个妃子，六位嫔，贵人、常在、答应无定数。慈禧要在六宫粉黛中脱颖而出，智慧和手段不可或缺。

现在看慈禧的照片，都是一副年老色衰的样子，但这些照片都是慈禧年近七十岁时留下的，二八年华的慈禧虽称不上美艳，其容貌还算可以。西方作家赫德兰在《一个美国人眼中的慈禧太后》一书中略带夸赞地写道："慈禧太后身高中等偏低，但她穿的鞋鞋跟很高，有的高达六英寸，再加上她穿的满族式服装，从双肩垂落下来，所有这些使她看上去浑身透露着帝王气度……她的体形非常完美，走起路来步履轻快，体态优雅，而且单从身体外表来看，她的的确确是一个魅力非凡的女人，与她皇太后的身份非常相称。她的肤色稍带橄榄色，黑黑的睫毛下是一双漆黑的眼眸，这让她的脸颊光彩照人，其容貌说不上是倾国倾城，但她精力充沛，充满活力。"

慈禧既"雅善南方诸小曲"，且由此得到咸丰帝的宠幸，又"生长南中"，后入宫廷，有的学者就认为慈禧生在南方。又根据其父惠征当时任安徽徽宁池太广道道员，道员的衙署在安徽芜湖，因此断定慈禧出生在安徽芜湖。

但这个说法在清朝官方史料上是站不住脚的，第一点就是，我们不能以慈禧善唱南方小曲，就孤立地作为她出生在南方的证据。就像北方人会唱黄梅戏，不能以此证明出生在安徽一样。而另外一个也是更重要的一点，就是时间对不上，因为惠征在安徽芜湖为官时，慈禧都已经十八岁了，早已进宫见到了咸丰皇帝，根本没有时间在南方学小曲。

史载道光二十九年（1849年）闰四月十七日，内阁奉上谕，宣布任命慈禧的父亲惠征为山西归绥道（今内蒙古呼和浩特市）的道员。他在归绥道任上恪尽职守，受到好评，遂于咸丰二年二月初六日（1852年3月26日）被咸丰帝调任至更为重要的安徽徽宁池太广道，正式上任是在同年七月。

咸丰二年（1852年），慈禧已经是18岁的大姑娘了，并且已经在咸丰元年（1851年）来京。档案记载，咸丰二年（1852年）二月初八、初九两天，清宫挑选秀女，慈禧被选中。二月十一日，敬事房太监传达上谕，封慈禧为兰贵人，并于五月初九日进宫。档案中还保存有兰贵人受到赏赐的赏单。可见慈禧不会是生于安徽芜湖。

史料记载说慈禧进宫后，惠征才携家眷赴任。到任的时间应该是

同年的七月。在咸丰三年（1853年）以前，安徽分为南北两道。北道下辖凤阳府、庐州府、颍州府、滁州府、六安府、泗州府等地，兼管凤阳关；南道下辖安庆府、徽州府、宁国府、池州府、太平府、广德州等地，兼管芜湖关。徽宁池太广道为南道，所属5府1州28县。全省51县，南道占多数。这个地方比起归化城（今内蒙古自治区呼和浩特市）来，因地处江南，更加富庶，也更加重要。这一调动说明道光帝对他的信任。

但好景不长。当时洪秀全率领几十万太平军，顺长江直下，势如破竹。九江、安庆告急。太平军很快攻克安庆，安徽巡抚蒋文庆被杀。惠征押解一万两银子辗转逃到镇江的丹徒镇，操办粮台，以待援兵。咸丰帝派出刑部左侍郎李嘉端担任安徽巡抚，并密令查拿逃跑官员。李嘉端按照上谕的命令，参奏了临阵脱逃的官员。同时，也对惠征附片上奏。其中参道："惠征分巡江南六属，地方一切事务责无旁贷，何以所属被贼蹂躏，该道竟置之不理？即使护饷东下，而两月之久。大江南北并非文报不通，乃迄今并无片纸禀函，其为避居别境已可概见。除由臣另行查办外，所有芜湖道员缺紧，要相应请旨迅赐简放，以重职守。"

咸丰帝奕詝于三月二十六日（5月3日）看到这一奏章后，大为愤怒，当天发出廷寄上谕："惠征身任监司，于所属地方被贼蹂躏，何以携带银两印信避至镇江、泾县等处？"又问同惠征一同逃责的安徽学政锡龄"二员究竟现在何处？该抚所闻逃避处所是否确实？仍着查明据实具奏。惠征业已开缺，着即饬令听候查办。"并于三月二十六日（5月3日）发布上谕："安徽徽宁池太广道员缺，着龄椿补授，钦此。"

惠征被罢官后，便一蹶不振，得了重病。没过几个月，于咸丰三年六月初三（1853年7月8日），病死在江苏镇江，终年49岁。

这些史料证明，慈禧的父亲惠征死的时候，慈禧已进入宫中做了"兰贵人"，所以她不仅不是生于安徽芜湖，可能根本没有到过南方，即使她的父亲过世之时，深居宫中的她也是不可能去奔丧的，所以前文关于她护送父亲灵柩回乡过程中路遇吴棠的事情，也基本是不可信的。

# 浙江出生，小名兰儿

## 生于兵营，其父早亡

慈禧出生于浙江说是由一篇文章引起的。1993年8月22日，《人民日报》发表了一篇报道：《史界新发现，慈禧生于浙江乍浦》。这篇文章认为，慈禧的父亲惠征在道光十五年（1835年）至道光十八年（1838年）间，曾外放到浙江乍浦，任正六品的武官骁骑校。而慈禧恰恰生于道光十五年（1835年）。因此，文中说慈禧的出生地在浙江乍浦，具体出生地点为"浙江平湖市乍浦城内的满洲旗下营"。

此篇报道的特别之处是，它抓住了慈禧出生的时间道光十五年（1853年）这个关键点。因此，很有一点迷惑性。但是经史学家仔细考证，这篇报道与史实有三点不合。

第一，时间不对。查惠征的履历，惠征道光八年（1828年）24岁为笔帖式。道光十四年（1834年）京察，30岁定为吏部二等笔帖式。道光十九年（1839年）35岁升为八品笔帖式。道光二十三年（1843年）39岁定为吏部一等笔帖式。笔帖式是满文书官的称谓，是部院等衙门的低级官员，做些抄写和拟稿的工作，相当于后来的文书。显然，这段时间，惠征一直在北京部里担任笔帖式，没有外放到地方为官。

第二，官职不合。此时惠征一直担任笔帖式等低级的文职官吏，不会一下子担任相当于中级武职官员的骁骑校。

第三，品级不符。惠征当时担任的笔帖式是八品，而骁骑校是正六品。如果按这种说法，惠征在这几年之间在乍浦当过骁骑校的话，他将从一个京城八品以下的二等文官，忽然连升几级，成为正六品的武官，这不合常理；然后再由正六品武官，无缘无故一下又降回八品文官，则更讲不通。这些明显的破绽，不免让人对"浙江乍浦说"难以信服，并且其他方面也缺乏证据，所以这一说的影响力最小，史学家多不接受。

但是有人提出的说法却错开了惠征这一关键人物，这使得慈禧的身世在这里更加扑朔迷离起来。其说法大致是说，在道光年间，从北方调来的一支部队驻守乍浦，八旗武官中有一人名叫叶赫那拉·惠政，任正六品骁骑校，当水师教官。惠政校官的夫人作为随军家属就住在满洲校场河西满洲水师营内，道光十五年十月初十（1835 年 11 月 29 日）慈禧太后就出生在乍浦满洲水师营。到慈禧五岁那年，英帝国主义入侵中国，鸦片战争波及乍浦。慈禧的父亲惠政在乍浦葫芦城一战中不幸中弹，为国捐躯。乍浦战事后，小慈禧成了孤儿。奶妈记起叶赫那拉惠政大人在北京还有个兄弟，名叶赫那拉·惠征。于是，这位奶妈护送小慈禧上北京，惠征就让小慈禧认他为父。这样就有了慈禧出生在北京的说法。

后来慈禧成为皇太后，以此等尊贵的身份垂帘于天下，自然不想让人知道她不堪的往事。如果想让后人知道自己出生在北京一个满洲官僚世族之家，何不在清史中写得明明白白，免得后人猜来猜去。从这一点上看，慈禧是不愿让后人知道她是出生在乍浦满洲水师营，也不想让后人知道她父亲叶赫那拉惠政只是满洲水师营内的一名水师教官。

## 乍浦东门，凤凰桥边

据当地一位张姓老人回忆：他的爷爷八岁时，曾随其当"百爷"的父亲到满洲营，见过当时还只有四岁的慈禧，其小名兰儿，自幼聪明伶俐，能唱各种时调和戏曲，真是人见人爱。其还听爷爷讲，慈禧当上皇太后以后，非常思念她的出生地乍浦，因有难言的隐情，只得以品尝家乡风味聊补思乡之苦。"雪里蕻菜卤炖小黄鱼"是乍浦人老小皆爱的道地的家乡特色风味小吃，慈禧传下谕旨：要乍浦每年鱼汛时为她上贡小黄鱼。从此，每年是时，就有烙印"乍浦冰鲜"的木桶装满小黄鱼，并用朱漆封口，用快马日夜兼程启运进京。

一些支持浙江乍浦说的人还认为，民国时期出版的《清朝野史大观》中记载着："慈禧，少而慧黠，缦艳无匹俦，雅善南方诸小曲，凡江浙盛行诸调，皆朗朗上口"。这句话说明慈禧年少时应该在南方生活过，因为在那个时代，江浙盛行的诸小曲要传到北方很不容易，一个人要唱得皆朗朗上口，只有从小在南方生活才行，而慈禧八岁前生活在乍浦应该是听到和学会江浙盛行的诸调。

现今的浙江乍浦老人中，仍然有一些关于慈禧幼年的传说。有人在乍浦发现有一块大石头上可能记载有关慈禧太后与乍浦之事，现在乍浦镇政府所在地东首就是叫凤凰墩，传说是因为慈禧太后出生时，乍浦东门城内有凤凰飞来，后来满洲水师营诞生了慈禧，所以这个地方后来就叫凤凰墩。当然这种说法可能带着点迷信色彩，但也应该是因为有了满洲水师营诞生了慈禧这样一个人，后人才有了这样一个传说。而现在乍浦镇政府所在地西首的长生桥原名"齐王庙桥"，据说是慈禧一周岁时，她父亲在齐景公庙设宴，为小慈禧按乍浦民间习俗做周岁后把贺宴剩余下来的丰厚礼金，托付齐景公庙的老道，把将要坍塌的齐王庙石桥进行重建，并改"齐王庙桥"为"长生桥"，以祝愿爱女慈禧长命富贵。后

来慈禧太后当朝，"长生桥"又改名为"凤凰桥"。现在乍浦这座小石桥仍在。当地人仍叫它"凤凰桥"。

虽然传说不少，有些事情说得虽然离奇但也合理，不过因没有实实在在的证据，此说目前也难以为史学家所接受，倒是为当地人增添了不少谈资。

# 甘肃出生，随父出征

此说认为慈禧的父亲惠征曾经担任过甘肃布政使衙门的笔帖式。在此期间，惠征就住在兰州八旗会馆以南的马坊门，即现在兰州永昌路179号院。传说慈禧就出生在其父惠征在兰州担任笔帖式的时候，并且就出生在这个院落里。

此说将慈禧的出生地说得比较详细具体，并且在惠征的一生中，他确曾长期担任过笔帖式之职。但有的学者经过考查发现，惠征任笔帖式的时间都是在京城各衙门，在这期间他应该是极少离开北京，不大可能去过甘肃。

慈禧是满洲人，隶属于满洲镶蓝旗，慈禧的祖辈人多是在北京一带活动，虽然也有去各地任职的情况，但还是以北京为主。史料中没有证据能证明慈禧的先辈去过甘肃兰州。因此，慈禧出生在甘肃兰州说，如果没有确凿的证据，基本也属于无中生有了。

在关于慈禧出生地的说法中，"山西长治说"、"安徽芜湖说"、"浙江乍浦说"及"甘肃兰州说"，都因纰漏太多，没有能确实证明的实物

兰州古城墙遗迹

证据，并且没有史料证明慈禧去过这地方，所以已逐渐被大部分史学界人士否认。而"内蒙古呼和浩特说（山西绥远说）"和"北京说"两种说法，从 20 世纪 80 年代以来，随着对慈禧其人研究的深入，却越争越激烈，至今尚无定论。

## 绥远出生，家在落凤

"山西绥远说"是和"安徽芜湖说"和"浙江乍浦说"堪称南辕北辙的一种说法，清代的绥远城，即现在的内蒙古首府呼和浩特市，是在民国时期改归内蒙古，所以此说又称"内蒙说"。

这一说法大致是这样讲的：慈禧的父亲惠征当年曾任山西归绥道道员，归绥道驻地在归化城，即今呼和浩特市。呼市新城有条落凤街，慈禧就出生在这里。她小时候有个乳母，是当地回民，人称"逯三娘"，年幼的慈禧还常到归化城边玩耍。这一传说绘声绘色地讲到了慈禧的童年，至今在当地流传。

不但慈禧的父亲惠征在绥远做过官，慈禧的外祖父惠显也在这里做过官，而且时间很长，这说明慈禧起码是在这里生活过的。

2004年时，内蒙古自治区呼和浩特市清代绥远大将军署衙对外开放，展出了许多珍贵文物，其中有一部分陈列的文物讲述的就是慈禧太后少女时代在绥远城（现呼和浩特市）生活的情况。这对人们了解慈禧的身世和年少时的故事增添了信息。

这座将军署衙大堂西侧原为官房，是将军以外的官吏处理公务或休息的场所，目前这里已辟为慈禧太后少女时代家庭生活的展室，展出慈禧手绘的两幅国画及家庭生活用品铜盆、铜壶、银锭等。

呼和浩特市清代绥远大将军署衙

慈禧的少女时代，或有一部分时间在绥远度过，虽然史书中并无记载，有部分野史小说中描绘她在绥远城"每一出游，旁观者皆喃喃做欢喜赞，谓天仙化身不过是也"，虽然很夸张，但长相应该还是很漂亮的，不然也选不成秀女。

结合一些历史资料来看，少女时代的慈禧对文学、书画和历史非常有兴趣，她在此读书、学画、下棋、弹琴，且经常骑马射箭。

慈禧入宫之后，除善弄权术、热衷政治外，生活中喜爱书画，尤其爱以"自己所作的"书画赏赐群臣，以示恩宠，笼络人心。实际上慈禧本无艺术才华，其书画多由人代笔，钤上慈禧专用的印章即成了慈禧本人的作品，所以，严格地说，将慈禧的书画称为慈禧款的书画更准确一些。

那么慈禧亲手所作的书法与绘画是什么样子呢？北京故宫博物院藏有一件慈禧于光绪三十年（1904年）七月二日用朱砂墨书写的《磐若波罗蜜多心经》，由此可窥见慈禧亲书的真实面目。此经文字形结构呆滞松散，笔力孱弱稚嫩，毫无生气，属于初学墨书的水平。至于慈禧亲笔绘画，可见钤有"慈禧皇太后御笔之宝"的慈禧"蓼花螳螂"画稿，画上有老师所作的批语，其中不乏"板墨甚有佳处"、"好"、"有笔意"等阿谀之词。然而细审其画，同样属于初学者的水平；蓼花几如断枝枯叶，枝与枝之间杂陈不接，叶与花零乱，其用笔畏缩迟疑，全无功力；一只螳螂也画得离骨岔气不合章法。由此可见，慈禧的

慈禧绘画"蓼花螳螂"

绘画能力还远没有达到独立成画的水平。

据说，为慈禧代笔的画家叫缪素筠（1841—1918），名嘉蕙，云南昆明人，是慈禧绘画的最重要代笔者。缪素筠入宫后，因惯于官场世故，又加之她唯喏承上、和气对下，故博得上至后妃、下至宫监的一致赞赏，尊称她为"女画师"、"缪先生"。慈禧对她优礼有加，赏三品服色，月俸二百金，免其跪礼，常令缪素筠位居其左右，随时教她画画，或为她代笔作画。而清末宫廷画家屈兆麟则为慈禧代笔画松、鹤、灵芝等。

慈禧本人艺术鉴赏力、表现力的低劣，导致了她执政期间宫廷绘画以平庸著称。这期间既没有培养出有创造力的画家，又没有创作出对当时的画坛，或对未来的画坛有影响力的作品。晚清的宫廷绘画在来自民间的、艺术上生机勃发的"海派"绘画的映衬下，越发显得苍白无力，以致常使人们忽略了它的存在。

这些似乎都说明，慈禧极有可能出生绥远。然而，在道光二十九年（1849年）的档案"上谕档"中却清楚地记载着：任命惠征为山西归绥道的时间是道光二十九年闰四月，惠征走马上任是当年七月。这时的慈禧年方十五，正等待宫中挑选秀女，所以不大可能是出生在绥远。

不过，和清朝多数官员一样，惠征赴任时也是带着家眷的，所以慈禧确实在归化城至少住过三年，若说那是她的第二故乡，并不为过。并且慈禧的外祖父惠显，从道光十一年至道光十七年（1831—1837），在归化任过副都统，所以慈禧和归化城多少有些联系，但持"绥远说"的人可能正是把惠显错当成了惠征，才得出慈禧生在绥远这样的结论。

但既然慈禧的外祖父惠显在慈禧出生时就在绥远，那么是不是慈禧的母亲回娘家生的慈禧呢？这分析起来虽然也有可能，但也不大合理，因为从北京到现在的呼和浩特，路途遥远，在当时，怀孕的妇女不可能从北京坐车赶到娘家去生孩子。即便她怀孕时在娘家住，按照当时的礼法，女人生孩子不能在娘家，应该在婆家，她还是得回到北京生孩子，所以从种种的现象分析起来看，虽然不能否定慈禧出生在今呼和浩特市的可能，但这种可能性是不大的。若说慈禧小时候在她外婆家住过，或者她爸爸做道员的时候在那儿住过，这都是很自然且肯定有过的。所以，慈禧出生在绥远一说，目前只能认为是有可能，并且可能性不大。

# 北京出生，贵族世家

## 惠征之女，选秀入宫

北京说是让大多数史学研究者认同的说法，同时这也是传统的官方的说法，因为有很多史料可以证明这一说法。

慈禧的祖籍，清史资料中有明确记载。《清史稿》记道："孝钦显皇后（慈禧），叶赫那拉氏，安徽徽宁池广太道惠征女。"《玉牒》记道："兰贵人那拉氏，道员惠征之女。"《清列朝后妃传稿》（下）记道："文宗（咸丰帝）孝钦显皇后（慈禧），叶赫那拉氏，满洲镶黄旗人。（《实录》咸丰十一年十二月谕：慈禧皇太后母家着抬入镶黄旗满洲）。父惠征，安徽徽宁池太广兵备道。"

此书还明确记载，慈禧的母亲为富察氏，封一品夫人。慈禧兄妹四人（实为五人，三男二女），慈禧为大姐，妹妹其次，大弟照祥，二弟桂祥。这些正史记载，都明白无误地说明了慈禧是满族人，姓叶赫那拉，其家族长期居住在北京。惠征虽然在北京、山西、安徽等地为官，但慈禧长期住在北京，即慈禧的籍贯是北京。这些也都呼应了本书前面

所讲的有关慈禧与"叶赫灭清"的传说。

另外在《清代人物传稿》、《清代全史》等清史专著中，虽然具体表述不完全相同，但都以"北京说"为基础，确认慈禧是满洲叶赫那拉家族惠征的女儿。近几年，持北京说的学者，又从中国第一历史档案馆所存的清宫档案中，为这一说法找到了新的佐证。这主要反映在如下所示的几个方面：

第一，发现了慈禧之妹选秀女的"排单"。清朝自顺治帝始，在满、蒙、汉八旗中，每三年挑选一次秀女。参与选秀的女孩自 14 岁至 18 岁。选中者或成为皇帝的妃嫔，或被赐给皇室子孙做福晋，未经参加选秀女者，不得嫁人。《养吉斋丛录》记载："应选女子入神武门，至顺贞门外恭候。有户部司官在彼管理，至时太监按班引入，每班五人，立而不跪。当意者留名牌，谓之留牌子。定期复看。复看而不留者，谓之摆牌子。"这"每班五人"，写在一个单子上，谓之"排单"。所谓"排单"，是皇帝挑选秀女时依据的基本情况的底单。

到目前为止，还没有发现慈禧选秀女的"排单"，但是学者发现了咸丰五年（1855 年）慈禧之妹选秀女的"排单"。慈禧之妹嫁给了醇亲王，他们的儿子是光绪皇帝。这个"排单"明确记载：慈禧之妹属满洲镶蓝旗，姓叶赫那拉氏，父亲名惠征，祖父名景瑞，曾祖父名吉朗阿。惠征的最高官职做到正四品道员。根据这个"排单"，可以认定慈禧的娘家，在咸丰五年之前，居住在北京西单牌楼劈柴胡同（现辟才胡同）。因此，北京应该是慈禧的出生地。

第二，发现了记载慈禧之父惠征、祖父景瑞、外祖父惠显等人任职年代和生平的有关档案。从惠征的仕宦经历，持"北京说"的学者得出明确结论：首先在道光二十九年（1849 年）之前，惠征不具备充任道府一级职务的资格，因为按清朝制度，道府级的官员，起码要五品或五品以上，而惠征在道光十九年（1839 年）时，才官居八品，十年后，方被谕令准予授任道府级官职。而这年慈禧已经十五岁，所以不存在生在外地或从外地收养之说。其次按京官三年一考核的制度，道光十一年至十四年、十八年至二十年、直到二十九年之前，惠征都在北京任职，这些都有明确的档案记载，只有道光十五年至十八年的考核档案暂缺，留下三年"空档"，但是，这三年内，山西潞安知府是达镛，并且达镛一直在任，经考证，这期间惠征也没去过浙江乍浦，所以完全可以推断：道光十五年慈禧出生时，惠征正在北京任笔帖式。而这个时候，慈禧的祖父景瑞也在刑部郎中任上，也就是在北京，只有慈禧的外祖父惠显，在山西归化城（今呼和浩特市）任职副都统。因归化离北京较远，再加上当时的风俗，慈禧的母亲到娘家去生孩子的可能性不大。由史料分析可见，慈禧的出生地很可能是北京。

第三，其他宫廷生活档案。包括记载清代皇帝后每天吃饭情况的"膳食档"、每次看戏情况的"月戏档"以及记录其生活起居的"起居注档"等。在这些档案里清楚地记载着，慈禧最爱吃的是北京的小吃，如"八珍糕"、"油炸糕"、"酥皮饽饽"、"奶油琪子"、"小窝头"，爱喝"荷叶粥"、"薏仁米粥"、"绿豆粥"等；一生最爱看的是京戏，就在她去世前一周，还看了京剧名角谭鑫培、杨小楼等演的《金钱豹》、《艳阳楼》、《鹊桥密誓》、《伐东吴》等京剧名段。持北京说的学者认为，有人说慈禧善唱南方小曲，也有人说慈禧善唱山西民歌，并都将其作为证明慈禧出生在南方或山西的旁证，但这些比起史料档案来，可信度就少多了。

## 劈柴胡同，慈禧生地

北京说虽然拿出了很多史料，却没有史料证明慈禧具体的出生地，这也是北京说目前尚未能做出具体解答的唯一遗憾。

那么，慈禧具体诞生在北京的何处呢？

据人们传说和史料分析，主要集中在两个地方，一说是劈柴胡同，一说是方家园。有一本叫《垂暮帝国的老佛爷》的书中说得更明确：慈禧诞生在"北京的一家并不豪华的王府院内"。那么这座王府到底是哪里呢？

有历史学者查找清朝档案，得出慈禧娘家在北京先后迁移了三个住处。

1. 西四牌楼劈柴胡同；
2. 西直门内新街口二条胡同北官房一所；
3. 方家园。

一个人不可能出生在三个地方，那么慈禧到底出生在哪里呢？我们逐个来分析一下就出来了。

第一个住处。咸丰五年（1855年），慈禧之妹选秀女的"排单"记载，慈禧的娘家"住西四牌楼劈柴胡同"；

第二个住处。咸丰六年（1856年）"内务府官房租库"的呈稿，明确记载咸丰帝将"西直门内新街口二条胡同北官房一所"，赏给惠征家居住；

第三个住处。同治五年（1866年）十二月，慈禧以同治帝名义将"方家园"赏给其弟照祥居住。

很明显，后两个住处不可能是慈禧的出生地。根据之一是慈禧之妹选秀女排单所记，慈禧的娘家"住西四牌楼劈柴胡同"，应该是慈禧在北京的出生地。即慈禧出生在北京西四牌楼劈柴胡同。再就是慈禧家族得到后两个住处时，慈禧已经出生了。

从现在的北京西单商场往北走不远，就会看到一条东西走向的宽约40多米的街道。这条大街从西直门外大街一直向西延伸到太平桥大街。未扩建前它只是一条4米多宽的小胡同——辟才胡同。在辟才胡同之前，它的名字就是劈柴胡同。

历史变幻沧海桑田，站在辟才胡同中，已无法想象幼年慈禧生活的影子了，但这里曾诞生过一个给中华民族带来过深刻影响的女人，想起还不免让人唏嘘。

谁最早在劈柴胡同居住，已经无法查考。明朝大将徐达进京后，把原来元大都的内城往南改迁了一些，这一带的人口才骤然增多。据说，一位靠打柴为生的张姓人家也搬到了这里。张家人每天出门打柴，然后劈成劈柴去卖,夫妻俩再加上三个孩子,不是很富有,日子倒也说得过去。据说大儿子张大很有经济头脑,长大后便开了一个劈柴厂,经营有道,慢慢地张家富裕起来,盖起了几座大房子,俨然成了大户人家。

看到张家靠劈柴也能富裕起来,这一带的人很快都做起了劈柴生意。随后迁来的人越来越多,劈柴生意也越来越红火。

后来张家的劈柴厂遭了火灾,衰败下去,但这并没有影响这一带的劈柴生意。劈柴胡同南面不远处有一条名叫大木仓的胡同,据说是经营木材的地方。到明朝洪武后期,都城大体改造完毕,把这一带划归为阜财坊,到清朝划归镶红旗,改称劈柴胡同。

整个明代直至清朝中期,劈柴胡同都是贫穷的劈柴人聚居的地区,很少有地位高的官宦之家。不过劈柴胡同的来历还有一种传说。相传很久之前,这条胡同西头有家大院,两位被奸臣所害的大官将财产藏于此,派人看管,等后人长大后再将财产平分,并因此取名劈柴胡同(劈柴与劈财谐音)。这种说法似乎不可信。

1895年中日甲午战争中,清府惨败给日本,引起朝野震动。痛定思痛,清政府决心从改革教育制度入手,力图挽回颓势。1901年颁布上谕,明令在各地兴办各级学堂,开始在政治、军事、经济、文化教育方面实行全方位"新政"。

除了兴办京师大学堂,鼓励创办中学堂外,清政府也开始重视兴办新式小学堂,向儿童教授新知识。1903年,张百熙、张之洞等人拟定了《奏定学堂章程》,对学校系统、课程设置、学校管理等作了具体规定。当年即由清政府颁布实施。这一章程自1903年公布起,一直沿用到清朝灭亡,成为清朝的办学纲领。以后建立的学校制度都是在这个章程的基础上演变而来。

在此之前,清代的小学堂都是传授四书五经。自此后,小学堂虽然还教授修身养性的课程,但也必须开设算术、地理、体操等课程,有条件的也可以加设图画、手工两门课。清政府还鼓励私人积极创办新式小学堂。1905年,科举制度被彻底废除,开办的新式学堂也逐渐增多。

在这种风气影响下，臧佑宸在北京劈柴胡同开办了新式小学堂。

　　臧佑宸出生在天津，长大后一直在北京经商，居住在劈柴胡同。清政府提倡私人办学后，他便积极筹备办学事宜。1905年4月，一位朋友前来拜访，臧佑宸把他的想法告诉了朋友，最后说正在选校址，朋友一笑："你不是住在劈柴胡同吗？为什么不在劈柴胡同办学？劈柴，辟才，谐音矣，开辟人才即是辟才。"臧佑宸听完，豁然开朗，连声夸道："这个主意好，这个主意好。"随后，他把自家的两间房子腾出来，粉刷一新，贴出了招生告示。臧佑宸亲自谱写的校歌唱道："辟才，辟才，辟才胡同中。苍苍，菁菁，槐柳兼柏松，是何处？私立第一两等。开辟人才，开辟人才，胡同著其名。"劈柴胡同由此改为辟才胡同，声名大振，这一带随之繁荣起来。劈柴胡同改为辟才胡同，吸引了不少名人，国画大师齐白石、当代著名学者张岱年也曾经住在这里。京韵大鼓名家刘宝全的茶社也设在辟才胡同。但慈禧太后出生时的院子到底在哪里，却找不到痕迹了。

老北京劈柴胡同

## 慈禧受宠，乔迁官宅

而在晚清时期，慈禧娘家的院子经多次翻修，成为一处大宅院，非常气派。咸丰皇帝喜爱时为懿妃的慈禧太后，她生下皇子之后，咸丰皇帝喜出望外，降旨将新街口北二条的一处宅子，赏赐给懿妃娘家。这样，慈禧太后的全家，就从辟才胡同搬迁到西直门内新街口二条胡同北官房一所。

这个地方大致就是现在的北官房胡同，它紧邻后海，东起银锭桥，西到前井，全长不过二百多米，曾经叫过官房、官坊口，1965 年前后才开始叫北官房胡同。北官房胡同在南官房胡同以北，比南官房胡同清静得多。从热热闹闹的银锭桥胡同一拐弯，便进入了清静宜人的北官房胡同。不过这里也基本找不到慈禧娘家的讯息了。

同治元年（1862 年），慈禧太后娘家族人丁兴旺，慈禧的三个弟弟都住在北官房住所，这时的慈禧已升为太后，掌握天下大权，便开始为娘家大谋福利了，于是在儿子刚 即位，她就赏赐给娘家人一个大宅子，这就是方家胡同的"方家园"，这是她们娘家的最后一个住处。

## 垂帘掌政，赐弟豪宅

方家园现名芳嘉园，位于今北京东城区朝阳门内小方家胡同，朝阳门南小街东侧，属朝阳门街道办事处管辖，呈东西、南北曲折形。南起大方家胡同，西止朝阳门南小街，东与前、后芳嘉园胡同相通，北邻新鲜胡同。全长 342 米，宽 5 米，沥青路面。属朝阳门街道办事处管辖，呈东西、南北曲折形。西起朝阳门南小街，南至大方家胡同，胡同的形状像胳膊肘，由西口进去，往东走不太远，转两个弯，向南一拐，照直朝南插下去，就抵在大方家胡同的半截腰上了。东与前、后芳嘉园胡同

相通，北邻新鲜胡同。今北京市东城区朝阳门内芳嘉园 11 号，就是慈禧弟弟得到赏赐的园子，又称桂公府。

芳嘉园胡同在明代叫方家园，据传，胡同里最早确实有一方姓人家建有一个大花园，花木较为繁盛，方家园即因此得名。后来在这个园子的旧址上，建造了一个尼姑庵，称净业庵。据《析津日记》记载："东院之东，旧有方家园。园废，建静业庵于其址。殿左庑，有镇阳林潮书许鲁斋先生演千字文，以万历十一年八月刻石，嵌于壁。"后来"庵废园空，有其名亦为人改作芳嘉园矣"。清代，方家园分为大、小方家园。

早先，在大方家园和小方家园之间有三座庙，分别是：斗母宫、地藏庵和净业寺。到清末民国初，大、小方家园合并成为今天的"胳膊肘"形状，方家园改字没改音，写作"芳嘉园"。后来在芳嘉园东面的两条并排的短胡同，原先称小方家园的那条叫火神庙，北面的那条叫斗母宫，再后来，芳嘉园在城市地名的规划中，加上了"胡同"两个字，叫芳嘉园胡同，火神庙改名为前芳嘉园胡同，斗母宫叫后芳嘉园胡同。只有大小方家胡同的名称始终没有变化。

芳嘉园胡同同旧时北京的其他胡同一样，也有一座庙，是清代所建的"三义庙"，祭奠刘、关、张桃园三结义。前殿门上有对联一副："涿州桃花千古圆"、"许昌夜焰到今红"，横批"义重桃园"。

清咸丰时期，芳嘉园被咸丰皇帝的爱将胜保将军买下，经过大加扩建之后，胜保将军将其扩建改造，成为一座豪宅。胜保为清道光朝内阁学士。该人在镇压太平天国时，屡战屡败，人们就将其"胜"字改为"败"，称作"败保"。慈禧掌政之后，也不知是看上了胜保的宅院，还是其他原因，她执政初年，便以拥兵纵寇之罪收拾骄傲狂妄的胜保，逼胜保自杀。之后，这座占地 10 余亩的豪华宅子也被慈禧收归己有，并赏赐给自己的娘家人——三弟桂祥居住，因桂祥常被称作"桂公"，所以这里又被人称为"桂公府"。

后来，桂祥的女儿又成为光绪皇帝之妻，即隆裕皇后，所以桂公府曾有"凤凰巢"之称。

如今的桂公府

　　八国联军进攻北京时，桂祥追随慈禧太后西逃，其宅被德军占领。后来又成为蒙古王府。民国时期，这里仍称芳嘉园。1965年整顿地名时，这里改称芳嘉园胡同。如今的芳嘉园胡同已是高楼林立，唯有11号院落经重新修葺，张灯结彩，又挂上了"桂公府"的匾额，现为东城区文物保护单位，让人嗟叹这里曾是慈禧太后家族辉煌过的地方。

慈禧太后身世之谜

慈禧亲族人物历史揭秘

第二章

# 慈禧父系家族人物谱

## 慈禧曾祖父吉郎阿，户部银库巨贪

由上面诸说分析来看，"北京说"无疑是有史料可查的、为更多人信服的说法，这一说法还有一可贵之处，就是可以将慈禧的身世及其祖上数代都讲得很清楚。

根据此说来看，慈禧是出生在北京的一个数代为官的官宦世家。其曾祖父名吉郎阿，字蔼堂，其生年、出身及其入仕时间和途径均不详，根据清宫现存的档案，可以确认的事实有：乾隆五十一年，吉郎阿任内阁中书，正七品，并被列为京察三等，史书说他"操守谨，政事平，才具平，年力壮（内阁：乾隆五十一年汉文黄册《京察三等官员册》）"，考语是"供职"。

嘉庆六年，已升至六品中书，列为京察二等，说他"操守谨，政事勤，才具长，年力壮"，考语是"勤职"。

嘉庆九年，入军机处为章京（军机章京），俗称"小军机"，能够担任此职的都是从那些思路敏捷、文笔较好又有一定阅历的中下级官员中挑选，且日后比较容易被提拔。吉郎阿担任此职，说明他是一个很有能力的人。

嘉庆十二年，吉郎阿列京察二等，升为内阁侍读，从五品。

嘉庆十四年，吉郎阿出军机处，调署户部银库员外郎，也是从五品，这是管理银库的要职，是个令人羡慕的肥缺。次年正式补授，管理银库事务，并被列为京察二等。吉郎阿一干就是三年，其任期是银库司员里最长的。可以肯定这吉郎阿也不是好官，任这一职位时贪污不少，后来给其家族带来了巨大危害，但他在任时并没有被查出来。

嘉庆十八年，吉郎阿调刑部员外郎，列为京察二等。从这以后，《在京官员俸银册》中就找不到吉郎阿的记载，可以推断，大约在嘉庆十九年（1814 年）前后，他死在户部员外郎任上。

## 慈禧祖父景瑞，平庸难当知府

慈禧的祖父名景瑞，史上对他的记载极少。但据清宫档案中道光二十二年吏部上报的景瑞履历单得知，那一年景瑞 63 岁，往前推算，其生年应为乾隆四十五年。此人监生出身，从国子监毕业后，其父吉郎阿花钱给他捐了一个笔贴式，分配到太仆寺学习行走。笔贴式是个八品官，只有满洲旗人才能担任，主要做一些翻译、拟稿和抄抄写写的文书工作，官衔虽不大，但经常能接近衙门堂官，地位比较重要，特别是擢用主事后，晋升都比较快。太仆司是兵部的一个下属机构，主要负责饲养、供养国家军队所需的战马。凡遇皇帝出巡，太仆寺卿和少卿都要"随扈"（随从帝侧）管理车驾、马驼诸事，但皇帝自己的御马又有内务府上驷院专门管理。清朝的马场一般分布在内蒙、甘肃和青海等西北地区。

嘉庆十一年，景瑞正式补授笔贴式，第二年被分配到张家口办理牧场事务，在那里连续干了 7 年，成绩不错，得到上司保举，嘉庆十八年升盛京刑部主事，嘉庆二十一年调回北京，任刑部清档房主事，正六品。

道光元年，提升为刑部山东司员外郎，从五品。道光十一年升为

河南司郎中，正五品。道光十七年，列为京察一等，道光二十年又列一等，交军机处记名，准备外放道府用。道光二十二年四月二十三日奉旨往江苏以知府差遣使用，但在二十五日那天和另一官员钱相一同面君时，道光对他们印象颇为不好，当天就发出旨意说："察其才具平庸，俱不胜知府之任，著回原衙门行走，京察一等，均著注销。"景瑞只好又回到刑部郎中原任上。道光三十年（1850年）退休。

虽然慈禧的祖父史料甚少，但其却赶上了一件对慈禧家族有极大影响的事件，即户部银库亏空案。

## 曾祖父贪污案，慈禧家族被罚

前面说了，慈禧的曾祖父吉郎阿曾官至户部银库员外郎。嘉庆十九年（1814年），吉郎阿去世。30年后的道光二十三年（1843年）三月，清廷查出了一宗银库亏空大案，案件直接牵连到慈禧的曾祖父这位当年的银库员外郎吉郎阿。

引发这场银库大案的人物，是万泰银号的老板张亨智。道光二十二年（1842年）五月，张亨智想给儿子张利鸿捐一个知州的官。他们用钱开路，走通关系，各种手续很顺利地办妥了。张老板觉得捐官的这个方法很好，不用儿子苦学，捐几个钱，就可以轻松地做官儿。于是，他就想再为大儿子捐一个员外郎。很快，各种事情谈妥，就等着交钱。

交钱的时候，张亨智托付一个叫周二的人代为上缴。张亨智嘱托在户部银库当库丁的弟弟张诚保予以照应，早点上库。十一月初二那天，周二带了几个人的捐款共计11474两，分成11个口袋，进库过秤报数，因为交银的人很多，张诚保匆忙间，把第二秤报成了第三秤，当时查库的御史和库官也糊里糊涂地记了三秤，张诚保一看有机可乘，又于报第七秤时，故意谎报为第11秤，御史和库官又没发觉，但在场的其他库丁看在眼里，心照不宣，默不作声。结果张诚保剩下了四个口袋的银子，偷运到了库丁的宿舍，后来库丁之间因为分赃不均，事情就走漏出去，外面的人知道后，借机敲诈库丁，勒索不成，这些敲诈者一气之下，就干脆向北京南城吏部衙门告发。

南城吏部衙门认为此事关系重大，不敢隐瞒，立即上报。经过层层上报，一直报到刑部，由刑部奏报道光皇帝。道光皇帝听闻银库管理者竟然监守自盗，十分震怒，在大臣的报告上朱批道："朕愧恨忿急之外又将何谕？"并痛骂查库和管库的官员"丧心昧良，形同背国盗贼"，并下令全部清查自嘉庆五年之后的历任管库及查库的大臣，现任的官员大臣革职留任，并规定：历任库官、查库御史按在任时间，每月罚赔1200两，已故者由其子孙照半数代赔，管库的大臣每月罚500两，查库大臣每次罚6000两，已故者也照数减半。

道光帝对此大为愤慨，觉得银库库房经办人员竟然如此胆大妄为，仅仅在这一件事上，贪污就如此之多！其他诸笔进账呢？每天入库银两，成千上万，该有多少国库银子落入这批贪官手中？他们既然能在一笔账中如此大胆作弊，其他账目也好不了多少！不知道有多少国库银子被他们侵吞占有？

道光皇帝立即行动。经过精心挑选和周密安排，他神不知鬼不觉地派遣一批十分精干的朝廷司员，入驻户部。他们不必请示户部尚书，马上封存银库，直接调出账本查账，所有清查结果，直接向皇帝汇报。他于道光二十三年（1843年）正月十八日下旨，严令军机大臣会同刑部官员彻底调查此事。

皇帝下令，军机大臣不敢怠慢，立即连夜进驻户部，道光二十三年（1843年）正月十八日道光帝又下旨，命军机大臣会同刑部严行审讯，道光帝对国库存银状况十分担心，又于二月二十四日通过内阁发

清代咸丰年间的银锭

出上谕，派大臣惟勤、阿灵阿、裕诚、赛尚阿到国库夜以继日地盘查对账。结果此事虽过去了三十年，但能查出来的账仍然很多，调查的结果触目惊心，负责办案的大臣如实上奏：截止到道光二十三年三月为止，账面应为1218万2100两，实际库存却亏空了925万2000两之多，占年收入的四分之一！这个时候的大清王朝，正处于内忧外患之中，到处需要钱，国库可怜的一点银子，都是东挪西借来的，国家用度一直十分紧张。在银根如此紧张的情况之下，竟然有如此大的国库亏空？这种结果，简直让人不能想象。由此也可知道光皇帝的震怒程度。

清代268年的历史，财政收入的规模不断变化。财政收入规模，是指整个国家的财政收入总体水平，是一定时期之中衡量一个国家财政实力的重要标志。清代的财政收入，比较当时的西方列强各国来说实在低得可怜：清初顺治时期，年收入2400余万两；康熙时期，3000万两；雍正时期，3500万两；乾隆初期，4000万两；乾隆中期，4800万两；嘉庆、道光年间，4000至5000万两，基本一直到清中期仍然维持在较为低下的水平。

但从总体规模上看，清代财政收入，一直呈现上升的趋势，特别是慈禧太后执政时期，生活奢侈的慈禧，根本不知体恤民力，导致国家税收突飞猛进，比起清中期翻了几翻：咸丰、同治年间为5000至6000万两。这时慈禧开始执政，税收开始大幅提升，光绪十二年（1886年）为8000万两。光绪三十四年（1908年），竟高达二亿两，而此时却是清朝极为破败的时期，却比清初高了十倍。

据说道光皇帝看过清查报告以后，气得浑身颤抖，泪流满面，接连几日不思饮食。为此道光皇帝还决定派王公大臣会同司法部门，彻底调查户部银库。道光皇帝指示办案大臣，必须查明真相，明确责任，不惜一切代价追回所有赃款。调查的内容是：自嘉庆五年（1800年）以来，银库的一切银两出入情况。调查的重点是：调查历任库管官员和库房管理人员，不管是死的还是活着的，一个也不放过。追赃的方式是：所有有关人员，不论死活，一律赔付亏空巨款，死去的，由其子孙代为赔付。

最后，负责查案的定郡王载铨，军机大臣穆彰阿、赛尚阿、尚书裕诚等报告，历任管库大臣中，现任职者27员，应罚32万6000两；已故的81员，减半罚赔39万1850两；历任银库司员共160员，应罚134万6000两，已故80员，减半罚赔77万9680两。

慈禧的曾祖父吉郎阿就是已故管库司员中的一个，共连任3年，应赔43200两，因为吉郎阿已经去世，按照追赃方案规定，赔款减半，是21600两，由其子孙代为赔款。吉郎阿的这笔赔偿，自然就落到慈禧太后的祖父景瑞的头上。

当时的景瑞不过是京城之中一个中下级的文官，哪里有钱赔偿这笔巨款？可是赔款之事是当时震动朝廷的大事，也是户部的第一件大事，由道光皇帝直接管辖。

负责此事的督办大臣，丝毫不敢怠慢。但赔偿赃款两万多两白银，对于慈禧的祖父景瑞来说，无异于飞来横祸。按照追赔期限章程规定，景瑞必须在两年内偿清这笔款子，否则就要革职入狱，并继续追赔，即监追。不过这景瑞虽然比较平庸，官场之道上却老奸巨猾，自认有一套，他凭借官场几十年的经验判断，这次追赔虽然势头很猛，但无非跟以往的案子一样，时间一长也就不了了之了，所以他采取了拖延搪塞的办法，开始时只拿出区区70两敷衍一下，窥测风向，后来看到追得很紧，一些胆子小的、赔银少的人都交了，他才陆陆续续的几十两、几百两地分批上缴，到了两年期满，他总共才赔了1600两，仅仅是总额的一个零头。户部眼看期限已到，再三催促景瑞筹集款项，至少先交6成，但景瑞磨磨蹭蹭、勉勉强强又只拿出了200两敷衍。

而这时的道光帝鉴于鸦片战争战败，财政拮据，为了弥补亏空，对各种大小工程及支出大力节省和裁减，对于索赔自然更不肯放松，负责追赔的大臣当然不敢不尽力，道光二十七年五月初六，太傅大学士兼户部尚书潘世恩照章办事，参了景瑞一本，要求将其革职监追，道光帝当即批示："依议！"随即把景瑞投进了牢房。

景瑞突遭牢狱之灾，慈禧家中的顶梁柱突然倒塌。慈禧的父亲惠征

慈禧太后身世之谜

吓得手足无措，终日愁眉不展，郁郁寡欢。这时，还是十几岁的少女慈禧悄悄探明了事情的原委，并给父亲出主意：变卖家产，向亲友告贷，全力以赴筹措款项，一部分上缴，一部分用来打点关系，上下通融，把祖父从牢中赎出来。惠征很吃惊女儿的胆量和策略，觉得有道理，便赶紧照办了。

不过这点值得怀疑，当时的慈禧才不过是十四五岁的小丫头，对世事人情还是一知半解，即便她聪明和早熟，她也不可能比她在官场上混迹多年的老爹更了解，所以这个扯到慈禧的建议，着实有点牵强附会。

不管怎样，惠征都是连忙筹借银两赎人，一面加紧利用职权贪污受贿，并巧立名目搜刮外快，不久后，惠征陆续凑齐了9000余两，接着又上交2800余两，合计12000余两，占全部赔款的一半以上，又经过上下打点，于是情况开始出现转机，管事的官员认为其余40%的赔款，可以通过扣薪、田产折赔来解决，这样，景瑞在入狱一年以后，被成功保释，重新恢复了自由。

景瑞复官之时，正值京察，因其已经超过65岁，吏部提出让其退休，但道光没有圈定，到咸丰二年的时候，吏部提交的在职官员名单中就再也看不到景瑞了，可以判断其在咸丰元年或道光三十年退休了，从此蹲了一年监狱的景瑞闲散在家，过上老太爷的生活。

至于景瑞什么时候死的，具体年份说不清，但可以肯定当慈禧的父亲惠征于咸丰三年去世的时候，这位老太爷还健在。咸丰五年，慈禧的妹妹参加选秀，单子上提到惠征和吉郎阿时，都说他们是"原任道台"、"原任员外郎"，表明二人已经过世，而对景瑞却说"闲散"，没有说他"原任郎中"，说明他还活着。到了同治元年追封外戚时，就讲景瑞"原任郎中"了，由此断定，其卒年在咸丰六年至十一年之间，活了将近80岁。

恽毓鼎所著《崇陵传信录》、枝巢子所著《旧京琐记》都曾说到慈禧先人入狱的事，但没有具体指出是谁，有人曾说是惠征，现在可以证明是慈禧的祖父景瑞。

## 慈禧父亲惠征，临战脱逃丢官

慈禧身世六说中，唯山西长治说认为慈禧是汉女，其他皆称其为满洲女子，但无论哪种说，都没有否定她和叶赫那拉·惠征的父女关系。即便是山西长治说，也认为慈禧是惠征的义女。

那么慈禧的父亲惠征到底是怎样的一个人呢？史料上其生年不详，但据咸丰二年安徽巡抚蒋文庆的密折中说，这一年惠征48岁，这样算来他出生于嘉庆十年（1805年），又据内务府光绪十二八年《差务杂录》记载，慈禧曾于这年的9月29日告祭父母，很可能是惠征的生日。该《杂录》还记载说慈禧称呼其父亲为"先考惠二太爷"，其母为"先妣惠二老太太"，足见惠征在家行二。光绪十一年选秀的名单上有"三等侍卫惠春之女，年十七岁，慈禧皇太后胞叔之女，原任郎中吉郎阿之曾孙女，原任郎中景瑞之孙女"，可见，惠征还有个叫惠春的弟弟，但年龄大概比慈禧还要小。

记载惠征任职年代和生平的有关档案却有不少，其中有清朝每三年一次考察京城各部官员的"京察册"；有给官员发放银两的"八旗官员俸银俸米册"；有任命惠征职务的有关上谕；还有大臣奏折中对惠征的评语等等。道光二十三年的《大清缙绅全书》和道光二十九年的《爵秩全览》都明确记载惠征是监生出身，而咸丰二年安徽巡抚蒋文庆的密折中却说惠征是进士出身，经查清代进士题名碑，各科中均不见惠征的名字，显然是蒋文庆弄错了，惠征既然是监生，说明其青年时期在国子监上学读书。

综合史料记载，可以得出慈禧的父亲惠征的任官经历：中国第一历史档案馆所藏内阁黄册中提到，惠征于道光十一年（1831年）为笔贴式（无品级），其实应该在道光八年他就任笔帖式了，时年23岁。笔帖式是各部衙门的低级文官，职在抄写、拟稿，是满文书写小官的称谓，

相当于文案秘书。道光十四年京察定为吏部二等，道光十九年为八品笔贴式，道光二十三年京察定为吏部一等。这样，在这个低级文官的职位上，惠征摸爬滚打，整整用了10余年的时间。正是因为这段时期的官场历练，惠征开始时来运转，在随后的10年间，红运当头，连升数级：道光二十六年充任吏部文选司主事，道光二十八年升吏部验封司员外郎，次年二月被道光圈定为京察一等，交军机处记名，以道府用。闰四月初，任命为该司郎中，17日内阁奉上谕任命他为山西归绥道的道员，官阶为正四品。

道员是非正式的官职，又称为道台，是明清时期省以下、府以上的高级行政长官。明初设立布政司、按察司，因为二司辖区广大，由布政司的佐官左右参政、左右参议分别经理各道钱粮，称为分守道。按察司的佐官副使、金事分别经理各道刑名，称为分巡道。这是道员的早期形式，也是道员称谓之始。清乾隆时期，改革官制，裁撤参政、参议、副使、金事等职，专设分守、分巡道，兼任兵备职衔，管辖府、州一级的地方行政、军事事务。

短短一个月内，惠征由一个从五品的员外郎，连升三级，一跃成为正四品的道台大人，比起七年前他父亲景瑞在朝廷面君的时候刷下来，可以说顺利多了。

归绥道下辖归化城、萨拉齐、清水河、丰镇、托拉克、宁远、和林格尔共七个直隶厅，主要职责是维持治安兼管关税、驿站和蒙古事务，其驻地在归化城（今内蒙古呼和浩特市）。这是个颇有油水的地方，惠征到任后，对钱财抓得很紧，山西巡抚龚裕对此给予好评，在道光二十九年底的归化城税务报告中，说惠征"虽止数月，尚属实心办理"，并建议"以专责任"，道光帝在上面批了四个大字"户部知道"，表示认可。

惠征在归绥道任上干了两年零七个月，正因为这一段时光，让当地人错认为慈禧就生在这个地方，其实慈禧在这里生活过是没有错的，但这时的慈禧已经十多岁了，不可能是这一时期生在这里的，但慈禧的外祖父惠显在这里待了十二年，慈禧出生的年月，其外祖父是这里的副都

— 055 —

统，说慈禧出生于外婆家，虽然机率比较小，但也不是没有可能的事。

咸丰二年二月初六，惠征调为安徽徽宁池广太道，驻地芜湖，所辖五府一州，即安庆府、徽州府、宁国府、池州府、太平府和广德直隶州。下辖共计28个县，兼管芜湖关税务，职权比一般的兵备道、海关道要大一些，且地处江南，富庶之乡，事务也较归绥道繁重复杂，不仅是个要缺，还是个肥缺，这次调动意味着惠征进一步得到了皇帝的信任和重用。

咸丰登基之后，老爹的丧期未过，他便开始挑选八旗秀女，惠征的女儿，也就是后来的慈禧太后，当时年方十七岁，属于被选之列。咸丰二年二月初八，传来了慈禧被选中的消息，二月十一日，敬事房太监传达口谕，封慈禧为兰贵人，并命于五月初九进宫。惠征为此忙活起来，一直到送走女儿后，才于七月到芜湖上任接印。

刚当上皇帝老丈人的惠征，到了安徽就开始搜刮钱财，可能是惠征觉得经历老爹景瑞坐牢那场风波后，家财流失，急需补充，所以开始大肆搜刮民脂民膏，这方面也许是家传本领，在不到半年时间里，他就搜刮了五千两白银左右（军机处：《录副奏折》农民运动类，第584卷）。但这个时候，自道光末年爆发的太平天国运动，已经波及到了江南地区，惠征到任不久，太平军就发动了对长沙的进攻，久攻不克，转而向湖北进军，临近各地反抗增加。惠征为求自保，亲自督率地方水师巡船，镇压人民的反抗，安徽巡抚蒋文庆对他十分赏识，年终的考语是："识见通明，办事详审，近委督率巡船，缉拿土匪，不遗余力"，在皇帝面前着实夸奖了一番。

咸丰二年十二月，太平军攻克武汉三镇，顺江而下，势如破竹，九江、安徽告急。清廷任命两江总督陆建瀛为钦差大臣，督兵三千，增防江西和安徽，但他在湖北武穴老鼠峡被太平军杀得大败，只带了两只船17个人狼狈的逃往南京。陆建瀛路过芜湖的时候，召集了福山镇总兵陈胜元和宁池广太道惠征商议，决定让惠征去梁山办理粮台。惠征知道形势危急，连忙派人把眷属送至宁国府的泾县安置，自己带了印信和饷银，同陈胜元转移到东梁山。咸丰三年正月十七日，太平军攻克安庆，安徽巡抚蒋文庆被杀，其余文武大臣死伤甚众，一片混乱，洪秀全劫得藩库银 30 万两和漕米 40 余万石继续东进，在芜湖再败清军，围攻东西梁山，惠征见势不妙，带了一万两银子以押解饷银为名逃往了南京，怎奈城门不开，转去镇江，被江苏巡抚杨文定收

清代铜币

留，替他管理钱粮，南京沦陷后，惠征被杨安排去了丹徒镇操办粮台。

咸丰帝对地方官员的临阵逃脱、丢失城池十分愤怒，下令新任安徽巡抚李嘉端追查严惩，先后有布政使李本仁、按察使张熙宇、狼山镇总兵王鹏飞、副将赓音泰、游击德仁被拿问，惠征当时不在安徽，情况不明，李嘉端便将打听到的消息上报咸丰，指责惠征对地方事务失职不理，并且没有及时跟省内联络，怀疑他自行逃避别境，要求撤换该道台。咸丰帝很生气，当即将惠征开缺，听候查办，要求弄清"逃避处所是否属实"，并任命龄椿为安徽宁池广太道的道员。惠征就是在这样一种情况不明的条件下被罢官的。

惠征从新任两江总督杨文定那里得到被罢免的消息后，十分惶恐，此人以前仕途都是一帆风顺的，哪里经得起这样的挫折，况且他得知，此次处理安徽失职官员的罪名定得很重，如布政使李本仁，在太平军攻打安庆时还曾开炮抵抗，后来巡抚蒋文庆派他带着几十万藩银出城，路遇太平军，被砍伤后多亏士兵抢救才得命，但仍然被朝廷以"隐忍偷生"、"不能妥为布置，以至失陷城市"，判处斩监侯，秋后处决；按察使张熙宇、副将赓音泰虽然没有临阵逃脱，但因为战败，也被判流三千里，发往新疆效力赎罪；狼山镇总兵王鹏飞杀头正法。面对基本相似的可怕未来，惠征被吓得病倒了。

但此后形势有了好转，四月二十日，咸丰在给巡抚李嘉端的上谕中不再提"逃避"的问题，却要求弄清楚惠征"委办粮台、护解银两是

否属实"，显然有意为其开脱，这是否是由于慈禧在幕后帮其父亲说了什么话，十分耐人寻味，分析来看是有极大可能的。但此举肯定没有起上作用，因为一个多月后的六月初三，惠征病死在镇江府，八月初九，李嘉端才回复了上谕，报告了惠征的死讯，说"该道既经病故"、"无从查讯"，咸丰帝批复"知道了"，算作了结。至于慈禧的感受，就不为人知了。

有一些笔记当中传说的惠征当过"大将军"、"湖南副将"、"正黄旗参领"、"福建漳丁龙道"等官职，均与史料不符，还有说惠征因"亏空"而革职，或"卒于官"、"殁于途"，更不能确定。

关于惠征的家人，从史料上看应该还有一个哥哥，一个弟弟。惠征的哥哥资料不详，只知道慈禧在祭奠他的父母时，称其父亲为先考惠二太爷。惠征的弟弟名叫惠春，清光绪十一年的选秀女单上记载：三等侍卫惠春之女，年十七岁，慈禧皇太后胞叔之女。史料上说，惠征兄弟三人，实际上，家谱记载，是兄弟四人，在他们三兄弟之外还有一个弟弟，但不知什么原因离家出走了，据说此人一生好武，行踪不定，不知所终。另外，清代有不少传闻说荣禄就是惠征的干儿子，所以慈禧一直很器重和依靠荣禄。

慈禧当上皇太后之后，大肆推封外戚。于是她祖上这些人又成了有皇家封号的皇亲国戚。她按照乾隆四十三年的规定，皇太后母家封三等公爵。据《清史稿·外戚表》记载：同治元年八月，追封惠征祖户部员外郎吉郎阿三等承恩公，谥端勤；父刑部员外郎景瑞三等承恩公，谥壮勤。惠征是慈禧的父亲，当时已经去世，也追封为三等承恩公，谥端恪。

# 慈禧母系家族人物谱

## 慈禧母亲富察氏，封疆大吏之女

　　慈禧的母亲姓富察氏，惠征之父惠显曾担任安徽按察使、驻藏大臣、工部左侍郎，兼京营右翼总兵，最后于道光十二年至十七年在归化城担任副都统，是地方的封疆大吏，二品大员。富察氏应该是在惠征之父惠显在归化城任副都统时嫁给惠征的。

　　富察氏这一姓氏，也是满清时八大姓之一。又作"傅察"、"富尔察"，见于《皇朝通志·氏族略·满洲八旗姓》，也是女真最古老的姓氏。该姓氏最初起源于富尔哈河名（在吉林省珲春一带），后演变为氏族姓。唐末女真"通用三十姓"之一蒲察，金旧姓"蒲察"，以部为氏。蒲察，乃辽代女真旧部，势力强大。金朝时期，为女真黑号之姓第二姓，与皇室世代姻亲。金元时，曾冠汉字姓李。富察，本系地名，因以为氏，"富察氏"起源于"嘉理库城"，系"蒲察氏"后裔，该姓氏无始祖名讳。此外，旧巴尔虎、锡伯族亦有此姓，为女真后裔。

　　富察氏中的"沙济富察氏"起源于富尔哈河，在明代属建州右卫，始祖为兄弟二人。兄名"纳苏莫尔根"，弟名"檀都"，明末沙济富察氏迁居于今天辽宁省新宾一带，建立沙济城以居因而得名沙济富察。纳苏

莫尔根的子孙并不兴旺，沙济富察氏主要为檀都子孙传袭。至第四代檀都子孙主要分成两支，长支由莽色都朱乎率领，次支由旺吉努率领。莽色都朱乎长子阿格巴颜（又称"阿古巴彦"）就是明末最后一任建州右卫督指挥王杲，莽色都朱乎之幼女就是清太祖努尔哈赤继妃衮代。后因阿格巴颜与其子阿泰先后反明被明朝派军征剿，莽色都朱乎一支遭到诛杀。衮代又于清太祖后期被休弃，该家族成员即被清廷排斥，后世子孙从此凋零，除康熙年间工部尚书倪满之外再无得任高官者。

旺吉努一支于明末投靠努尔哈赤并受到重用，旺吉努本人被封为牛录额真，从此此支子孙世袭权贵门楣显赫，成为沙济富察家族最为繁盛的一支。旺吉努孙哈什屯在清太宗时期任礼部参政，康熙初年加封太子太保衔。哈什屯之子米思翰在康熙年间出任内务府总管，后升户部尚书，列议政大臣。米思翰子马思哈、马武、马齐、李荣保等均晋爵封侯位列公卿。李荣保之女嫁与乾隆帝被封为孝贤纯皇后，她是乾隆帝第一任皇后，李荣保次子傅清出任驻藏大臣，为维护国家统一与拉布敦共同发动兵变斩杀分裂国家的罪魁珠尔默特那木札勒，最终以身殉国，幼子傅恒任内务府大臣、户部尚书、兼军机大臣，授保和殿大学士，总领征大小金川，凯旋封一等镇国公，乾隆三十四年傅恒奉命抗击缅甸侵略，终至积劳成疾于归途中病逝于北京宛平。

孝贤纯皇后伯父马齐在康、雍、乾三朝任保和

孝贤纯皇后

殿大学士达 23 年之久，时间之长，在有清一代是罕见的。马齐是康熙武英殿大学士，雍正朝保和殿大学士、军机大臣、加太子太保衔。其女嫁康熙十二子胤祹，为胤祹嫡福晋，也是孝贤纯皇后的堂姐。此外傅恒之子福隆安、福康安、福长安、福灵安，其兄广成，侄子首任伊犁将军明瑞，多罗额驸明亮，健锐营领队大臣奎林，以及后来咸丰帝遗令顾命八大臣之一的景寿，淑慎皇贵妃与其父员外郎凤秀，等清代诸多显赫人物均出自该家族。

富察氏族世居沙济、叶赫、额宜湖、扎库塔、蜚悠城、讷殷、额库伦、吉林乌拉、长白山等九处，清亡后八旗取消，富察氏随汉习俗是以改写富、傅、付等姓，其支系繁多，是今天满族中仅次于关姓的大姓。

慈禧母家这一富察氏也一直是显宦人家，这从其外祖父惠显的高官仕途履历中便可一窥，其官衔、品级都高于惠征之父。慈禧的外祖母佟佳氏，也是出身名门望族的女人。

## 慈禧为母写诗，可怜天下父母心

慈禧对其母亲还是很有感情的，慈禧的曾孙叶赫那拉·根正回忆说，光绪二年，是慈禧的母亲 70 大寿，慈禧没有时间去参加母亲的大寿，就让侍臣给母亲送了很多东西，并亲笔写了一幅书法，裱好后送去了，那是慈禧写给母亲的一首诗，是这样写的："世间爹妈情最真，泪血溶入儿女身。殚竭心力终为子，可怜天下父母心！"现在有许多人都知道"可怜天下父母心"这句话，却不知道它的出处，实际上这句话出自慈禧的诗句。

还是懿贵妃时，慈禧还回家省亲过一次。咸丰七年（1857年）初，懿贵妃（慈禧）生下皇子载淳九个月，这天一大早，宫里的太监就一批批地来到懿贵妃的娘家，告诉她的母亲和家人，说皇上特别恩旨，懿贵妃当天中午可回家省亲。这个时候，她的娘家人已搬到西直门街口二条胡同北官房居住，听到这个特大的喜讯，懿贵妃的母亲和家人十分高兴，他们的亲戚更是惊喜交加。懿贵妃回家省亲的消息不胫而走，整个胡同都热闹起来，人们倾巢而出，想看看这位那拉氏的女儿究竟是什么模样，怎么就当上了贵妃。

在大队太监的簇拥下，皇家专用车舆缓缓来到慈禧娘家的门前，宫里的太监们衣着艳丽，街两旁满是看热闹的百姓。这时，慈禧的母亲和家人，早已恭候在这里，诚惶诚恐地恭迎着生下皇子的慈禧。悬挂黄帝的銮舆，稳稳地停在大门口，太监们训练有素，十分恭敬地请贵妃下轿。慈禧在宫女的搀扶下，下了銮舆，款款地走进家门。她一路打量着，来到正屋，在干净敞亮的明堂正座上安然落座。贵妃的母亲和家人一直恭敬地跟着她，走进屋里。

落座之后，按照礼节，贵妃的母亲和年长的亲戚要上前施揖行礼，其他的所有人，都毕恭毕敬，跪伏请安。慈禧坐在正座上，她的母亲和亲戚们坐在下手，一家人较为随意，拉拉家常，说说话。这次省亲，慈禧带来了丰厚的礼品，以及她在宫里多年的积蓄，她决定将这些全部送给她的家人。过了一会儿，太监们开始忙碌，他们从宫里带来了许多御膳房准备的食品，大摆宴席，由慈禧宴请家人。按照规矩，这场家宴中慈禧依然坐在正座上，她的母亲坐在下手，一家人气氛比较融洽。

这次省亲，慈禧给家中后辈和邻里们留下了深刻的印象，她很亲切，十分关注弟妹们的读书学习以及生活情况。白天的时光很短，转瞬即逝。热闹、和谐的家宴，一直持续到下午。看看时候不早了，随行太监提醒慈禧，时间到了，准备回銮。慈禧与家人告别，她的眼睛有些湿润，希望有一天，母亲能够蒙恩进宫去看望她。从那以后，慈禧真的再也没有回娘家省亲。不过后来慈禧掌握了皇权，皇宫就像她自己家一样了，她的母亲入宫找她就像串门，无人敢有非议。

慈禧太后身世之谜

# 慈禧的弟妹及家人

慈禧的母亲一共生有五个孩子，三男两女，慈禧是家中老大，她的妹妹小名叫蓉儿（一说叫柳儿，真名不知），大弟弟叫照祥，小名佛革，死得很早，二弟福祥，小名佛佑，史料上记载很少，生平不为人知，三弟桂祥，小名佛保，是同治、光绪两朝国舅。

慈禧的父亲惠征死后，其三等承恩公的爵位由慈禧的大弟弟照祥承袭，照祥死后，再由慈禧幼弟桂祥承袭，因之桂祥常被称作桂公，其府第被称作桂公府，就是前面提到的芳嘉园。

## 惧内的三弟桂祥

桂祥没有读过什么书，没有什么志气，也没有做过什么事，平庸没出息，一生也没什么作为，他在外坐支副都统的俸给，在家整日抽大烟、遛鸟、赌博混时日，本是个皇族亲贵中无人看得起的角色。但他的身份如此特殊，际遇和命运尤佳，长姐是太后，二姐是醇亲王福晋，论起来，他是同治皇帝、光绪皇帝的亲舅舅，也是醇亲王的舅爷。但据说桂祥的夫人很厉害，他有些惧内，但仍然是三妻四妾。

他们这个家庭有三个女儿，几个儿子，也并不是一个夫人生的，大格格被指婚许配给"老五太爷"绵愉的长孙辅国公载泽；三格格被指婚嫁予孚郡王的嗣子贝勒载澍；二姐虽无姿色，也少威仪和福相，却因慈禧做主，成了光绪皇帝的皇后，光绪死后，称隆裕太后。如此皇亲国戚，也就没人敢看不起了。

## 喜怒无常的妹妹

慈禧的妹妹曾和姐姐一起参加了咸丰皇帝的后宫选秀，但在选秀之后，咸丰就把她指给了自己的七弟醇亲王奕𫍼做了嫡福晋。后来她生了几个孩子，却只活了光绪皇帝载湉一个孩子，这还是因为光绪皇帝在三岁的时候就入宫做储君了，其他的都夭折了。

传言说慈禧这个妹妹有点神经质，脾气喜怒无常，平时念佛吃素，舍不得踩死一只虫子，然而毒打起下人来又恨不得剥皮抽筋。更让人不解的是，她的孩子都是营养不良死的，据说她不给孩子们吃饱饭，哪个孩子让她不爽，她就治哪个孩子，往往就是不让吃饭，结果孩子们的身体很差，光绪皇帝被抱进宫时就非常瘦弱。

在这方面，慈禧也有点像其妹妹，慈禧对陌生人可以很善良，但身边的人有一点点危害的她的利益，她就会把人往死里整。她有时对人对物表现得很心善，但更多的时候，她的品性都是狠辣恶毒的，从她发动辛酉政变、诛肃顺、软禁光绪皇帝、诛戊戌六君子等事情上看，她下手极其狠辣，治人手段极多，做事也一点都不拖泥带水。而从她对儿子同治皇帝的态度上，也能看出她和儿子之间有着极深的矛盾，同治皇帝极恨他的这个母亲，却对慈禧的对手慈安太后非常好。

## 慈禧姐妹对立，一生不相往来

慈禧与其亲妹妹的关系也很对立，原因大概就是因为光绪帝载湉这个孩子，因为慈禧硬将载湉接入宫中，从妹妹手里夺走了孩子，导致两姐妹多年不睦。慈禧还下旨不许她妹妹进宫看望孩子，她妹妹倒也放得下，就接连十四年没有进宫去看孩子和姐姐，直到光绪大婚前，慈禧才召她妹妹进宫，当时她看见自己的亲生儿子已长成大人，与自己却无比陌生时，真不知心里作何感想。

后来慈禧与其亲妹妹又有不和，这次据说是因为李莲英的妹妹。李莲英这个妹妹不知道是亲的还是非亲的，好像长得很有姿色，慈禧也很喜欢，常常叫她陪在身边说话。有一次宫中女眷宴会，这位李大姑娘就坐在慈禧旁边，看见慈禧的妹妹醇亲王福晋进了门，她连招呼也不打一个，身子都没动，而福晋还得依礼屈膝向慈禧请安，她又坐在慈禧身边，好像一同受了福晋的礼，这件事让福晋觉得很委屈，当即称病回府。慈禧的妹妹只活了五十多岁，但直至她死去，两姐妹不相往来。

## 慈禧为人做媒，婚姻皆不幸福

清末就有传言说，凡是经过慈禧指派的婚姻就不会幸福。事实也是如此，慈禧给道光皇帝的女儿，也就是自己的小姑子指婚，小姑子下嫁后，慈禧又常常叫她进宫陪伴自己，小姑子的额驸没多久就死了，小姑子后来就长期留在宫里了。

慈禧又给咸丰皇帝的亲生女儿荣安固伦公主指婚，结果驸马不到两年又死了，公主也抑郁而死。

恭亲王奕訢的大女儿也是慈禧指的婚。同治初年，慈禧太后为了拉拢奕訢，把她接进宫中教养，接着就晋封她为荣寿固伦公主，时年 11 岁，到 13 岁时，经慈禧太后指婚，荣寿固伦公主下嫁给世袭一等公景

荣安固伦公主老年照

寿的儿子志端。景寿早年曾娶道光帝的第六女寿恩固伦公主。父子两人均娶固伦公主，是最显赫的皇亲国戚。但志端没有多大福分，婚后半年病死。丈夫死后，荣寿公主作为太后养女又回到宫中陪伴太后。

庆亲王奕劻的四女儿的婚姻也是慈禧指的婚，她也是很快做了寡妇，之后她基本也待在慈禧太后身边，终日陪她游玩。

光绪帝的皇后隆裕是慈禧三弟桂祥的女儿，这桩婚姻当然也是慈禧指派的，并且属于姑表亲，其不幸也是世人皆知的，光绪帝一生不喜他这个表姐，两人的感情就像敌人一样。

慈禧还给其三弟桂祥的一个儿子指了婚，就是她的一个侄子，女方是内务府大臣庆善之女，好像单名一个"伊"字，但她还没等到正式拜堂的日子，慈禧的内侄就死了，女孩子那边成了望门寡，当时大户人家顾及体面，小姐也不好改嫁，特别是庆善是朝中大臣，他家的女儿要嫁的是慈禧太后的侄子，就是想改嫁，他也怕得罪了慈禧太后，于是仍让她嫁到桂祥家。这倒遂了慈禧的心愿，之后叫她进宫陪侍做女官，她就成了宫女们口中常说的元大奶奶，没见过丈夫的面，却为其守了一辈子寡。因不太会说话，她在宫中并不为慈禧所喜欢。

后来德龄公主见到元大奶奶，曾在书中写过这样的话："她将出嫁时，还只是一个十八岁的天真活泼的小姑娘咧，（可因为其未婚夫已死，）于是在名义上，伊已经变成了一个含苦居孀的小寡妇了！中国旧礼教的残酷，确是无可掩饰的事实。当我在宫中和伊相会的时候，伊恰好是二十四岁；而伊的神态，却已跟四五十岁的老妇人一般无二了。在伊的一生中，可说是不再有什么幸福或快乐而言！伊绝对不许和任何一个男人谈话，也不能随便地纵声大笑；而且必须永远地留在宫内，一直到伊灵魂脱离伊的躯壳为止。不过有一点是伊的造化！就是伊的天性是很愚笨木讷的，对于人生，简直毫无认识，所以伊的环境虽是这样的凄凉哀痛，但伊竟像没有感觉到的一样。"

慈禧还给隆裕的妹妹也指了婚，嫁了位王爷，却同样很不幸，婚后，隆裕的妹妹被那位王爷丈夫欺负，常常回娘家告状，桂祥的夫人性格本来就强势，就来慈禧面前哭诉，慈禧一生气就叫宗人府打了那个王爷，弄得小夫妇更势同水火，无法相处。后来隆裕的妹妹根本就没有办法回夫家，只好在娘家生活，无脸见人。也正是由于慈禧强行指派婚姻这个原因，慈禧的弟媳妇就常在背后说慈禧的坏话。

隆裕的弟弟们并没有担任什么要职。慈禧这人虽做了很多让人不耻的事，但她自己的虚荣心却很强，非常想要脸面，怕人说三道四，就没给娘家人太多的职权，其实她更明白，这时候的大清朝廷，名义上是她夫家的，其实就是她自己的，叶赫那拉家族的荣宠不断，恩赏不断，她娘家人的生活是很富足的。但她要堵别人的嘴，就不能再给娘家人太大的权力了，况且她娘家人也没什么人才可用。不过，慈禧的母亲死后，慈禧给安排的丧事极其隆重，当时轰动京城。

慈禧的童年及入宫经历

第三章

## 旗女慈禧，选秀入宫

### 童年慈禧"生命极苦"

一个人的性格、心境、能力，总是和其小时候的教育和成长环境有很大关系。慈禧也不例外，按北京说，慈禧出生在世代为官的满洲贵族之家，从小衣食无忧，应该说她当时的生活是很富足的，相比那时候普通老百姓的生活，她的成长条件不知要好上多少倍。

但在慈禧看来，她自己的童年却是很不幸福的，甚至是痛苦的，这可说是一直埋藏在她心里的阴影。曾在慈禧太后身边任过女官的作家德龄说，慈禧太后有一次对她说："自余髫龄，生命极苦，尔所知也！以余非双亲所爱，尤觉毫无乐趣！吾兄所欲，余必欲之。至于予者，靡不遭呵斥！""髫"，是指童年。中国古代，小孩头上下垂的短发，就称"髫"。"垂髫"，就是指儿童。这里所说的"吾兄"是说她的兄弟们。

这句话的意思是说，慈禧小时候过得很苦，她不是父母喜欢的孩子，觉得活着没有乐趣，她的兄弟想要的东西，她必须满足，就这样她还经常遭到父母的训斥。

要说慈禧的孩童时候生活极苦，只有山西长治说才符合条件，若按北京说而言，那么她年少时"生命极苦"就不成立，不过她也可能是相

对而言，虽然吃喝不愁，但她觉得自己没有得到该得到的。

慈禧是一位内心极其复杂的女人，小时候简单、平凡的生活，使她颇为不满，从桂祥的无能和悠游无度来看，他一定是极受父母溺爱的，而慈禧却未必能得到。她的话也正说明，从小不得父母所爱的事，让她一直耿耿于怀，一生所不能忘怀，可是作为一个女孩，在家庭中得不到父母的疼爱，算是很平常事。

但是，对于倔强的慈禧来说，她不能接受父母对她的冷落和对弟弟的偏爱。她在心中也许曾一遍遍地叫喊：兄弟有的，我也必须有！但每次都召来一顿呵斥，或一场责骂，但她是心气极高又机灵的女人，一旦有了机会，她必将全力争取和享用自己想得到的。

所以，慈禧的这句话也体现了她悲观且扭曲的性格，因为她从小生活水平明明很不错，吃喝不愁，却还说很苦，受到父母的一点委屈就觉得不公平，这或许正是她权欲膨胀无度攫取之根源，也是她生活奢靡浪费的根源。

那么按北京说来讲，慈禧到底有什么样的童年呢？史料没有记载，

老北京四合院

但据慈禧的后人回忆，我们也能联想个大概。据说慈禧太后乳名杏儿、小翠，入宫前人们常称他"杏儿姑"，她的大名叫杏贞，为什么带个"杏"字呢？据说当时家里种了几颗白杏树。在满族人看来，红杏没有白杏好，所以家里就种了这么几棵。这样，爷爷就给她取名叫杏儿。从此小名就叫杏儿，大名叫做杏贞，取贞洁之意。

慈禧家原来住在一个很大的四合院式的大园子中，即在劈材胡同一带。北京四合院必须有堂有室，有厢有房。院子里要种树，一般是左边种枣树，右边种杏树，从左到右，取意早日幸福，是和谐美满、早生贵子之意。

在这个大院子中，慈禧的幼年生活较为富裕，过的是一种养尊处优的生活。据说当时慈禧的家里，雇用了不少的佣人，男差8人，女差8人。男差是干粗活的，护院、购物、搬运、扛货，主要任务是管家、修房、照料厨房、打扫院子。女差是照顾生活起居的，主要是负责洗衣、做饭、看管孩子和清洁卫生等，她们的身份主要是嬷嬷、妈妈。

慈禧刚出生的时候，她的母亲富察氏没有奶水，家里就请了两个嬷嬷（中老年女佣人）。这两位嬷嬷承担的是乳母工作，她们一个是唐嬷嬷，一个是关嬷嬷。据说，这两位嬷嬷也不简单，她们对慈禧产生了相当大的影响，在一定意义上，她们改变了慈禧太后的生活。最早伺候慈禧的是唐嬷嬷，之后是关嬷嬷，他们都细心照顾着小慈禧，据说她们两人的关系很好。后来，关嬷嬷又兼职照看隔一条胡同的荣禄，成为荣禄的奶妈，慈禧与荣禄的结缘，就是由关嬷嬷促成的。

慈禧从小就很聪明，学什么一学就会。很小的时候，她的父亲就请有学问的先生在家中教育她们姐弟，慈禧就是在这段时间学了些满文和汉文。到了少女时代，慈禧曾经随父亲在绥远城（今内蒙古呼和浩特市）居住，她兴趣较广泛，对于书法和绘画很着迷，对历史故事很用心，也喜欢唐诗宋词，有些能用满汉双文背诵，可说有一定的研究。

慈禧小时候和少女时代的情形大致就是这样的，虽然在幼年和童年时期生活不太愉快，自认为没有感受到父母之爱。可是，自从她入宫，凭着妖娆和取媚咸丰帝的功夫，她还是得到了咸丰帝的宠幸。特别为咸丰帝生下了唯一的皇子以后，她的身份和地位开始发生变化。几年后，咸丰皇帝去世，她不失时机、不择手段地发动辛酉政变，由懿贵妃一跃而为皇太后，进而垂帘听政，执掌大清王朝。

## 八旗制度与旗女选秀

慈禧的一生基本经历了整个晚清的历史，并且晚清的历史也基本都是慈禧所造就，所以人们都试图从这位赫赫有名的祸国皇太后降临人间的第一站起追根溯源，探录她的思想、性格形成的脉络和源泉，探录她成长过程中的偶然和必然，以解开发生在她身上那些给一个民族带来过深刻影响的许多历史之谜。

但无论慈禧少时经历过什么样的人生，其与清朝的政治扯上关系，还得从其进入皇宫开始。慈禧是作为秀女参加皇家选秀来到清宫的。清代皇家选秀女，要求的条件很高，官宦世家和满洲贵族才有这个资格。作为一个小吏之女，慈禧的出身并不算高，起先她也可说是名不见经传、普通得不能再普通的女孩，她怎么就入了后宫成了咸丰帝众多后妃中的一个呢？即使学者发现了她妹妹的选秀排单，也只能作为辅证，因为没有发现能够揭开这些谜团的确凿证据，这就为各种各样扑朔迷离说法的产生提供了条件。

清代后宫中的女人，上至皇后，下到宫女，基本都是从旗人女子中挑选出来的。旗人，是清朝独有的称呼，来源于清朝独有的八旗制度，这是努尔哈赤在统一女真的过程中创造的满族社会制度。它是在牛录制的基础上发展起来的。牛录制原是女真人集体狩猎的一种形式，努尔哈赤在统一女真的过程中将其改造成一种满族的社会制度。八旗制度最初具有行政、军事、生产三种职能。八旗人分别以黄、白、红、蓝四色旗帜为标志，组成镶黄、镶白、镶红、镶蓝、正黄、正白、正红、正蓝八旗。清朝入主中原后，旗人又有八旗和内务府包衣三旗的区别。八旗包

清朝宫女

括满洲八旗、蒙古八旗和汉军八旗，共24旗，这是清政权赖以统治的主要支柱；内务府包衣三旗则是清皇室的奴隶，二者的政治地位不同。

这种兵民结合的满族社会结构具有不同寻常的特点。有清一代，清政府禁止旗人从事农、工、商各业，当兵成为旗人唯一正当的职业。八旗军队中的兵丁是从各旗中的壮丁中挑选的，挑选兵丁俗称"挑缺"，被选中的称为"披甲"，成为一个正式八旗兵丁。清廷为确保八旗军的稳定和具备较高的战斗力，陆续建立起一系列的兵丁挑选、演练、粮饷等完备的制度，所以旗人中的男人生下来就是准备要打仗的，而旗人中的女人，则独有进入皇宫参加选秀的资格。

清廷选秀女首先是门第。尽管清初将八旗和包衣三旗的女子都称为秀女，但挑选的方法和她们在宫中的地位也有所不同。清朝从顺治时就规定，凡满族八旗人家年满十三岁至十六岁的女子，必须参加每三年一次的皇帝选秀女，选中者，留在宫里随侍皇帝成为妃嫔，或被赐给皇室子孙做福晋；未经参加选秀女者，不得嫁人。阅选时，按八旗的顺序，一般七八个人站成一排，由皇帝、皇太后们挑选。被挑选女子的名字，每排写一张单子，留宫中存档，这种名单，在档案中称为"秀女排单"。

八旗秀女，每三年挑选一次，由户部主持，可备皇后妃嫔之选，或

者赐婚近支（即三代以内、血缘关系比较密切的）宗室；包衣三旗秀女，每年挑选一次，由内务府主持，其中虽然也有一些人最终被逐渐升为妃嫔，但承担后宫杂役的，都是内务府包衣之女。到了清代后期，包衣三旗的应选女子就不再称为秀女，而在挑选宫女时，就明确地说"引见包衣三旗使女"了。所以说，能够成为清廷后妃的，主要是八旗秀女。

挑选秀女的目的，除了充实皇帝的后宫，团结八旗的关系，就是为皇室子孙拴婚，或为亲王、郡王和他们的儿子指婚，重要性自不待言。秀女们要走进紫禁城高高的宫墙，也就不那么简单了，必须经过一道道的考察。

首先，要严格审查旗属与年龄，不在旗的想参加选秀，比登天还难；在旗的想逃避选秀，往往也是自讨苦吃。顺治朝曾规定：凡满、蒙、汉军八旗官员、另户军士、闲散壮丁家中年满14岁至16岁的女子，都必须参加三年一度的备选秀女，17岁以上的女子不再参加。乾隆五年（1740年）进一步规定，如果旗人女子在规定的年限之内因种种原因没有参加阅选，下届仍要参加阅选。没有经过阅选的旗人女子，即使到了20多岁也不准私自聘嫁，如有违例，她所在旗的最高行政长官——该旗都统要进行查参，予以惩治。

然而，就在这一规定发布的第二年，闽浙总督德沛上了一道奏折，请求乾隆皇帝允许他年过17岁的儿子恒志与两广总督马尔泰的女儿完婚，但是，马尔泰的这位千金还没有参加过选秀。此事令乾隆皇帝大为恼火，命令德沛立即赶赴京师，当面训饬，同时强调："我朝定例，八旗秀女，必俟选看后方准聘嫁。凡在旗人，理宜敬谨遵行。近见尚有未经选看之秀女聘定许字者，大臣等有奏事之责者，虽系蒙朕恩俞允，究与体制未协。选看八旗秀女，原为王、阿哥等择取福晋；若在未经挑选之前即行结亲许字，非为废弛旧制，并恐无奏事责任之人，或不敢陈奏之人，伊等已行许字之女，朕因不知，另指他人，亦大有关系；且八旗秀女，于十三四岁即行选看，并无耽搁之虞。"

乾隆皇帝生性风流，好近女色，于是他在这里振振有词地说了三条

理由：第一，每三年一次的选秀女是为诸王和众皇子挑选妻室，并非是为了给自己充实后宫；第二，一旦因选秀拆散了他人的姻缘，也是因为没有遵守"我朝定制"，违法在先，并非皇家的责任；第三，即使为了选秀等上三年两载，应选秀女也不过十六七岁，不会耽误她的终身。最后，乾隆皇帝命令"户部通行传谕八旗，所有未经选看之秀女，断不可私先结亲，务须遵例于选看后再行结亲聘嫁。"乾隆二十年（1755年），再次补充规定：应阅视的秀女，在未受阅选之前私自与宗室王公结亲者，其母家按隐瞒秀女之罪论处。

那么清朝皇帝选择后妃的标准是什么？至于参选秀女的年龄，根据清宫档案，到清末光绪年间，最小的是11岁，大的可达20岁。每到准备挑选秀女的时候，先由户部奏报皇帝，奉旨允准后，立即行文八旗都统衙门，由八旗的各级基层长官逐层将适龄女子花名册呈报上来，到八旗都统衙门汇总，最后由户部上报皇帝，皇帝决定选阅日期。因为有病、残疾、相貌丑陋而确实不能入选者，也必须经过逐层具保，申明理由，由都统咨行户部，户部奏明皇帝，获得允准后才能免去应选的义务，听其自行婚嫁。

## 妙龄慈禧选秀入宫

咸丰二年恰逢选秀年，17岁的慈禧以满籍道员之女的身份参加了选秀。而有关这些的史料，也等于给她的身份定了调，即满洲人，官员之女。

咸丰年间修纂的《玉牒》中载："兰贵人那拉氏（慈禧太后），道员惠征之女，咸丰四年甲寅二月封懿嫔。六年丙辰三月，封懿妃。七年丁巳正月封懿贵妃。"

慈禧虽然是满洲人，但没有高贵的血统，也没有显赫的门第，但年轻时的姿色基本还说得过去，据说她是凭借着在一场名为"选秀"的选美"大赛"胜出后，被选入宫的。不过她的姿色并不出众，是不是在选秀时使用了什么投机取巧的办法，无史可考，但以她的心机，那是完全有可能的。

咸丰二年初春，选自全国各地的 60 位旗籍佳丽早已坐着骡车来到了京城，来自北京西四牌楼劈柴胡同的叶赫那拉姐妹俩也在骡车队伍中紧张地等待着。叶赫那拉·杏贞和叶赫那拉·婉贞后来成为了历史上有影响的两个人，杏贞即后来中外知名的慈禧太后，婉贞即醇亲王福晋、光绪帝的生母，但此时，她们只是来自镶蓝旗的一个四品道员惠征的女儿。

通常清宫选秀的程序是这样，参加选秀的秀女们抵达京城后，在入宫应选的前一天，坐在骡车上，由本旗的参领、领催等安排次序，称为"排车"，根据满、蒙、汉排列先后的次序。最前面是宫中后妃的亲戚，其次是以前被选中留了牌子、这次复选的女子，最后是本次新选送的秀女，分别依年龄为序排列，鱼贯衔尾而行，车树双灯，上有"某旗某佐领某某人之女"的标识。日落时分发车，入夜时进入地安门，到神武门外等待宫门开启后下车，在宫中太监的引导下，按顺序进入顺贞门。秀女们乘坐的骡车则从神武门夹道东行而南，出东华门，由崇文门大街北行，经北街市，然后再经地安门来到神武门外，这时，已是第二天中午了。初选完毕的秀女们在神武门外依次登上她们来时所乘坐的骡车，各归其家。这种井然有序的排车法，是嘉庆年间的一位名叫丹巴多尔济的额驸发明的。

当应选的秀女们在神武门外走下骡车后，先由户部司官维持秩序，再由太监引入宫中。御花园、体元殿、静怡轩等处，都曾是阅选秀女的场所。一般每天只阅看两个旗，根据各旗参选秀女人数的多少进行搭配。通常是五六人一排，供皇帝或太后选阅，但有时也有三四人一排，甚至一人一排的。如有被看中者，就留下她的名牌，这叫做留牌子；没有选中的，就撂牌子。然后，留牌子的秀女再定期复选，复选而未留者，也称为撂牌子。经复选再度被选中的秀女，还有两种命运：一是赐予皇室王公或宗室之家；一是留于皇宫之中，随侍皇帝左右，成为后妃

清朝参选的秀女

的候选人。如果成为后妃的候选人，手续会更为复杂，初次"引阅"之后，屡屡"复看"，有"记名"的，这是被选中留牌子的；有"上记名"的，这是皇帝亲自选中留牌子的。最后，还要经过"留宫住宿"进行考察，在留宫住宿的秀女中选定数人，其余的都撂牌子。

选秀过程因谨慎而繁琐，由太监经过两次选择。二月初七晚，在各旗参领、领催负责下，运送秀女的车队来到了皇宫的神武门，在太监的引领下到达顺贞门，太监首领在等待着，秀女们按旗籍分组，每组五人、四人不等，一字排开，太监细细审视，容貌端庄秀丽者留下牌子，牌子上书某官某人之女，某旗满洲人或蒙古人，年岁若干。慈禧姐妹和其他四十多位佳丽留下，其他的由本旗专车载回家，可自行择配。初选通过的还要进行由太监主持的复选，复选时要对绣锦、执帚等基本技艺进行测试，观察其仪容形态，不合格的称为"撂牌子"，出宫回家。慈禧姐妹不知怎么通过了前两关。选秀中真正至关重要的是下一关，皇帝亲自"引阅"，这个时候，慈禧应该很好地利用了自己的聪明，获得了咸丰皇帝的青睐，但她的妹妹却被刷了下来。

## 献媚有术，慈禧得宠

清代从顺治到光绪九朝，选秀女80多次，按后来入葬陵寝的后妃统计，共214人，她们的命运是各不相同的。慈禧以无德之品性，中人之资质，何以在清宫中混得如鱼得水，进而成为皇后、皇太后的呢？她又是如何应了叶赫灭清之谶言并一手毁掉了清王朝的呢？我们必须拨开历史，从蛛丝马迹中还原其真相。

慈禧即将跨进的后宫意味着什么？对于"普天之下莫非王土，率土之滨莫非王臣"的君主来说，他的后宫意味着六宫粉黛、三千佳丽、钟鼎玉食，入则黄罗伞盖，出则宝马香车、仆从如云，后宫是他率性而为的乐园。而对于后宫的佳丽来说，这里却并非乐土。因为在这里，她们只有一个男人，而她们的作用主要是被这个男人临幸后去生孩子罢了。既然只有一个男人，那么竞争必然激烈，因为皇帝"雨露"不能遍施，而可以"承露"的女人又无所不在，所以女人们为了争夺皇帝的性爱而拼杀，拥有了皇帝的性爱就增大了生育皇子的机会，一旦皇子继承了皇位，即可"母以子贵"，成为一国之母。于是后宫的女人们为了获得和巩固皇帝的宠爱，不断上演着一幕幕人间悲剧。

对于即将进宫的慈禧来说，后宫之中竞争异常激烈，这一点她不可能毫无所知。慈禧应该清楚地意识到了：在未来的日子里，摆在她面前的道路只有两条：一是竭尽其所能，获得皇帝的宠爱，在夹缝中求得生存；二是听任命运的摆布，很有可能成为后宫倾轧的牺牲品。但所有人都没有想到的是，咸丰帝看上的这位心高气傲的女子慈禧，她一旦打开潘多拉的权欲之盒，就将成为一个魔头般的人物了。

## 媚惑咸丰，排除异己

### "四无"皇帝咸丰，国破不误纵情

慈禧之入宫，是为备咸丰皇帝临幸和生子服务的。也就是说她将是咸丰皇帝众多传续香火的嫔妃中的一位。那么咸丰皇帝是个什么样的人呢？咸丰皇帝名爱新觉罗·奕詝，庙号文宗，道光十一年（1831 年 7 月 17 日）生于北京圆明园，道光帝第四子，母为孝全成皇后钮祜禄氏。

咸丰帝一生无大作为，其在位时国家破败，民怨四起，列强入侵，乃中国饱受屈辱的时期。他治国虽无才能，但他年轻时挺聪明，这也是他得以即位的原因，他的父亲道光帝本来生有九个儿子，不料前三个儿子都英年早逝，论年龄、资质，能被选为皇储的阿哥只有两个，就是四阿哥奕詝和六阿哥奕䜣，所以四儿子奕詝就顺理成章地成为了皇长子。由于四阿哥奕詝的母亲孝全成皇后英年早逝，所以奕詝是由六阿哥奕䜣的母亲养育的。小哥俩儿虽然不是一母所生，但关系一直很好。道光帝也很彷徨，不知道奕詝和奕䜣哪个更有才干，谁能继承大统。

道光帝在位期间，大清帝国的国势正逐渐走向衰败。为了巩固自己的统治，他也曾进行了一些小的改革，如漕粮海运、票盐法以及取消封矿政策等。此外，他还整顿吏治，处理了一大批贪污官员。大清帝国在

道光皇帝的主持下，逐渐焕发了新的活力，只可惜在这个关键时刻，鸦片战争爆发了，几万里之外的小小岛国英国，只开来几艘军舰便将自大得自称"天朝"的大清帝国打得找不着北，一下子将道光帝刚刚燃起的一丝兴国希望彻底浇灭。从此，道光皇帝患上了"西方列强恐惧症"，在坚船利炮的阴影下惶惶不可终日。一晃十年时间过去了，晚年的道光皇帝自知时日无多，在帝国未来继承人的事情上却始终犹豫不决。

道光皇帝像

道光帝本来对奕詝这个资质一般的儿子并不十分宠爱，反而对从小就聪明伶俐、善于变通的六儿子奕䜣偏爱有加。但历史捉弄人的地方很巧妙，只因奕詝有个极能揣摩人心理的老师杜受田，结果他就成了皇帝。

奕詝有一次骑马的时候不慎失足摔成了骨折，好了以后却落下了残疾，脚有些跛。无论从智慧和外表来说，奕䜣都强于奕詝，道光皇帝内心还是偏爱奕䜣。可是按照传统，皇长子如果没有大的错误，皇位就应该传给奕詝，这也让道光皇帝非常烦恼。据说道光皇帝晚年曾经多次将奕䜣的名字写在了立储匣的密旨里。

但是奕詝和弟弟奕䜣相比，也不是一无是处，至少比奕䜣要老成持重得多。这一点可是非常重要，尽管奕䜣聪明机智，但是从继承皇位的角度上考虑，那并不是最主要的。所以道光帝就准备用打猎和召见阿哥来观察、斟酌，以选出皇储。

打猎的日子很快到了，所有的阿哥都井然有序地来到了木兰打猎

场。打猎前，四阿哥奕詝的老师杜受田就对奕詝说："阿哥你论英武是比不上六阿哥的，阿哥到了木兰围场万万不可开弓放箭，一定要空手而归。若是皇上问起，你就说现在正值春天，万物复苏，生机盎然。正是动物繁育的季节。若是在此时对他们展开杀戮，岂不是太残忍了吗？"奕詝很信赖杜受田，就牢牢记住了杜受田的话。而六阿哥奕䜣的老师却叫奕䜣尽力发挥，多打猎物。

打猎正式开始了，奕䜣是意气风发地打起猎，并且满载而归。而奕詝却是一箭不发，两手空空。道光帝看到两个儿子形成了鲜明的对比。很是吃惊，便问奕詝原因。奕詝就对道光帝说："皇阿玛，儿臣看到现在正值烟花三月，所有的动物都开始生息繁衍。如来佛就以慈悲为怀，曾割下自己的肉给鹰吃。如若这时，儿臣用冰冷的弓箭将他们一网打尽，太过残忍了。这都是佛祖不愿看到的结果。"道光对四阿哥奕詝的回答很满意，认为他有帝王的仁慈，以及宽大的胸襟，慢慢开始对四阿哥奕詝产生好感。

还有一次，道光帝认为自己时日不多了，就把两个儿子叫到身边来，问他们倘若自己百年之后，如何治理国家。出发前，奕詝的老师杜受田对奕詝说："阿哥论口才是比不过六阿哥的，待会儿皇上问你时，你就号啕大哭，说皇上永远不会死去，永远轮不到自己当皇帝！"奕詝记住了这些话。待到道光帝询问两个阿哥如何治理国家之时，奕䜣讲得头头是道，口若悬河。而轮到奕詝讲时，奕詝却泣不成声。抽噎着说："皇阿玛这是什么话？皇阿玛行善积德，得苍天庇佑，永远也不会死去。哪里轮得上吾辈当上皇帝呢？"

人心都是肉长的，道光帝当然更希望儿女孝顺、关心自己。这样一来，六阿哥奕䜣滔滔不绝的回答让反而他不高兴了，他觉得奕䜣对国事这么有研究，估计早就想着当皇帝了，肯定在等自己早点死，然后他早早登基。而四阿哥奕詝的回答虽然不如奕䜣说得好，但是却体现了他对父亲的孝顺，这样道光帝更加喜欢奕詝了。于是后来道光帝选择了奕詝。

但也有一种说法是这样讲的，道光帝本是想立奕䜣的，并且作好了准备，只是后来有了变化，才立了奕詝。道光帝经过对奕詝和奕䜣长时间的观察以后，发现奕䜣确实是比奕詝有才华、有谋略、有武力，于是下定决心立六阿哥奕䜣为皇太子。由于清朝自雍正帝选立储君以来，就流传着有把已选定的皇太子名字写在一张纸上，放在乾清宫"正大光明"匾额后的习惯。于是，一天晚上，道光帝觉得自己时日不多了，便清理了大堂之内的宫女和太监。自己拿出一张纸，准备写册立储君的"遗诏"了。

这时，有个守门的小太监很聪明。他偷偷地看道光帝运笔的姿势，暗自揣摩道光帝写的是什么字，好从中了解一些眉目。结果，他看见道光帝写最后一个字的时候，拉了一个很长的一竖。便琢磨起哪个阿哥的名字的最后一笔的长长的一竖。结果他想到了奕䜣。"䜣"字最后一笔就是一竖。他兴高采烈，连忙去通报奕䜣的生母静妃，好领点儿赏。静妃听后也欢天喜地，给了小太监很多赏。然后到处去和别人炫耀："我

乾清宫内"正大光明"匾额

儿子六阿哥奕䜣特别有才干，都被皇上立为皇储了，我就要当皇太后了。"结果这话一传十，十传百，最终传到了道光帝的耳朵里。道光帝很不高兴，认为自己的秘密竟然被静妃公之于众，一点皇上的威严也没有，便马上改立了皇储，把写上奕䜣名字的遗诏换下来，改写成了"奕詝"。

其实这个说法很荒谬，由于清代皇室是满族人。所以他们在写一些重要的文件的时候。都既要写满文，又要写汉文。那个小太监怎么可能知道道光帝写的那一竖是满文还是汉文呢？还有，就算静妃得到了音讯，她也不会轻易说出去。因为毕竟她在宫中已经摸爬滚打了二十余年，早就揣摩透了道光帝的性格和锻造了一颗谨慎的心，她很明白其中的利害的。

不管怎样，奕詝都有因母而贵的优势。身为至高无上的皇帝，道光虽有着三千佳人，但他最爱的嫔妃就是四阿哥奕詝的亲生母亲孝全成皇后（静妃）。而道光的宠幸不免让年轻的孝全成皇后心高气傲，没有搞好与婆婆孝和睿皇太后（是指道光帝的父亲嘉庆帝的皇后）的婆媳关系，于是还在奕詝很小的时候，其母孝全成皇后就被孝和睿皇太后毒死了。但迫于其母皇太后的权利，更为了维护皇家的面子，道光帝一直是敢怒不敢言，不敢追究孝全成皇后的死因。但在他心里，孝全成皇后依然有着很高的地位，并认为奕詝之母孝全成皇后为奕䜣之母所不能及也。孝全成皇后逝世那年，奕詝才十岁。道光帝心痛皇后的死去，把他对孝全成皇后的爱全部倾注到了小小的奕詝身上，所以一直对奕詝疼爱有加。

奕詝长大后，虽然才华、武功方面不如奕䜣，道光也觉察到了。但是联想到奕詝的母亲静妃曾经是那么楚楚动人，曾经是那么温柔似水，他自然就更加喜爱奕詝。道光本来就对不能为孝全成皇后追查死因，不能保护孝全成皇后而深感歉意。所以道光帝最终选择奕詝做了皇位继承人。这个说法合乎情理，但至于是不是真假，还有待考究。

咸丰帝奕詝即位时，清王朝正面临内忧外患的统治危机。道光帝死前一个月就爆发了太平天国大起义，南方数省告急，咸丰帝即位后发展更为迅速，咸丰三年（1853年）三月，太平军攻克南京建都，南方大部为太平军的天下，已与清政府分庭抗礼。咸丰帝对起义进行坚决镇压，但太平军战斗力很强，八旗、绿营一败涂地，领军前去镇压的将领有广西提督向荣、巡抚周天爵、广州副都统乌兰泰、钦差大臣赛向阿、两江总督徐广缙等等，在太平军面前都不堪一击，钦差大臣陆建瀛还死于太平军刀下，钦差大臣德兴阿与和春的江北大营、江南大营都连遭摧毁。

另一方面，和太平天国一样严重的是西方列强的侵略，他们不停地要求中国开放口岸，并占领中国的国土。此时清政府财政困难，打仗要钱，更何况是对内对外的大仗。咸丰朝财政出现危机。道光三十年国库只有187万两，到咸丰三年六月，户部存银只有22.7万两，两个月的兵饷都发不出来，可见此时清朝之困顿。

咸丰帝被后人诟称为无远见、无胆识、无才能、无作为的"四无"皇帝，在位期间，内外交困，太平天国起义如火如荼之际，又遭遇英法联军侵略中国，他依靠湘军，抑制住了太平天国起义进一步的扩张。对英法联军的大肆侵略，他也派兵抵抗了，但是最终也是因他的胆小和失策而失败，以签订丧权辱国的《北京条约》告终。面对国库空虚、军伍废弛、吏治腐败、天灾不断、各地起义此起彼伏、西方列强虎视眈眈的烂摊子，他一筹莫展，于是干脆不管不顾，自己沉迷声色，纵欲自戕。

不过，在咸丰帝即位之初，他也有振作之象，抱负很高，刚即位就求贤才，林则徐、江忠源、李棠阶等人才相继得到保举，并罢免了穆彰阿、琦善等不称职的人的职务，文渊阁大学士耆英也降为五品顶戴。这个时期，他的为政也比较勤谨。

但咸丰皇帝本就是花花公子品性，刚即位的第二年，道光帝的丧期一过，21岁的咸丰帝就迫不及待地进行了他新任皇帝以来的第一次选秀女，堂而皇之的理由是为了延续皇族血脉，充实后宫，实际上，最重要的是满足他的私欲，于是慈禧被选入了宫中。

## 慈禧讨好咸丰，暗中打击异己

慈禧的身世可谓复杂，她的一生时刻都充满了谜。如果她没有入宫，她的身世即便再神秘、再复杂，也无人关注，一切还都得从她入宫受宠开始。而从她的性格来看，她的入宫，也代表着清廷的权力和皇嗣延续都有了潜在的危机。

但在此时，虽然慈禧幸运地选秀成功，但这并没有使慈禧立刻改变命运，因为像她一样的秀女有 16 位之多，谁也不知道谁将会受宠。

慈禧入宫之后曾被安排在皇家园林圆明园一处比较隐秘之处，虽然她此前与咸丰帝匆匆地见过几次面，外表并不出色的她显然没有给咸丰帝留下多少印象。一连几个月了，她竟连皇帝的面都没见着。皇帝是这后宫中唯一的成年男性，可他六宫粉黛，三千佳丽，出则宝马香车，入则黄罗伞盖，到处仆从如云，如果不是情人眼里出西施，或是惊艳夺目的绝代佳人，成日蜂围蝶绕的皇帝哪能记住一个新晋秀女？而且后宫妃嫔如云，大家都依附皇帝为生。一朝被宠，平步青云，光宗耀祖；一旦被边缘化，只能就此寂寞一生，后宫争宠之战异常激烈，没人能独善其身，生性好强的慈禧更不想坐以待老。她知道，一个不能凭长相得宠的女子，唯有通过聪明的头脑才能逆转局面。

我们对年少时的慈禧所知不多，但想必她自幼随父宦游各地，官场的倾轧、角逐，丰富了她生活的阅历；宦海中的钻营、贪婪，使她养成了阴险、狠毒的性格；虽是家中的长女，却并不受父母宠爱，亲情淡漠、缺乏，使她势利和阴毒。在这等级森严的后宫中，只有皇帝和依附于皇帝的人可以呼风唤雨、趾高气扬，其他人都必须夹着尾巴做人，慈禧当然是不甘于被人踩到脚下，于是她决定靠自己改变命运。

身在后宫，慈禧的竞争压力极大，能与慈禧争宠的嫔妃有不少，以娇丽温顺获宠的云嫔、以柔媚著称的丽贵人和以姿容取胜的玫常在同样深受咸丰帝的宠爱。云嫔武佳氏是咸丰帝称帝前的宠妾，姿容超群，品性温顺，与咸丰帝情谊深厚，咸丰称帝后对她宠眷不衰。丽贵人、玫常在和慈禧同年选秀进宫。丽贵人艳若桃子，最爱撒娇弄嗔，自选秀入宫以来，是咸丰帝的最爱；玫常在徐桂氏因出身低微，颇有心计，总能带给咸丰帝新鲜和刺激，不久晋升为贵人，但她妒忌心重，因而咸丰帝对这位精灵古怪的美人总是又爱又恨。

慈禧每天都花大量的时间将自己装扮得娇俏可人，宫中内外都薰香缭绕，每晚她希望看到敬事房的太监走入她的房间，给她带来侍寝的好消息，但大多时候，皇帝实在是分身乏术，她只能伫立窗前，听丽贵人或玫常在宫中的莺歌燕舞，暗自垂泪到天亮。如果他偶有临幸，她便心花怒放，使尽浑身解数，让他感受她的渴望和热情。可皇帝真的太忙，她也厌倦了这种反反复复的失望，她需要的是独宠。环视后宫，慈禧不是最美的，也不是最娇媚的，如何才能集三千宠爱于一身？看起来必须好好运用智谋。

慈禧在残酷的后宫竞争中，渐渐变得冷静和成熟。她开始听从宫人建议，每日饮"驻香露"，使自己渐渐玉体溢香；她听从御医建议，用鸡蛋清敷面，让皮肤柔软有弹性；她让近侍从宫外采来大奶，天天用大奶沐浴，不久后通体细滑白嫩，肌肤宛如初生婴儿；用宫中特制的玉容散化妆，使面容珠圆玉润；她还偏爱中国的各种养生秘方。由于保养有方，二十出头的慈禧少了刚入宫时的那份青涩，多了一份成熟女人的风韵和妩媚。

在不断提升女性魅力的同时，刚离开长辈庇护的慈禧表现出了超乎常人的竞争能力。她是天生的翻云覆雨能手，在这小小的后宫里，她潜在的政治才能得到充分的练习机会。慈禧用一步步的精心设计，制服他人，赢得皇帝的爱心。这才是她走向成功的要素。以后的历史发展显示了她在后宫的经营。

慈禧发动了身边所有的宫娥太监，散尽钱财，四处贿赂，安插眼线，俨然组成一个宫内小社团，而她就是这个团体的首领。他们刺探情

报，于是对咸丰帝每天宠幸的妃嫔了如指掌。

　　首先，她努力接近皇帝，赢得他的喜欢。这是后宫中所有的嫔妃都想做到的，但又不一定做得好。我们不知道慈禧究竟使用了什么样的手段使皇帝喜欢她，但慈禧一向机敏开朗、洞悉人性、善体人意，也许是这些留住了皇帝的心。而玫贵人，徐佳氏，却出现了闪失。玫贵人入宫后初封为常在。因为她颇有姿色，所以不久就晋升为玫贵人。

　　慈禧对此醋意大发，她指使人陷害宠幸正浓的玫贵人，令咸丰帝误以为玫贵人在慈禧的点心中下毒，咸丰帝一怒之下将她降为常在，二十多天过去后，皇帝仍怒气未消，余恨难解，再次下令把玫常在降为宫女。

　　玫常在无辜受冤，无处可诉，好在咸丰帝对她意犹未尽，几天后再见她时，她楚楚动人的泪眼又让他怜香惜玉起来，之后咸丰帝对她的宠爱有增无减。这让慈禧感觉失败透顶，但她怎会服输，很快就收拾心情，等待下次机会。

　　徐佳氏在一个月内由主子一直降为奴婢，连降三级，但表面上又不敢表现出怨恨和悲伤，只能在夜间以泪洗面，似乎咸丰帝也觉得自己的做法有些过分，所以在八大以后，又恢复了她的常在地位，日子不长又晋升为贵人。

　　丽贵人一直是个聪明的女人，慈禧的所有伎俩在她面前都不管用，咸丰帝太爱她了，慈禧还需要经验和等待机会。但云嫔比较好对付，慈禧用蛊惑罪陷害云嫔，云嫔被打入冷宫，又气又急，不久后悬梁丧了芳魂。

　　咸丰五年，不知玫贵人做错了什么事，还是慈禧又在背后使了坏，咸丰帝对其极为恼怒，五月二十四日下令把她降为常在、官女子，一下子又降了两级。官女子实际上就是可以陪皇帝睡觉的宫女，地位极为低下。

　　虽然能进入后宫的女人都不是泛泛之辈，但慈禧还是技高一筹，此时的慈禧虽以机谋渐渐略占上风，但真正的转折还是到了咸丰四年。

当时咸丰帝宠爱的丽贵人怀上龙种，这事很快传遍宫廷内外，咸丰帝为了保住龙脉，为让丽贵人安心养胎，便不再宠幸她，而是将目光投向了后宫中那群等待临幸的嫔妃们。还是兰贵人的慈禧迎来了机会，就像电影《火烧圆明园》中所描绘的那样，慈禧用讨男人欢心的办法赢得了咸丰帝的宠幸。

对慈禧而言，更幸运的是，大清国的内忧外患让此时的咸丰帝被政事扰得心神不宁。于

慈禧太后像

是，既聪明、又关心政治的慈禧对咸丰产生了很大的吸引力，她很享受这段时光，多年后，她炫耀道："我进宫以后，先帝很宠爱我，对其他人几乎都不看一眼。"咸丰四年（1854年），慈禧被晋封为懿嫔，在荣华富贵的道路上迈进了一大步。

自从受到咸丰帝宠爱后，慈禧笼罩心头的乌云终于散去，就像久旱的树苗忽逢甘霖，她的境遇突然好起来，慈禧也用心侍奉皇帝，虽然咸丰在女人身上的兴趣广泛，喜欢很多女人，但慈禧仿佛学会了女人吸引男人的所有招数，让咸丰对她欲罢不能。

每天晚膳过后，敬事房的太监会端来"膳牌"，牌头漆成绿色，牌正面书写后妃姓名及简单履历，皇帝对谁中意即翻下谁的绿头牌。慈禧每晚都会焚香沐浴，精心地梳洗一番，等待皇帝的召幸。自咸丰四年（1854年）以后，大多数时候她都不会失望，敬事房的太监会来传话。慈禧脱光衣物，躺进太监备好的大氅里，收拾停当，太监领旨进来，将慈禧扛往皇帝的寝宫。

据说这种裸体入宫侍寝的制度是雍正帝以后形成的。传说雍正帝之

所以驾崩，是被一侠女所刺，民间传说是扮成宫女的剑客吕四娘所为，所以后来皇帝每次召幸嫔妃都要她们裸体入宫，以免女人们怀挟利器。

太监们把慈禧抬入皇帝寝宫后，卸去氅衣。慈禧从咸丰皇帝的脚端钻入衾中，之后二人不免一番云雨。近侍太监照例在寝宫外候两个小时后，高呼时间到，皇帝必须回答，如此反复三遍，按例应把慈禧送到隔壁暖阁入睡，以保持咸丰帝的体力。随侍太监还会问留不留，皇帝如果说"留住"，记档太监便详细记录时日，以便作日后备胎的证据；如果皇帝说"不留"，则立即对该嫔妃施行避孕。咸丰帝的妃嫔都不会采取避孕措施，因为咸丰帝急于获得子嗣。

对于慈禧，由于其媚惑有术，咸丰帝总是会把慈禧整晚留侍身边，直睡到日上三竿。

## 慈禧独受宠幸，慈安警醒咸丰

咸丰帝的皇后钮祜禄氏，即慈安，比慈禧年轻两岁，但严守礼法宫规，即使到了酷夏也将自己包裹得严严实实，洗浴时不许旁人侍候，人前人后对皇帝都是礼敬有加，咸丰帝对她也十分敬重，然而夫妻间要是尊敬过火了，必然难以和谐相处，所以在夫妻生活方面，咸丰也对慈安敬而远之。

慈安为人正直，慈禧的狡黠多谋、工于心计令慈安十分不安，她曾劝咸丰帝不要选她入宫，但咸丰帝本性好色，对此置若罔闻，专宠慈禧后，咸丰帝更没个帝王的样子，整天与慈禧混在一起，不问政务。

慈安虽然历来不受咸丰宠爱，但妒忌几乎是女人的天性，她毕竟是六宫之主，有规劝皇帝勤政的义务，也有督促妃子守规矩的权力。皇后见几次劝说无效，决定以祖宗法制来威慑咸丰帝，她先是派了心腹太监摸清底细，次日清晨，便叫太监在慈禧的储秀宫外诵祖训。咸丰帝一听祖训便披衣起而跪听，之后便不再夜夜专宠慈禧了，但皇后一放松，咸丰又故伎重演，皇后又如法炮制，这下惹恼了咸丰帝，对着太监一顿训

斥，满腹委屈的太监一倾诉，让皇后颜面扫地，皇后决定亲自出马。

咸丰五年（1855 年）的一日清晨，慈安亲自到储秀宫外跪诵祖训，吓得咸丰帝立马起身上朝，皇后起驾回坤宁宫，传慈禧同往。慈禧吓得六神无主，身边少了护身符，不得不任凭处置，皇后在宫中对进行了她一顿严厉的训斥，并下令拉出去杖责。咸丰帝上朝后，想起皇后的怒不可遏，根本无心朝政，退朝后急往坤宁宫救美，慈禧这才免了一顿杖责之苦。受了委屈的慈禧回宫后梨花带雨地一阵哭诉，却令咸丰帝更加宠爱备至，早忘了皇后的训诫。

此事之后，慈禧自知自己名位不济，收敛了许多，也懂得了要时常逢迎皇帝之余对皇后也曲意奉承。于是在得到咸丰帝赏赐的名贵物品后，她不时拿来孝敬皇后，变得谦卑有礼，会用甜言蜜语讨好和哄骗皇后，并且她不再日上三竿还和咸丰帝偎在温柔乡里，不但敦促咸丰帝及时处理朝政，她还经常从旁协助。这些转变让皇后的心情变好，也为她的独宠减少了许多阻力。

慈禧虽然以美貌获得了咸丰帝的格外垂爱，但环视后宫，处处都是婀娜多姿的身影，慈禧知道，在万紫千红的后宫想要固宠，不善于审时度势，妖媚惑主，很可能就是后宫角逐的牺牲品。冷静奸诈的慈禧决定主动出击，击败群芳，独占鳌头。

而要想在这样的环境里出头，不但要得到皇帝的宠幸，更重要的是，要能为皇帝生下皇子。慈禧知道只凭借着美丽可人、侍应得体并不能确保皇帝的专宠。只有为皇帝生下儿子，才能猎取皇帝的心。子嗣兴旺是龙脉延续的保证，这也是咸丰皇帝最为渴望的一件事情，更何况此时咸丰帝还没有一儿半女。

### 买通太医，受孕产子

古代的封建皇位继承制的原则是父死子继，立嫡以长，这种原则轻易不可更改。因此，历朝历代皇帝都把生育当成政治大事来抓，尽可能

地充实后宫妃嫔，尽可能地生育更多的男性子嗣。对于没有子嗣、又想得宠固位的后妃而言，生子也成了她们的最高理想。

在中国历史上，子嗣的多少往往与王朝的兴衰紧密相连。以清朝为例，皇太极 11 个儿子、顺治帝 8 个儿子、康熙帝 35 个儿子、雍正帝 10 个儿子，道光帝也有 9 个儿子，而咸丰帝只有一根独苗，同治帝、光绪帝、宣统帝都没有子嗣，光绪帝、宣统帝都是王族子弟入继大统，同治帝成为皇宫禁院里最后一个长到成年的男孩。

咸丰帝是一个子嗣不旺的人，直到咸丰四年（1854 年），23 岁的咸丰帝虽然年富力强，但大婚已经七年，后宫众女却还没有子嗣的迹象，当时宫廷内外"皇上没有生育能力"的流言不胫而走，各股政治势力蠢蠢欲动，咸丰帝更加焦躁不安，求子的强烈欲望充斥宫廷。直到咸丰四年（1854 年）年底，咸丰喜欢的丽嫔怀上身孕，流言才不攻自破，咸丰帝也因此欣喜若狂。可后宫妃嫔各怀鬼胎，丽嫔也是担心被别人加害，怀上龙种后自然处处小心，终于咸丰五年（1855 年），皇长女荣安固伦公主呱呱坠地。丽贵人生的只是个公主，众妃嫔悬着的心这才放

咸丰皇帝小像

下，大家都还有希望。咸丰帝对这个女儿的宠爱非同一般，第二天即宣布晋封丽嫔为丽妃，并于当年十二月举行了隆重的册妃典礼。

但皇位是传男不传女的，皇位至今无人继承，咸丰帝和众宫妃一样心急如焚，煞费苦心。谁再拔得生子嗣的头筹，谁就能像再造社稷的功臣一样，功勋卓著，永享富贵。

慈禧清楚，要在这后宫中固宠，唯有母凭子贵，可慈禧入宫好几年，虽靠妖媚得到咸丰的宠幸，却也未能受孕，她不由得着急起来。后来她买通太医，得到太医的医治和怀孕秘方，不久后终于怀上了孕，生了同治皇帝载淳。

慈禧从怀孕到生下儿子载淳也费了不少周折，原来她一直有比较严重的痛经，一到经期那几天便痛苦不堪。痛经有可能引起不孕，可慈禧地位低微，不敢随意召太医，而且一旦痛经的毛病外泄，必然会留下把柄，慈禧为此心急如焚。一次，慈禧与咸丰帝正在郎情妾意时，慈禧撒娇说自己常常肠胃不适，有时疼得难以忍受。咸丰帝爱妻心切，很快传来太医诊断，慈禧便暗中告知太医实情，并要他保守秘密，这位太医心知肚明，便给她开了一副止痛散瘀、养血调经且有助于怀孕的药方，在保留至今的清代《宫廷医药档案》中记载子诊治时所开的药方：

懿嫔调经丸：香附一两童便炙、苍术一两、赤苓一两、川芎三钱、乌药一两、黄柏三钱酒炒、泽兰一两、丹皮八钱、当归八钱共为细末，水发为丸，绿豆大，每服二钱，白开水空心送服。

经当代中医评议，这份药方的药效主要是养血调经、行气活血、止痛散淤。这足以证明慈禧年轻时患有痛经等妇科疾病，后经不断调治，慈禧"湿饮渐开，胀痛稍减"，坚持诊治，"诸症皆好"，月经不调之病得以痊愈。

慈禧坚持不断服药达一年有余，痛经的症状慢慢消减。咸丰五年（1855年）六月，慈禧被临幸后喜获龙种，其激动的心情难以言表，但她偷偷地不敢声张，只是私下告诉了咸丰帝。咸丰帝得知这个消息，恨不得诏告天下，可慈禧请求他，等她胎儿三个月成形后再公布。咸丰帝为了避免后宫相残，一直偷偷地召御医为慈禧保胎。直到慈禧胎相明显，大家才人尽皆知，由此也可知慈禧的心机，远在众嫔妃之上。

## 暗害皇嗣，清宫难继

自从怀孕之后，慈禧格外小心，她下决心一定要保证顺利产下龙子。一方面她利用怀龙种的优势撒娇任性，牢牢将咸丰帝的心拴在自己身上；另一方面，后宫中母凭子贵，也会子凭母显，所以她开始着意打击后宫中得势的女人。

皇后慈安是咸丰帝的嫡妻，皇后一旦生子，慈禧将来夺储的机会便会很渺茫，所以慈禧在咸丰帝面前不着痕迹地中伤皇后，致使咸丰帝对皇后更加疏远。

慈禧怀孕期间，暗中四处活动，还将两位最有竞争实力的妃子拉下了马，云嫔被她以蛊惑罪陷害，自杀而亡；宠幸正隆的丽妃诞下公主后，慈禧便偷偷地在养肤品中下毒，致使丽妃花容失色，咸丰帝见后大倒胃口，便不再喜欢丽妃。

这样一来，咸丰帝把所有的重心都放在这个即将出生的龙种上，每天他都要数次守在慈禧跟前，聆听孩子的胎动。随着胎儿渐渐长大，到第七个月时，他破例召懿嫔的母亲带两名仆妇提前一月到宫中细心照料产妇。咸丰六年（1856 年）正月伊始，大腹便便的慈禧就成了宫中的重头戏。盼子心切的咸丰帝早早地便让太监们筹备懿嫔分娩事宜。

咸丰六年三月二十三日午时，太监总管韩来玉向咸丰帝奏报：懿嫔巳时就已经坐卧不安。咸丰帝大喜，罢处一切朝政，专门在宫中等待"真龙"诞生。十几分钟后，韩来玉再奏，接生姥姥说懿嫔即将临产。下午二时，韩来玉再报：懿嫔产下阿哥，母子平安。

从慈禧生孩子这件事上，就可看出她不但心机重重，也是个极张扬和奢侈的人。据《宫中现行则例》内载，凡内廷主位遇喜，准许亲眷一人进内照看。咸丰五年的寒冬腊月，慈禧有孕六个月了，自觉行动已

不便。总管太监韩来玉在十二月二十四日传来咸丰皇帝奕詝旨意：允许慈禧之母进紫禁城、经由苍震门至储秀宫住宿。于是，慈禧之母由两名家下妇人陪同，在二十六日上午来到储秀宫住下，以便随时照看。新年过后正月二十八日，内务府会计司又送来当上差的精奇里、妈妈里（满语，工资、地位较高的差役）十名，兆祥所首领太监王成送来当下差的灯火、水上妈妈里二十名，由敬事房太监领到苍震门，接着再由总管太监韩来玉领到储秀宫，供慈禧挑选差用。结果，慈禧挑中了精奇里、妈妈里二名，灯火妈妈里二名，水上妈妈里二名。

依照皇帝的旨意，令她们在二月三日进宫内当差。进入二月，慈禧有孕已经八个月了。按照事先的安排，兆祥所首领太监王成于二月三日早晨将慈禧选中的六名妈妈里送至储秀宫当差。同时，负责收生的两名姥姥也经由苍震门到储秀宫上夜守喜，两名御医也在御药房下所上夜值班。接着，又将守喜御医增至六名，分为两班，每班三名，轮流守夜。

与此同时，各项物质准备也在相应筹划，预为办理。二月初三，总管太监史进忠告知衣库，要用各色春绸七丈五尺一寸，各色潞绸八丈一尺三寸，白高丽布三匹，蓝高丽布三匹，白漂布二匹，蓝扣布二匹。以上等物裁做春绸小袄二十七件（棉十八件、夹九件），白纺丝小衫四件，一幅红春绸挖单一块，红兜肚四个，潞绸被十八床，蓝高丽布褥十床，蓝扣布褥一床，蓝高丽布挡头长褥一床，白高丽布挖单三十三个，白漂布挖单三个，蓝素缎挡头二个，石青素缎挖单一块，红青纱挖单一块，白布糠口袋二个，白纺丝小带四条，挂门大红绸五尺，蓝扣布挖单十个，白漂布小挖单二十六个。

同日，总管太监史进忠还告知理事关防处，要用大小木盆两个，木碗两个，木锨一张，小木刀一把。二月初五，总管史进忠又知会武备院，添造长六尺、宽四尺黑毡一块。此外，还用油饰换簇见新的吉祥摇车一座。三月初九大夫归班，讨易产石一块。三月十三日，有关各处送来所做衣物一份，木槽、木刀、木锨一份，以及黑毡等物件，由总管太监韩来玉、敬事房首领太监徐二格率太监等捧至储秀宫，送到慈禧面前一一过目。三月十九日，韩来玉至养心殿西暖阁请来大楞蒸刀一把，挂在储秀宫后殿东次间，这样就等慈禧分娩了。

咸丰帝自得知慈禧遇喜之日起，就给予极大的关注。为了保护胎儿，让慈禧安全分娩，咸丰还下令从二月三日起一直到小满月，御医和收生的姥姥不分昼夜，轮流守喜，防止发生意外。

咸丰时期的钱币

此外，慈禧的起居饮食，有关差使、守喜人员的安排，物质准备情况等事，均要向皇帝随时奏报。特别是慈禧的脉息和妊娠情况，皇帝更为关心。正月二十四日，御医栾泰、李万清、匡茂忠请得慈禧脉息和平，系妊娠七个月之喜。二月二十五日，御医栾泰、李万清、应文熙请得慈禧脉息和平，系妊娠八个月之喜。三月九日，栾泰、李万清、应文熙、匡茂忠等四位御医又请得慈禧脉息和平，系妊娠将近九个月之喜，饮食起居正常。三月十日，负责收生的姥姥进一步请得慈禧喜脉分娩，预计在三月底至四月初之间。如此一次次得脉结果以及备物情况，都要一一向皇帝奏报。

咸丰六年正月初九未正三刻，钦天监博士张熙来到储秀宫，经过观察，看到储秀宫后殿明间东边门北大吉。于是正月二十四日午时，总管太监韩来玉带领内务府营造司首领太监三名至储秀宫，在后殿明间东边门北刨喜坑一个。随后引姥姥二名至喜坑前，边念喜歌，边把筷子（筷子，是祝愿快生儿子的意思）、红绸、金银、八宝等安放在喜坑之内。

经过九月怀胎，慈禧于咸丰六年三月二十三日巳时开始坐卧不安了。据一位接生的姥姥说，慈禧似有转胎之象。总管太监韩来玉随即向

咸丰作了奏报。到了未时，慈禧分娩了，生了阿哥，姥姥们很快拾掇完毕。慈禧母子脉息均安，咸丰闻奏大喜。

据清宫史料记载，凡嫔遇喜，小满月之日恩赐银二百两，表里四十匹。慈禧三月二十三日生产，四月初五日为小满月之日。总管太监韩来玉依照规定为慈禧奏请赏赐，咸丰当即传旨：照妃例赏给。于是，将慈禧赏赐数额一下子由嫔提高到妃的标准，即恩赐银三百两，表里七十匹。

慈禧生下载淳，让咸丰皇帝大喜，他立即下令大加庆贺。此时大清国的南部正烽火连天，太平军已占了半壁江山，宫廷内却在张灯结彩，满朝文武额手相庆。咸丰帝更是欣喜若狂，慎重地为新出生的阿哥取名为载淳，这就是后来的同治皇帝。

但有人怀疑载淳并非慈禧亲生，而是后宫他人所生，或是以女换

同治皇帝载淳像

男。有人说，载淳为咸丰帝后宫一个地位低下的宫女所生，当时慈禧无子，于是偷偷收养，暗中毒死其母亲，咸丰帝得知消息时，慈禧已生子一月有余。咸丰帝不辨真伪，信以为真，封懿嫔为懿妃。也有人说慈禧本生了个女儿，身边的宠监安德海勾结老太监汪昌，买通了稳婆刘姥姥，从宫外偷换了个男孩，即载淳。这一计划是安德海一手导演，连慈禧都蒙在鼓里。当然这两种说法都不足为信。慈禧生子的过程备受关注，每一步都兴师动众，并在宫廷资料中留下了详细的记载，要在众目睽睽之下作假不是那么容易的事，在出现强有力的证据之前，应该认为同治帝是慈禧亲生。

载淳的出生再一次巩固了慈禧在后宫的地位，由后宫五级的嫔，而升为四级的妃，就在载淳的满月之日，咸丰帝当日宣布：懿嫔（慈禧）加封为懿妃，于当年十二月举行册封典礼。各路接生姥姥、太医、宫娥、太监论功行赏。不几日后，咸丰帝又宣布大赦天下，普天同庆达三天之久。

这年慈禧刚刚24岁，因为没有皇贵妃，慈禧在后宫位居第二，在慈安皇后之后，但由于皇后没有儿子，母凭子贵，这时的慈禧母子实际成了后宫最闪亮的"明星"。

载淳一周岁的时候，宫内又大肆庆祝，咸丰帝再下谕旨，懿妃晋封为懿贵妃。

按照一般女人的思路与生活轨迹，慈禧此时就可以享受这显赫的荣誉，等待儿子继承皇位，自己做太后。可慈禧不这样想，她不认为她宫中的地位可以高枕无忧，而在妃嫔众多的后宫也并非有子万事足，慈禧虽然受咸丰帝的宠，可宫内有十多位妃嫔，他们都有受孕的机会，慈禧岂会坐视不管？她时刻在观察着其他嫔妃的动静，一有受孕情况便去加害。曾经有一个宫女得到咸丰帝的一次宠幸后，意外受孕，慈禧立马得到了消息，便暗中设计将其毒害。

可百密也有一疏，慈禧虽然看得很严，但还是会有漏网之鱼。咸丰八年（1858年）二月，玫贵人为咸丰帝生下了皇次子。心花怒放的咸丰帝立即将她晋封为玫嫔，并打算进一步封妃。

面对这个潜在的最大敌手，慈禧毫不手软，她买通玫嫔身边的宫女，在新生儿的食物中掺进了一点儿有毒粉末，让皇次子很快夭折。玫嫔出身低微，即使有冤也无处可诉，渐渐心生怨恨，脾气越来越暴躁，咸丰帝觉得她不可理喻，很快对她宠爱全失。

由于慈禧的毒辣，咸丰帝最终子嗣单薄，后来皇宫再也没出生过男孩，载淳就成了咸丰帝唯一的嫡子，大清皇族就此在继统问题上犯起了难。

在无情打击了后宫女性对手之后，慈禧开始成为后宫中最得势的女人，但她的权力欲是没有尽头的，接着她又开始将毒手伸向了至高的皇权，同时也开始和男人们斗智斗勇。

# 慈禧问政与辛酉政变

## 第四章

# 咸丰厌烦国事，慈禧借机问政

## 咸丰纵情声色，慈禧批复奏章

咸丰帝时已是清朝晚期，由于承平日久，清朝统治阶级已日渐腐朽，又遇到萎靡不振和纵情声色的咸丰皇帝，可说给皇权旁落提供了滋养的土壤。这样，在后宫中炙手可热的慈禧，开始将目光瞄向了清朝一直以来严格禁止女人过问的国家政治。

咸丰帝即位之初，从道光帝手上接过来的江山已经是风雨飘摇的封建末世，积贫积弱的政治局面，加上内忧外患不断，国家每况愈下。咸丰帝即位的第八个月，洪秀全在广西金田宣布起义。太平军自出金田后连战连捷，咸丰三年（1853年）太平军攻入南京，改南京为天京，定为国都。太平军起义历时十四年，遍及十八个省，东南半壁江山沦入敌手。清兵屡战屡败，战事快报雨片般飞往北京。长江太平军未靖，捻军之乱更是乘势而起，北方十多个省点燃星星之火，情势危及京城。内乱未平，外患又起。咸丰帝即位三年后，英法联军又生事端，发动第二次鸦片战争。英法联军占广州，趋天津，突破京城，将百年皇家园林圆明园焚于一炬。

被英法联军毁坏的圆明园

　　面对如此艰难而复杂的局势，咸丰帝感到力不从心，捉襟见肘。太平军沿长江而下时，清军一溃千里，咸丰帝寝食难安，曾国藩的湘军成了对付太平军的唯一劲旅。但咸丰帝又顾虑重重，一筹莫展，他害怕汉族地主势力坐大，于清廷不利，所以对湘军有功不赏，有罪必罚，征战各地不给人事、财政大权，致使湘军一再贻误战机。

　　面对英法联军的肆意挑衅，咸丰帝既没有政治家的韬略，也没有军事家的远谋；既没有抗战到底的决心，也没有讲和的勇气，在和战之间举棋不定。战争爆发前夕，他还在圆明园大肆庆祝他的三十寿辰。当英法联军突破大沽口、攻占天津后，他却束手无策，与嫔妃们在圆明园抱头痛哭，并率领群臣嫔妃"北狩"热河。自咸丰三年（1853年）开始，咸丰帝知道大势已去，难以挽回，于是万念俱灰，即位之初的那股励精图治、锐意进取的劲头早已烟消云散。军情奏报总是堆积如山，咸丰帝刚通宵达旦地阅完，第二天又一批奏章堆积案头，大臣们还不时来催问，这让原来瘦弱的咸丰帝心力交瘁。

　　咸丰帝批览奏章时，时常会携带宠爱的妃嫔同往，以解寂寞和疲乏。但皇后贤德忠厚，不善言词，对政事从来不发一语；云嫔、丽贵人、玫常在等不过是艳丽的花瓶，忙于争风吃醋，对政事提不出过多建议；唯有慈禧，她是后宫中唯一一位懂满汉两种语言，并略通历史和政

治的妃嫔，因此她虽然深居后宫，但不少建议都能切正时弊，为其他女人所不及，因此获得了咸丰帝的认同，慈禧还不时有精辟分析、正确对策，有时让咸丰帝都认为她说得极为在理。

清朝皇帝一向不许后宫干政，但咸丰帝是个例外，慈禧善于察言观色，洞悉人性，这让咸丰对慈禧更加宠爱和信任，御览奏章时不时携她同往。耳濡目染之下，慈禧对奏章处理也看出了些门道。

原来，军机处会将所有的奏章都按类分好，并提供处理建议，一般奏报皇帝只需批"知道了"之类的语言，重要的军情奏报皇帝可以选择其中某种建议，也可以批上自己的意见。

专制体制所赋予皇帝的权力是无所不在的，生杀予夺是他的权力，对嫔妃的立与废是一件十分平常的事情。慈禧要稳固宫中的位置，就必须驾驭皇帝。皇帝是人，他不可避免也有各种各样的习性与缺点，只是看慈禧是不是能充分掌握对手的特性，并加以利用。

慈禧能读写汉文，这在当时的满族妇女中是极其少见的。因为满族妇女与汉族妇女一样，不能入学，文化知识的获取途径十分单一。因此，慈禧是宫中嫔妃中少见的既能掌握满语又能读写汉语的人，不但如此，慈禧还会绘花鸟画，她很有天分，在圆明园居住时，"因日习书画以自娱，故后能草书，又能画兰竹"。恽毓鼎《崇陵传信录》载："西后入宫时，夏日单衣，方校书卷，文宗（咸丰帝）见而幸之。"

慈禧的这一能力，应该来自于她的父亲惠征对她的培养，惠征在朝中做过笔帖式，这是需要有一些文化和文字功底的。慈禧耳濡目染之下，肯定会学到一些东西，再加上她家境富足，也许家中请了老师教育她们姐弟几个，所以她对满汉文都略通一二。

据说慈禧从四岁开始，父亲就为她请了家庭教师进行课读，学习满文也学习汉文。慈禧自己对文史、诗经、绘画都很喜欢，到六岁就能用满汉两种语言流利地背诵三字经、百家姓、千字文，包括唐诗宋词了，八岁时开始练习书法，还颇有些心得，写的字还可以，她的楷书是临过帖的，说"书法端腴"，不算为过。

不过满族女子学琴棋书画，全不为功名利禄，不过点缀应景，修养性情。慈禧虽然聪明且读书用功，于读书上却天分不高。据说有一次，惠征甚至动怒拿起戒尺打她的手，把她的手打得肿了好些天，连吃饭都困难。这顿打没有白挨，慈禧于读书习字上更加努力，这为她此后为咸丰帝协理朝政提供了前提。

慈禧入宫后仍然天天以读书、画画自娱。慈禧尤其是爱看些历史典籍，自入宫开始，即使是酷夏，一杯凉茶，一把折扇，她独立窗前，坚持不懈地阅览前朝典故、近朝人物，渐渐对为政得失有了一些感慨和认知。这在"女子无才便是德"的晚清，在忙着涂唇描红的后宫，慈禧的行为绝对算是惊人之举。并且她的草书和花鸟画还算有一定造诣，后来在宫中受到追捧。

咸丰帝逃避现实，寄情声色，对于国事穷于应付。由于慈禧能读写满汉文字，有些奏章就让慈禧代阅。"时时披览各省章奏，通晓大事"。慈禧总能在关键时刻为咸丰帝救急，帮助他处理他不想看到的政事。也正是在披览奏章的时候，慈禧逐渐通晓了国家大事。

咸丰帝的懒惰和日益繁重的政事给了慈禧越来越多的契机。慈禧在行政上本有天分，家庭教育和后天兴趣又让她如虎添翼。自咸丰四年（1854年），慈禧便成了咸丰帝的"秘书"，咸丰帝知道她书法还算端正，便让她在奏章上代写一些简易字词，如"知道了"、"再奏"等等。慢慢地，咸丰帝会在疲惫时犯懒，就要慈禧代写，慈禧也总能做得让他满意。再后来，咸丰处理政务时，只要慈禧在旁，就全交给她处理，自己则去做喜欢的事。

咸丰帝风流荒淫，为了能更好地玩乐，他索性从皇宫中搬出来住进了圆明园，因为在这里可以躲避朝政和大臣的骚扰。圆明园本是皇家行宫，皇帝一般到每年的三或四月才入园，然后八月往热河木兰秋狩。咸丰帝托言因疾颐养，他正月便入园，终年都留在园中，连朝政处理也搬到了这里，慈禧也随皇帝入园居住。

咸丰帝玩腻了满蒙女子，不免生厌。一个大臣便阿谀逢迎，投其所

好，暗中挑选了十多名年轻貌美的汉女充盈宫室。为避嫌疑，咸丰帝把她们安置在圆明园各处的楼台亭馆中，其中备受宠幸的有"四春娘娘"：牡丹春、海棠春、武陵春、杏花春。她们个个风姿绰约、艳丽超群。

在圆明园少了宫中的祖法约束，咸丰帝恣意纵情，玩得不亦乐乎。本来清宫祖制满汉不联姻，孝庄太后曾在宫门外竖了块铁牌，上书："敢以小脚女子入此门者斩"。但在顺治、康熙、乾隆等朝，后宫中都有汉族女子的倩影。到咸丰帝这里，基本完全打破了这一规矩，他终日拥着娇女莺歌燕舞，把圆明园当作了销魂之所，忙得乐不思蜀。他还钟情于一位寡妇曹氏，山西人，长得秀美娇艳，妩媚动人，一双纤纤细足，配上明珠鞋履，身材摇曳多姿，咸丰帝对她宠爱备至。

据说咸丰帝常常随身携带春药，或宫内随处都放置春药以备不时之需，尤其是圆明园内，处处是他春风一度的如意场。咸丰帝日日春宵，只恨时日太短，奏章处理总是一再拖延，大臣们叫苦不迭。圆明园里到处是渴望恩宠的青春女子，咸丰帝只恨分身乏术，这时慈禧的重要性更加凸显出来了，咸丰帝干脆把不甚重要的奏章全部交给慈禧处理，尽可能地节省时间去游园玩乐，但重要奏章不是大臣们三催四请，总是批不下来。

咸丰帝还是个典型的戏迷，爱看戏，爱唱戏，有时甚至自己也粉墨登场。

清朝自乾嘉时期以来，常以场面浩大恢宏的宫廷演剧活动来炫耀歌舞升平的太平盛世景象，后将戏曲演出列入朝廷仪典定制，这也造就了京剧的出现和大发展。

皇宫内有御用戏班，有时一天三场大戏，咸丰帝看得意犹未尽，还要求嫔妃太监替他演戏，他自己做导演，在一旁看得乐不可支。

这一时期恰逢太平天国起义运动，这更给了慈禧问政的机会，当时南方的太平军兵临武汉，湖北巡抚几次向朝廷告急，要求增派援兵。武汉是九省通衢之地，扼南北，通东西，地理位置十分重要，当时太平军步步紧逼，清军节节败退，随时有城破的可能，奏章几天都没有批下来，大臣们急得如热锅上的蚂蚁，可咸丰帝与他的嫔妃们还在燕舞笙歌。大学士潘祖荫等干脆跪在圆明园请旨，咸丰帝这才不情愿地审阅奏章，可这时太平军早已将武汉收入囊中，准备沿长江而下，正威逼江西九江。当时八旗、绿营等正规军在太平军面前一触即溃，根本不堪任用，军机处提供的建议都欠妥，咸丰帝也一时没了主意。慈禧早已听说了此事，便到咸丰帝的御书房来。

此时咸丰帝心中烦闷，愁眉不展，坐立不安，慈禧轻轻走过去，为其捶肩揉背，温言宽慰，咸丰帝心中舒展了不少，当然免不了一番抱怨。慈禧静静地听完事情原委，开始向咸丰帝提建议，说大敌当前，要暂时抛弃满汉观念，大胆任用曾国藩的湘军，先躲过这一劫，以后再来剪灭曾国藩的羽翼不迟。咸丰帝一听如醍醐灌顶，幡然醒悟过来，下旨命湘军前往收复失地，这样，慈禧的角色便从咸丰帝的宠妃开始变为大清帝国的决策者之一。

慈禧虽然能处理政务，但于文化上一直水平不高。保存至今的唯

慈禧太后画像

——份慈禧手书，是一份罢免恭亲王职务的上谕，其部分文字这样写道："种种情形等弊，嗣（似）此重情，何以能办公事！查办虽无实据，是（事）出有因，究属暧昧知（之），难以悬揣。恭亲王从议政以来，妄自尊大，诸多狂傲，以（倚）仗爵高权重，目无君上。看朕冲龄，诸多狭致（挟制），往往谐（暗）始（使）离间，不可细问。"

这份慈禧所起草的共计三百余字上谕中，错别字竟高达十二个，语句亦不甚通顺，足以证明其运用文字的能力不高。

通常，军机处奏折关系军国大事，咸丰帝必须朱批具体指示与方略。但依慈禧的机敏与聪慧，很快就对朝政运作、君臣分际，了然于胸。这为她以后的执政打下了坚实基础。

咸丰六年（1856年）之前，慈禧已能批阅一些简单的奏章，但都不过是代笔，咸丰帝无能又昏聩，他面对日渐破碎的山河、日渐繁重的政务，为了逃避现实，他渐渐沉湎酒色，朝政大事也逐渐被耽误。奏章渐渐堆积如山，他既不愿交给后妃，也不愿交给权臣，最终还得自己亲自出马。如此反复，让他烦不胜烦，于是常常在不耐烦之时，便把奏章交给慈禧处置。此时的他根本没有想到，他正在培养一个短视、自私且权力欲望很强的女人从政的能力，一旦时机成熟，她将变得极其危险，并将为祸国家。

## 英法入侵北京，咸丰逃亡承德

咸丰十年（1860年），第二次鸦片战争爆发，英法联军突破了清军道道防线，接着攻陷天津，僧格林沁的部队节节败退，北京门户洞开，天子之都暴露于侵略军的炮火之下，如何应对这百年未有的变局，是考验一个统治者是否具有雄才大略的关键时刻。

但圆明园之中却在张灯结彩，锣鼓喧天，咸丰帝正携大臣们与皇室在一起赏戏，且一下子赏了三天。军机处的大臣们如坐针毡，不时敲敲咸丰帝的边鼓，咸丰帝迫于无奈，急匆匆地作出大致处理意见，便叫慈禧在奏章上加批。

这里我们不妨对比一下咸丰帝与慈禧的表现。《崇陵传信录》记载："英法联军突破了清军道道防线并攻陷天津这日，正逢咸丰帝在圆明园与后妃共宴。酒至一半，军机处奏报：英、法联军已陷天津。咸丰帝顿时痛哭不止，皇后钮祜禄氏与诸嫔妃哭成一团，只有慈禧一人对痛哭不已的皇帝建议：'事危急，环泣何益。恭亲王素明决，乞上召筹应会之策。'"巨变面前，咸丰帝的懦弱、无主暴露无遗，他在痛哭与束手无策之间、在寻求逃避国家巨变的危难时刻，慈禧却有着与咸丰帝截然不同的表现——冷静、沉着、敢作敢为。这也说明，这时的慈禧已然具备了处理朝政的能力。

这年七月，英法联军屡败清军，兵逼京东的通州。咸丰帝又气又急，同意英使入京换约，但要求使臣递国书时需行跪拜礼。试想马戛尔尼觐见乾隆帝尚且不肯屈膝，英使如今胜券在握，又岂肯称臣？于是谈判中止，双方再次兵戎相见。

结果北京防线一溃千里，仍在圆明园醉生梦死的咸丰帝听到噩耗，吓得惊慌失措，恨不得立马拔脚便逃，这引起了一些大臣的强烈反对。大学士周培祖冒死质问："国君应与社稷同在，你逃往哪儿？"咸丰说要去热河避难。惇亲王奕誴、恭亲王奕䜣、醇郡王奕譞等宗室抱咸丰之足苦谏，但恐惧还是战胜了江山社稷和天下子民，侵略者来临的消息使咸丰帝去意已决，但苦于众人阻拦。正当他又羞又恼时，肃顺、端华等大臣支持了他外逃的计划，咸丰帝如找到了依靠一般，迅即往热河承德皇家行宫落荒而逃。

这时的咸丰帝刚过 30 岁，清帝国已经千疮百孔，朝廷内外各方势力更迭转换，朝廷以割地赔款来度日，换取短暂的和平，殊不知一场权力争夺的政治大风暴正在悄悄临近。

# 咸丰日薄西山，慈禧韬晦待机

## 猖狂肃顺与庸主咸丰

因为帮助咸丰逃跑有功，肃顺就成了咸丰帝身边的肱股大臣，并且他也将是慈禧问政天下的第一个也是唯一一个重要对手。

肃顺，清末满洲镶蓝旗人，宗室贵族，爱新觉罗氏，字雨亭，嘉庆二十一年（1816年）十月初八出生于郑亲王府，为郑亲王乌尔恭阿第六子，郑献亲王济尔哈朗七世孙。

肃顺少时不愿读书，也没有什么谋生的技能，长大后只是以帮人做事为由骗人酒食。"戚党鄙之。而其状貌魁梧，眉目耸拔，见者亦知其必猎功名，而以亡赖，人莫敢近也。"只有同学墨裕怜悯他，时时接济他。一个数九寒冬之日，肃顺只能盘辫御寒，因穷，他只能穿光板皮袄，毛接触皮肤不舒服，于是反穿着，牵着狗走在街上。他如此潦倒，却不在意，依然牵狗，一脸"我是流氓我怕谁"的傲慢，正好与墨裕相遇。墨裕见肃顺如此落魄，不由得皱着眉头问道："君自视似何等人？"肃顺说："一个流氓无赖罢了。"

墨裕问说："你觉得做流氓无赖很光荣吗？"

肃顺却说："就靠着无所顾忌的德性吃饭了，所以只会耍流氓装无

赖啊。"

　　墨裕见他说得还算在理，之后便以闲散宗室的名义，为肃顺求得一职。

　　咸丰初年，经异母兄郑亲王端华和怡亲王载垣的推荐，"入内廷供奉"。不久，就成为咸丰帝最为依靠的核心力量，被授予户部尚书（相当于今财政部长）协办大学士，御前大臣，署领侍卫内大臣、内务府大臣。肃顺凭借什么获得咸丰帝的信任和赏识呢？

　　肃顺自幼机敏多谋，敢于任事。入朝以后，他善于揣摩咸丰帝的想法。皇帝最希望大臣忠孝，因此他每每与皇帝谈论天下大事的时候，一定直抒胸臆，表现出"言无不尽"的忠诚，得到了咸丰帝的赏识。

　　道光年间，肃顺考封三等辅国将军，授委散秩大臣、奉宸苑卿。咸丰帝即位，擢内阁学士，兼副都统、护军统领、銮仪使。咸丰四年（1854年），授御前侍卫，迁工部侍郎，历礼部、户部。咸丰七年（1857年），擢左都御史、理藩院尚书，兼都统。英法联军入侵广州，肃顺反对恭亲王主和。咸丰八年（1858年），调礼部尚书，仍管理藩院事，又调户部。咸丰九年（1859年），力谏咸丰帝将受贿科场主考、军机大臣、文渊阁大学士柏葰斩立决。肃顺监斩，自此以后，科场清肃。

胡林翼像

　　咸丰十年（1860年）五月，太平军攻陷苏常，肃顺力主重用汉族官僚地主胡林翼、曾国藩、左宗棠，用湘军镇压太平天国。咸丰帝准备调湖北巡抚胡林翼为两江总督，肃顺认为："胡林翼在湖北措注尽善，未可挪动，不如用曾国藩督两江，则上下游俱得人矣。"其为人时而极具远见，时而又鼠目寸光。如他看出慈禧之野心，建议咸丰杀之，可谓眼光独到；但英法联军来犯之时，他力劝咸丰帝置国际公约于不顾，绑架外

交使节巴夏礼，却是鼠目寸光之举。

1860 年 9 月，清政府和英法联军谈判，谈判过程中，驻防通州的蒙古科尔沁亲王僧格林沁突然接到上谕，令其逮捕英国公使巴夏礼，并押解进京。这种公然逮捕外国使节的做法不仅在中国这个礼仪之邦过去从未有过，也是一起严重违反国际公约的外交事件。最终此事导致了通州谈判的破裂，英法联军兵临北京，火烧圆明园。咸丰帝为什么会在谈判过程中突然命令僧格林沁逮捕外国使臣呢？据说这是肃顺向咸丰帝上过一道密折，提出了挟夷使以退夷兵的做法，即在通州谈判过程中派兵扣压英法使臣，迫使联军退兵。这种严重无视国际公约的做法，不仅遭到了恭亲王等大臣的强烈的反对，也导致了第二次鸦片战争的扩大化。而逮捕巴夏礼是肃顺呈上的这道密折所致还是另有原因，这恐怕又是一个有待解开的历史谜题了。

为解决清政府财政困难，肃顺主张发纸币、铸大钱，增加通货，促进市场经济。肃顺最早提出应停止对旗人的供养，相传肃顺鄙视满人，常说"咱们旗人混蛋多"、"满人糊涂不通，不能为国家出力，唯知要钱耳！"。但对汉人十分尊重，说"汉人是得罪不得的，他们那只笔厉害得很"，因而他的身边笼络了一批有才干的汉臣。其用人不因民族，唯贤是尚，提拔重用郭嵩焘、尹耕云、王闿运、高心夔、曾国藩、胡林翼、左宗棠等汉族人才，"平时与座客谈论，常心折曾文正公（曾国藩）之识量，胡文忠公（胡林翼）之才略。"

肃顺对外国侵略者疑惧颇深，他认为想要维持"天朝"尊严，对侵略者的过高要求不能应允，甚至应起而抗争。第二次鸦片战争中，肃顺参与对外交涉的决策。1857 年，英法联军入侵广州时，在咸丰帝面前，"（奕）诉主和，（肃）顺主战，哄于御前不能决。"

在史学家眼中，肃顺是一个比较有争议的人物。《清史稿》对他颇多微词。但是近来研究发现肃顺有许多作为值得赞赏。铁腕吏治整肃官场政风。果断处理"戊午科场案"、"户部宝钞案"，"求起积弊于衰靡之世"。对英法联军态度强硬，1859 年，清政府与俄使伊格纳切夫在北京谈判，他对俄国主官伊格纳提耶夫签订《瑷珲条约》的贪婪要求也给予痛斥，把未经批准互换的《瑷珲条约》文本，"掷于桌上"，宣布这是"一纸空文，毫无意义"，史评其"才识在满大臣中实无其比"。

肃顺以刚毅果断著称，历任御前大臣、总管内务府大臣、户部尚书、协办大学士等职，深受咸丰帝的信任和重用，与其兄郑亲王端华及怡亲王载垣相互倚重，煊赫一时。

肃顺之所以能得以重用，也正是由于英法联军的入侵北京。还在英法联军刚刚突破通州防线时，咸丰帝被远处传来的隆隆炮声吓得惊慌失措，他一直深居皇宫，何曾见过这阵势？仓皇间肃顺建议他赶紧逃到热河，他如何不感激涕零？于是下令肃顺护送他"北狩热河"，实为弃国逃跑罢了。

因为事出突然，咸丰的一些名分不高的嫔妃、贵人、宫女无车可坐，咸丰帝也顾不得往日温情了，下令将她们滞留圆明园，英法联军入园时，她们全部投水自尽。可怜这些女人，被咸丰皇帝从全国各地召来这里，供他渲淫玩乐，向日他们陪着咸丰皇帝风流快活，如今却被他无情抛弃，而为了顾及咸丰的脸面，不受洋人羞辱，她们还得为咸丰皇帝投水自杀。

这帮人逃难的过程中，因为条件艰苦，主管大臣肃顺成了众矢之的。咸丰帝向热河逃难的第一天，晚饭只吃到了烧饼、老米膳、粳米粥等粗粮，到第二天早上，才喝到一点猪肉片汤。连平常吃惯山珍海味的皇帝都吃不到好东西，别人可想而知，大家只能喝豆浆。不当家自然不知柴米油盐贵，一向娇生惯养的嫔妃们见条件艰苦，一味迁怒于肃顺。嫔妃们纷纷猜测，肃顺本人花天酒地，却只给皇后和嫔妃们供应素菜。慈禧入宫近十年，早已习惯了锦衣玉食，何曾受过这种颠沛流离的苦，因为坐着的车太不舒服，要求换辆好点的，肃顺骑在马上严肃地说，现在兵荒马乱，是什么时候了，有一辆车就不容易了。

好不容易到了热河承德避暑山庄，咸丰帝还是又惊又怕，夙夜忧叹，难以入眠，更加沉湎声色，加上体质羸弱，渐渐病入膏肓。北京城

承德避暑山庄景色

的战事已经尘埃落定，上百年皇家园林毁于一旦，祖宗基业在他手中变得支离破碎，咸丰帝肝胆俱裂却无计可施，他不愿回转京城面对满目疮痍，宁愿背负骂名继续留在热河纵情声乐，在天昏地暗中享受他人生最后的疯狂。

有道是庸主在位，必出权臣。咸丰帝无心政事，热河的大权把持在以肃顺为首的权臣手中，于是肃顺俨然成了清廷第一重臣。

## 慈禧牝鸡司晨与肃顺把持朝政

咸丰和一众人等来到热河后，这里物资缺乏，咸丰帝和妃嫔及大臣们每日清汤淡水，必然日久生厌，后宫妃嫔把所有积怨全部发泄到肃顺身上。为了维持皇家礼仪，咸丰帝的膳食依然维持二十多个菜的宏大场面，慈安皇后曾建议咸丰帝削减，咸丰帝本不情愿，最终勉强答应，肃顺等人却将其驳回，这引起了皇后的不满。

咸丰帝还令肃顺等大举修葺热河，搜罗娟优，每日声色歌舞，身体自然每况愈下。后宫嫔妃把这一切罪责归于肃顺，指责他是为了蒙蔽圣听，好把持热河朝政。三人成虎，流言累积，肃顺又成为后宫的矛头所向，其中最想除掉肃顺的，当然是慈禧。

同时，慈禧在咸丰帝疏于朝政的时候，帮助皇帝批阅奏章，甚至有时以她的建议和主张影响皇帝的决策，这一违反祖制和家法的行为，必然引起朝中拥有实权的军机大臣和御前大臣的不满。于是以肃顺为首的权臣们开始注意慈禧，并向咸丰帝进谏防止这个女人干预朝政。

在古代，女人干政向来被视为"牝鸡司晨"，牝鸡即母鸡，司晨打鸣是公鸡的事，如果母鸡为之，就说明是母鸡在做不该做的事。如有"母鸡司里，唯家之索"这句话，大意是母鸡不必为早晨打鸣。如果母鸡为早晨而打鸣，那么这个家就要败落。这里是以母鸡比作女性，是说女性不应代替男子主事，否则就会把事情弄糟。女人更不能参与国事，否则就会祸乱国家，历史上的吕后、贾南风、武则天早已给出证明。

慈禧自咸丰二年选秀入宫，无论是调经生子，还是帮助皇帝批阅奏章，她的种种努力只有一个目的，那就是享有权力带来的尊严和快乐。当她由贵人一步步升为贵妃的时候，当她帮助咸丰帝朱批奏疏的时候，她才真正领略了至高无上的权力能使千万人或喜或忧的魔力，也许正是从此开始，她有了掌政的想法。

慈禧之所以后来能够成功掌政，也与咸丰帝的无能和荒唐有很大关系。英法联军逼咸丰帝仓皇逃往热河，躲进避暑山庄。在圆明园被掠夺、焚毁，丧权辱国的《北京条约》签订之际，国家、百姓陷入空前危难之时，他却"着升平署三拨至热河"，即先后三次把京城内府伶人两百多名调到避暑山庄来给他演戏。

据升平署档案，当时演出剧目多数是由外间伶人新带进的民间流行的二簧戏。咸丰对此兴趣之浓，表现在当时宫廷按例要演的节令戏，如七夕的《仕女乞巧》、十五日中元节的《佛旨度魔》等都停置不演而换二簧戏，这些对慈禧喜好西皮二簧戏产生了至关重要的影响，也使她亲睹了"外学、宫外艺人之盛"，虽然当时在热河不到一年的时间内，山庄演出的320余出戏目中，属于乱弹的二簧戏等只占三分之一，昆、弋

两腔剧占三分之二。次年七月是咸丰生命的最后时刻，从初一至十五，山庄里唱了 11 天戏。

除喜欢看戏外，咸丰帝还爱酒贪杯，一饮即醉，一醉便闹，大耍酒风，每次喝醉必然迁怒于内侍宫女，甚至宠妃。如果被迁怒的女子能幸免于死，咸丰帝醒后悔悟，对妃嫔则必定宠爱有加，对宫娥太监则大加赏赐，可是不久又醉，故态复萌，弄得后宫人人自危。尤其是英法联军入侵后，他还能一连醉几天，依然宠幸妃嫔，毒打内侍宫女，不理朝政。慈禧倒经常能幸免于难，因为她聪颖过人，会避锋芒，再则咸丰帝还依赖她处理"麻烦事"呢。咸丰帝酒醒之后，见慈禧的处理得体妥当，下次便又放心地再醉。

虽然不可过分夸大慈禧在咸丰朝政中的作用，但不可否认的是，慈禧是咸丰所有的妃嫔中唯一有具体行政经验的，她是后宫中当之无愧的智多星。是凤凰总是要栖上枝头，慈禧缺乏的只是机会，也许此时她对咸丰早已失望，开始想办法为自己创造机会。

在热河行宫，肃顺弄权揽政也引来了许多冲突，于是同样野心勃勃的慈禧成为了他的重要对手。英法联军侵华时，肃顺等力主逃往热河，慈禧曾表示反对；《北京条约》签订后，慈禧劝说咸丰帝早返京城，而肃顺坚持继续留在热河疗养；咸丰帝此时重病在榻，慈禧又力劝咸丰帝召肃顺的宿敌恭亲王至热河。肃顺和奕訢原本是政敌，于是又因之视慈禧为眼中钉，便也常在咸丰帝跟前说慈禧的不是。

# "叶赫灭清"谶言，慈禧祸从天降

## 慈禧逞能失宠，咸丰欲除慈禧

慈禧有着自己所独具的性格和能力，那就是工于心计、自私自利、阴险狠毒、敢作敢为，这是一般女人都不具备的素质，即便肃顺与之相比，也只能屈居下风。

慈禧通过媚惑咸丰，生下儿子，排除异己，批复奏章，已然在不露声色、谈笑风生间将至高无上的皇帝牢牢掌握在自己手中，她在名分上成为后宫中仅次于皇后钮祜禄氏的第二位重量级人物，但实际却比钮祜禄氏更有分量。与忠厚、质朴的皇后钮祜禄氏截然不同的是，慈禧对于前殿男人间权势之争夺、大局之掌控有着更为敏锐的感觉和判断，之后，她将不断地把在后宫与嫔妃争斗的经验，运用到与男人的权力争夺中。

肃顺和慈禧究竟谁是谁非，无论是只为慈禧辩解的清宫档案，还是心向肃顺的某些民间野史，都没有十足证据在这些细节上明辨是非，但无可辩驳的是，一向弄权揽政的肃顺遇到了嗜权如命的慈禧，一场殊死搏斗是在所难免的。

还在刚去承德行宫之时，一个阳光明媚的春日，咸丰帝与众妃嫔泛

舟湖上。慈禧见咸丰帝兴致很高，想到自来承德以后咸丰帝对自己的种种猜疑和冷落，决计在皇帝面前表现一下自己，希望能弥补嫌隙。慈禧称自己曾生活于南方，有过驾船经验，一定要亲自操桨划船，咸丰帝玩兴正浓，立马答应。

不料，慈禧撑篙不稳，船只发生侧翻，咸丰帝不慎跌落水中，湖上顿时一片慌乱。慈禧弄巧成拙，一时也慌了心神，不知如何应对。幸亏侍卫眼疾手快，很快将其救起，咸丰帝不但湿了衣服，还跌伤了脚，灌了几口水，弄得狼狈不堪，在众大臣妃嫔面前丢了面子，难免迁怒于慈禧，于是慈禧邀功不成反闯祸。

这段历史故事如今难辨真假，但这个小插曲也支持了关于慈禧身世的"浙江乍浦说"和"安徽芜湖说"，不过，即便慈禧年少时是出生并成长于南方，她也不见得会撑船。因为撑船是个相当消耗体力的活，以前有句俗语说"人生有三苦，撑船打铁卖豆腐。"撑船为"人生三苦"之首，像慈禧这样的官宦世家的小姐，从小养于深闺，出门则前呼后拥，是不可能学会撑船这样的活计的。

自慈禧逞能导致的落水事件后，咸丰帝不再让慈禧处理奏章，连她提出的参政建议，咸丰帝也怀疑是别有用心。咸丰帝曾私下里对皇后说过，慈禧有干政的迹象，野心勃勃，不得不防。

肃顺见咸丰帝对慈禧起了嫌疑之心，觉得有机可乘，也不失时机地落井下石，提醒咸丰帝注意努尔哈赤时期那个"叶赫灭清"的预言，其目的正是想借咸丰帝之手铲除这个潜在的最大对手。

于是咸丰皇帝开始认真审视起这个预言来，这便到了真正考验慈禧演技的时候了。

咸丰当初纳慈禧太后为兰贵妃的时节，大家都知道她是叶赫那拉一族的人，不过因为当初咸丰只是收她做一个妃子，所以大家都没有想到这一预言。当然，那时候是绝对不会有人想得到这个名位极平常的妃子，后来竟会变成统治大清的皇太后的。

咸丰虽然风流不羁，却也不是个傻子，他隐约感觉慈禧有吕后和武则天之性情，就对其产生了戒心，但慈禧做事太隐蔽，所以咸丰并没有想到慈禧会做什么出格的事，也就没有将慈禧做出合理的处置。

做为一个皇帝，咸丰一直最担心的，就是自己死后，由于儿子年幼而出现母亲慈禧擅政的局面。有史书记载说："帝晚年颇不满意于慈禧，以其机巧奸诈，将来必以母后擅权破坏祖训。平时从容与肃顺密谋，欲以钩弋夫人例待之。"

而肃顺和慈禧二人不和，也是彼此中伤，为了达到整垮对方的目的，斗争已到了你死我活的激烈程度，有一次，咸丰帝卧病在榻，肃顺侍立一旁。咸丰帝谈到对慈禧最近作为的种种不满时，肃顺就劝咸丰帝效仿汉武帝杀钩弋夫人之事，将慈禧除掉。

## 慈禧求助慈安，终得咸丰免死

钩弋夫人是汉武帝晚年的宠姬，汉昭帝刘弗陵的生母。早在征和二年（公元前91年）时，发生了著名的"巫蛊之祸"。皇后卫子夫、太子刘据因受苏文、江充、韩说等人诬陷不能自明而起兵，兵败后自杀。之后武帝一直没有立太子。

这时可以继承皇位的共有四人，燕王刘旦在刘据死后上书自请入京，希望立为太子，武帝大怒，削其三县。广陵王刘胥为人骄奢，好倡乐逸游，为武帝所不喜。昌邑王刘髆是李夫人之子，李广利的外甥。李广利和丞相刘屈氂是儿女亲家，公元前90年，二人一起策划谋立刘髆为太子，事发后李广利投降匈奴，刘屈氂被腰斩。公元前88年正月，即汉武帝去世的前一年，刘髆去世。

刘弗陵是汉武帝最为年幼的儿子，"壮大多知"，极像武帝少年之时，武帝有心立之，却因其年稚母少，恐女主恣欲专权以乱国家，犹豫不决。

这时汉武帝在甘泉宫让人画了一张周公背成王朝见大臣的图，并赐给奉车都尉霍光，于是左右大臣知晓武帝预立少子为太子。数日之后

慈
禧
太
后
身
世
之
谜

武帝斥责钩弋夫人，钩弋连连叩头，汉武帝高声命令左右将钩弋夫人带走。钩弋夫人不解，乞求原谅，汉武帝坚定地对她说："快走，你不能活！"武帝命人将其拉走送到掖庭狱，之后钩弋夫人被赐死。

这件事情过后，汉武帝问人说："外面如何看待我杀钩弋夫人的事情？"这人回禀："人们都说，既然立她的儿子为皇嗣，又何必杀了他的母亲？"汉武帝长叹道："这是无奈却必做之举啊，哪里是你们这些庸人所能明白的。以往国家之所以出现动荡，多半是因为主少母壮！女人主政，恣意而为，不能禁止。难道你们没有听说过高祖死，吕后专权，为害一时吗？杀其我亦不忍，此虽不义之举，但前车之鉴，我不得不先去掉母后擅权的隐患啊。"

后元二年（公元前 87 年）春，武帝在弥留之际立刘弗陵为太子。拜奉车都尉霍光为大司马大将军。四天后武帝驾崩，年仅八岁的刘弗陵即位，是为汉昭帝。

由此开始，到了南北朝时，立子杀母竟成为惯例，如北魏，后宫产子将为储贰，其母皆赐死。史官认为，汉武帝立子杀母是出于为国家安定的力量权衡，北魏当成制度是矫枉过正。

但杀戮都是血腥和可怕的，历代后宫女人最怕听到钩弋夫人的故事。而慈禧自从到了承德后，一直不为咸丰所喜，并在后宫中逐渐失宠，这时更有了性命之忧。

慈禧之精明，在于其很能笼络手下人，由于她一直以来在后宫中建立起来的消息网，她很快得知咸丰帝有仿效汉武帝杀钩弋夫人之事将她除掉，便吓得要死，整日忧惧难安。慈禧绞尽脑汁，终于想到一条救自己的办法——求慈安在咸丰面前为自己说好话。

皇后慈安生性善良，并没有计较之前慈禧加害自己的行为，慈禧见慈安原谅自己，更将自己的处境告诉了慈安，可怜这慈安身处权力漩涡之中，却不知运用权谋，对慈禧这样的人太过善良，不忍让慈禧母子分离，便主动回避咸丰，只让慈禧日夜抱着儿子在咸丰帝病榻前哭泣，以求得咸丰帝的同情。

咸丰像

正如"农夫和蛇"的故事结局一样，慈安的仁慈，终在后来让慈禧要了慈安的命。这是后话。

咸丰帝在承德抱病卧床期间，一直筹划着未来权力的安排。慈禧的求情让咸丰帝烦躁不已，他看着昔日的宠妃，回想起往日的种种柔情，想到她为皇室诞下唯一的子嗣；他又看了看年幼的儿子，小载淳一副泪眼婆娑的样子，咸丰帝忍不住一阵心痛，不忍心儿子失去生母；或许病中的咸丰帝也意识到汉武帝即使杀母留子，避免了母后专权，却无法避免霍光专政，这一定是汉武帝下决心除掉钩弋夫人时不曾预料到的。而咸丰帝也了解肃顺一意孤行的个性，所以他也担心死后大权旁落，刚愎自用的肃顺会像清初的鳌拜那样专权擅政，他想到需要富有谋略的慈禧来制衡肃顺等权臣，所以把此事搁了下来。咸丰的一念之仁，或者是他的这种错误打算，终让慈禧饶过一死，却给中国带来了不可估量的巨大灾难。

# 咸丰病死行宫，顾命八臣握权

## 咸丰病入膏肓，慈禧隐忍求变

咸丰皇帝身体一直不太健壮，史载其"身倦体弱"，不时卧病，且沉湎于女色之中，但由于年轻，他还能正常地处理政事，咸丰帝在位的11年里，国家没有一天是平安无事的，内忧外患无一日不在。咸丰帝即位不久，咸丰元年（1851年）元月就爆发了太平天国农民起义。虽然他竭尽全力地镇压，可太平军却一路攻城略地，并在南京建立了太平天国。要不是太平军出现内讧，咸丰帝还真难获得喘息的机会。正在咸丰帝镇压太平天国之时，英、法两国于咸丰六年（1856年）再次对华宣战，史称"第二次鸦片战争"，战争步步升级，它时时掣肘着朝廷的对外决策，使他陷于无所适从的境地。

国家内忧外患，咸丰帝却无所作为，是因为他没有迎接挑战的勇气，也不具备力挽狂澜的能力。咸丰帝没有政治家的韬略和军事家的远谋，面对英法联军的肆意挑衅，咸丰帝没有抗战到底的决心，也没有讲和以图后进的计策，而是在战和之间举棋不定。当战争爆发前夕，咸丰帝却在圆明园庆祝他的三十寿辰，在正大光明殿接受百官朝贺，在同乐园连演四天庆寿大戏。当英法联军突破大沽口、攻占天津后，他却束手无策，与嫔妃们在圆明园抱头痛哭。最后，索性将烂摊子留给恭亲王奕䜣，自己率领朝臣及嫔妃逃至承德避暑山庄。

咸丰帝到承德未及半年就病倒了，咸丰十一年（1861 年）时，他大多时间都缠绵病榻，但只要偶有好转，他便饮酒、宠幸妃嫔、大肆赏戏。他总是要玩得尽兴而眠，想到国事繁多，时局难以预测，他内心狂躁，无法宁静，只能用酒精、鸦片来麻醉自己。

机敏的慈禧非常清楚，她的靠山是咸丰皇帝，如果他不在了，她就不受宠了，所以她必须未雨绸缪，早做打算。咸丰帝一直纵情声色，使本已羸弱的身体更加每况愈下，不但面呈黄色，而且屡咳不止。御医建议常饮鹿血，既可以治病，又可以壮阳。为此，圆明园里饲养了许多鹿，每天都为咸丰帝取血。然而逃亡承德后，咸丰帝不去筹划如何振兴国家，仍然是纵情声色、嗜酒如命，更加肆无忌惮地寻欢作乐。慈禧知道，以咸丰帝目前的生活状态和身体状况，他的生命不会维持太久。也许在此时，她便为咸丰死后的将来做好了打算。

慈禧对咸丰帝很了解，她觉得她的对手首先是肃顺等人，而对于慈禧在后宫逐渐参与朝政活动，并偶有决策方面的上佳表现，肃顺更不能见容，他不能允许有人同他一样影响着皇帝的决策，尤其是他不能允许一个"无知"的女人在皇帝面前指手画脚。

慈禧知道与肃顺这样强大的对手抗衡，要想立于不败之地，就必须比对手更强大更狡猾，而当时慈禧年仅 27 岁，17 岁即被选秀入宫的她，十年间深居皇宫，难有与外界接触的机会，没有任何根基或同党能帮助她与肃顺在权力场上角逐。慈禧曾将希望寄托在咸丰帝的偏爱上，为此她施展了所有的心机和魅力来吸引咸丰帝的注意。可这种命悬一线的依赖是最不可靠的，还险些由于肃顺的倾轧而成为第二个钩弋夫人。

此时的避暑山庄，对于慈禧来说是危机四伏，强敌肃顺控制着避暑山庄的一切事物，深居后宫的她，没有任何外在的力量可以借助，整日面对的就是病恹恹的皇帝与贴身的奴才。如何才能躲避随时到来的杀身之祸？但她又必须反戈一击，争取主动。

慈禧清楚地意识到，在热河行宫，肃顺是大总管，与肃顺明火执仗地争斗，其结果只能落得个以卵击石的下场。于是，慈禧采取以退为进的策略，她小心地回避肃顺的锋芒与挑衅，不与他争一日之短长，只想将他一击致命。

对肃顺鼓动咸丰帝效仿钩弋夫人典故杀掉自己的事情，慈禧佯作不知。因为一旦让对手了解她已经知道了内情，势必引起他们的警觉，反而打草惊蛇，给自己带来更多的祸患。对于肃顺处处为难自己，她也一忍再忍。

在清宫膳档中记载，避难热河的咸丰帝陆续收到了各地进贡的物品，如鹿肉、黄羊、熏肉及卤虾等物品，分赏时，总管此事的肃顺每次都有皇后的份儿，可经常不给身为贵妃的慈禧，而当时慈禧是仅次于皇后的宫中二号人物。对于肃顺的公然挑衅，慈禧也忍下了，因为她在盘算着如何一击制胜。

慈禧在回避肃顺锋芒的同时，常常以无助的形象出现在大家的面前，只是为了向人们传递一个信号：我没有野心，我只是6岁皇儿的母亲，以此博得人们对弱者的同情。因为没有错误可治罪，肃顺和咸丰只好也对慈禧不置可否。

## 咸丰安排后事，顾命八臣受命

咸丰帝不但不专心于国事，也不爱惜自己的身体，咸丰十一年七月十四日，咸丰帝病情刚有起色，他便传热河官员一同到烟波殿赏戏，戏到深夜，他仍然意犹未尽，可此时他早已多日未曾正常进食，身体虚弱得如风中枯叶，是根本折腾不起的。两天后，咸丰帝终于油尽灯枯，七月十六日（1861年8月21日）午饭刚过，咸丰帝便晕厥过去，直到深夜才悠悠醒转，神智虽然还算清晰，但力气全无，他知道自己大限将近，身后事必须作出安排，可他连举笔的力气都没有了。晚饭后，他召见了自己最信任的八大臣，面授遗旨，将独子载淳立为皇太子，任命八大臣为顾命大臣。载垣等请咸丰帝用朱笔亲自誊写，以示郑重，弥留之际的咸丰帝不能握笔，便命辅臣承写：

其一，皇长子（载淳）立为皇太子；

其二，派载垣、端华、景寿、肃顺、穆荫、匡源、杜翰、焦佑瀛尽心辅弼，赞襄一切政务。

这份大行皇帝的"遗诏"确定了未来一段时间里的政权体制：小皇帝继立，八大臣"赞襄一切政务"的辅政体系。

八位顾命大臣的领袖人物是肃顺，另七人为兵部尚书穆荫、户部左侍郎军机大臣匡源、帝师杜受田之子工部侍郎杜翰、太仆寺少卿代草御诏焦佑瀛、怡亲王载垣、郑亲王端华、驸马景寿。下面将后七人分别简单介绍：

穆荫：满洲正白旗人，字清轩，托和络氏。原是官学生，后考授内阁中书，充军机章京，迁侍读。咸丰元年，命以五品京堂候补，在军机大臣上学习行走。寻除国子监祭酒，故事，非科甲不与斯职，部臣执奏，特旨仍授之。历光禄寺卿、内阁学士，兼副都统。三年，粤匪扰河南、直隶，京师戒严，命偕僧格林沁、花沙纳、达洪阿办理京旗各营巡防事宜。迁礼部侍郎，署左翼总兵，寻调刑部。八年，擢理藩院尚书，兼都统，调兵部。1860年，英法联军占领天津，兵部尚书穆荫与怡亲王载垣授命为钦差大臣，赴通州与英法联军和谈。谈判失败，清政府扣押英法谈判代表巴夏礼等39人，导致英法联军进逼北京。穆荫钦差大臣职务被撤，与咸丰逃往热河，躲进避暑山庄。

匡源：道光进士，军机大臣，字本如，号鹤泉，胶州人。出生于书香人家，自幼聪敏好学，才思敏捷，认真刻苦。13岁考秀才，文采卓异，擅诗文，号为神童。他少有大志，传世他题"世人多白眼，吾独上青云"诗句以自勉。24岁中举人，34岁成为皇太子的老师，还是一位有名的书画家。

杜翰：咸丰师傅杜受田之子。因咸丰感激师傅杜受田，授其子杜翰为军机大臣。翰力驳董元醇请两宫太后垂帘听政之议，受到肃顺等赞赏。

焦佑瀛：字桂樵，天津人，军机章京、军机大臣。清道光十九年（1839 年）举人，才华出众。咸丰十年（1860 年）九月，焦佑瀛正奉命在天津静海一带治团练，被召从幸热河。因他文笔敏捷，才干超群，又颇有见识，经肃顺推荐，是年十月，命在军机大臣上学习行走，为"挑帘军机"，实任军机大臣，当时皇帝诏书多出其手。

载垣：载垣为康熙第十三子怡亲王允祥五世孙，袭亲王爵。道光时，任御前大臣，受顾命。咸丰继位，为宗人府宗正，领侍卫内大臣。扈从咸丰逃难到承德避暑山庄。同端华、肃顺相结，资深位重，权势日张。

端华：清开国奠基者舒尔哈齐之子、郑亲王济尔哈朗之后，乌尔恭阿子，丰讷亨孙。道光年间袭郑亲王爵，授御前大臣。道光帝死，受顾命。咸丰继位后，为领侍卫内大臣。扈从咸丰逃难到承德避暑山庄。端华与弟肃顺同朝用事。

景寿：景寿为一等公、工部尚书博启图子，满洲镶黄旗人。其先祖为一等诚嘉毅勇公明瑞，乾隆时进攻缅甸得胜而受封，世袭罔替。三传至景庆，死。弟景寿袭封。景寿为御前大臣、道光二十四年（1844 年），赐头品顶戴，在上书房读书，二十五年（1845 年）娶道光帝第六女寿恩固伦公主，后袭封一等诚嘉毅勇公。咸丰五年（1854 年）七月荐受蒙古都统，六年正月授御前大臣，赐用紫缰，寻授领侍卫内大臣。

咸丰任命顾命八大臣之后，八臣离开时，已是次日子时。咸丰帝喘上一口气来，觉得疲惫不堪，御医示意让他休息一下，所有人退到殿外等候。这是一个不眠夜，行宫内整夜灯火通明，后妃们不敢惊扰圣驾，在自己寝宫内焦急地等待召见，大臣们侍立在外殿，一步也不敢离开。次日清晨，咸丰帝喝了些流食，状态稍有好转，立马召见了皇后慈安。

## 慈安监督慈禧，慈禧因子分权

此刻，他才真正感觉到自己最信任的人是皇后慈安，他有些后悔往日对皇后的冷落，他真希望唯一的子嗣能是皇后亲生。皇后生性善良稳重，而慈禧足智多谋，心地毒辣，将来难免母以子贵，咸丰帝担心慈禧会对皇后不利，对江山社稷不利，将来说不定像吕后、武后一样女主临朝，大权独揽，他郑重地将一份手谕交给泪痕满面的皇后，再三叮嘱皇后："此后她如能安分守己，则罢；否则你可出示此诏，命廷臣传朕的遗命除掉她。"

后来慈禧揽权不幸被咸丰帝言中，只是这份密诏最终没能成为慈安太后的护身符，反成了她的催命符，给其招来了杀身之祸。

咸丰一样不能完全信任肃顺等八大臣，肃顺刚愎自用，容不得异己势力，将来大权独揽，难免只手遮天。为了防止权臣擅权，咸丰帝另外还交了一枚"御赏"印章给慈安。随后，咸丰帝召见了一直等在宫门外的慈禧。慈禧抱着儿子小心翼翼地走到咸丰帝的病榻前，儿子载淳还不能理解眼前的一切，但他被行宫内悲戚的氛围感染了，闪着眼泪搂住父亲，用他的童言稚语安慰父亲。咸丰帝更加伤感，瘦弱的脸不时流下两行清泪。慈禧只是在一旁默默地流泪，咸丰帝将"同道堂"印章交给儿子载淳，暂时由生母慈禧保管，又很隐晦地叮嘱她不得效仿武则天，应安分守己，辅助幼帝。

"御赏"和"同道堂"印章

慈禧看着"同道堂"印章，心里乐开了花，对咸丰帝的警告几乎充耳不闻，她明白授予"同道堂"印章等于赋予她大权，于是她表面悲戚，内心狂喜，她要利用这枚印章为自己母子赢得未来。

咸丰帝还规定，顾命大臣拟旨后要请两位太后盖上"御赏"和"同道堂"印章方能生效，但他没有明确彼此权力的大小。咸丰帝希望顾命大臣与两宫太后彼此制约，以为这样既能避免权臣只手遮天，又防止后宫专政，年幼的皇帝平安长大后能顺利地接管政权。

安排停当后已到了次日午时，咸丰帝不免感到饥饿，想喝冰糖燕窝，却剧咳不止，又想喝些鹿血，太监飞奔出去取，咸丰帝有些无奈，他等的鹿血还在路上，他便无力地闭上了眼睛，再也不能睁开，年仅30岁的咸丰帝奕詝在烟波致爽殿驾鹤西去，顿时殿内哭声震天。

这时未来的小皇帝载淳年仅6岁，慈安皇后25岁，慈禧27岁，热河行宫的行政大权落入了八位顾命大臣之手。顾命八大臣虽然权力很大，但并不能单独左右天下，咸丰皇帝临终前的这一任命并没能正确平衡主要政治力量之间的关系，从而导致了辛酉政变的发生，出现了皇太后"垂帘听政"的局面，让慈禧太后非常彻底地把中国拖入了深渊之中。

咸丰皇帝临死前的安排确定了未来一段时间里的政权体制，就是慈禧的儿子载淳继立，八大臣"赞襄一切政务"的辅政体系。也许他自以为聪明和周全，但这其实是一套漏洞百出的政权体制，与顺治时期的"摄政王制度"以及康熙朝的"四大臣"辅政制度没有本质区别，暗含极大的危险。

咸丰帝鉴于康熙时期四辅臣觊觎皇权，致使大权旁落，将两枚随身印章"御赏"与"同道堂"分别授予皇后慈安和小皇帝载淳，载淳的印章由皇贵妃慈禧代用，作为皇权的象征。在皇帝年幼尚不能亲政时，由皇帝下达的谕旨，经皇后和小皇帝的同意后，开始时加盖皇后持有的"御赏"印；文末则钤印皇帝拥有的"同道堂"印，以解决皇后不能书写汉文，而皇帝又太小不能正确处理朝政的问题。

小皇帝只有 6 岁，无法正确处理政务，他的母亲慈禧理所当然地挺身而出，代表小皇帝执行保管钤印的职责。这就意味着在咸丰帝弥留之际，出于对皇权的长久考虑，还是把慈禧纳入到皇权的核心中来。慈禧通晓汉文，熟知一切朝政运作，皇后有她协助就会如虎添翼；八大辅臣虽然对慈禧颇有芥蒂，但他们于情于理都无法公然反对。于是，在朝政的运作上就形成了两宫太后代政和八大臣辅政兼而有之的体制。

由此可见，咸丰帝临终时人事安排的错误，就在于其没有重视帝胤势力和帝后势力，却只重视了军机大臣的权力，确是极为偏颇的想法。在咸丰死时，其父道光帝的九个儿子中健在的还有五阿哥敦亲王奕誴、六阿哥恭亲王奕䜣、七阿哥醇郡王奕譞、八阿哥钟郡王奕詥、九阿哥孚郡王奕譓等。在咸丰死时恭亲王奕䜣 30 岁、醇郡王奕譞 20 岁，都年富力强，是不可小视的帝胤势力。

## 咸丰临终托孤，慈禧收获最大

英法联军入侵北京，大敌当前，咸丰皇帝和军机大臣、御前大臣、内务府大臣等逃到了承德避暑山庄，几乎没有一个人身临前线。而恭亲王奕䜣、醇郡王奕譞都是空有爵位的闲散亲王、郡王，既不是大学士，也不是军机大臣，更不是御前大臣，却要挺身在第一线，冒着被洋人毙掉的危险去处理那么一个乱摊子。诸位兄弟本来就对咸丰登上皇位心怀不满，且被免掉军机大臣、宗人府宗令、八旗都统，要往承德奔丧又遭到拒绝，特别是奕䜣作为咸丰皇帝的亲兄弟而未列入顾命大臣，于情于理都不妥当。旧怨新恨，汇聚一起，他们当然想做点事出来。

况且，恭亲王奕䜣不是孤立的一个人，他同诸位兄弟——没有官职的醇郡王奕譞等联合起来，同帝后势力联合起来，同朝中顾命大臣以外的势力联合起来，那将成为清朝一股强大的政治势力。

帝后势力方面，主要是 6 岁的同治皇帝和两宫太后——东太后慈安和西太后慈禧。他们虽是孤儿寡母，在帝制时代却是皇权的核心。咸丰

在临终之前，特制"御赏"、"同道堂"两颗印章，作为日后颁布诏谕的符信。就是说，奏折"经赞襄大臣拟旨缮进，俟皇太后、皇上阅后，上用'御赏'下用'同道堂'二印，以为凭信"。

咸丰的旨意是在他死后，由皇后和懿贵妃联合执政，避免出现八大臣专权的局面，也避免出现皇后钮祜禄氏与懿贵妃叶赫那拉氏专权的局面。但这样一来，皇后钮祜禄氏与懿贵妃叶赫那拉氏的实权在八大臣之上，因为她们均有对于八大臣所决策军政大事不予盖章的否决权。显然，如果皇后钮祜禄氏与懿贵妃叶赫那拉氏不加盖"御赏"和"同道堂"这两颗印章，那么八位赞襄政务大臣是发不出"诏书"和"谕旨"的，赞襄政务八大臣之议决均不能生效。

相反，由内臣拟旨而不经过顾命八大臣同意，加盖"御赏"与"同道堂"两章即能生效。因此，帝后势力是朝廷中最为重要的政治势力。在对待顾命大臣的态度上，帝后一方同帝胤一方的利益是共同的，他们联合起来共同对付顾命八大臣。在朝臣、帝胤、帝后三个政治集团的政治力量对比上，显然帝胤势力与帝后势力占有优势。

赞襄政务八位大臣的共同特点是：满洲贵族（宗室贵族、军功贵族、八旗贵族）与军机大臣结合。从表面上看，这是一个权力平衡的结构，其实不然。因为咸丰没有把帝胤贵族的势力纳入到"赞襄政务"的权力系统内。比如说，用恭亲王奕䜣"摄政"、或"议政"、或"辅政"、或"赞襄"，后来情况可能会不一样。

但这也许是咸丰帝故意不让奕䜣参政之举，他知道奕䜣的能力强过自己，怕其参政后排除异己，最终专权于天下，或者夺皇位以代之。再说，当时奕䜣 30 岁、慈禧 27 岁，两人年龄相差不大，也都正青春年少，咸丰帝可能吸取了睿亲王多尔衮摄政引起叔嫂暧昧、叔侄矛盾的教训。从后来慈禧一度重用奕䜣来看，这种结合是难以避免的。如果单从人数看，"赞襄政务"大臣八人，两宫太后和同治帝再和帝胤贵族的奕䜣、奕譞才五个人，且帝、后为孤儿寡母。然而，两宫太后和同治帝再和帝胤贵族奕䜣诸兄弟等，却代表两个强大政治集团、两股强大政治势力。

埋葬咸丰皇帝的定陵

　　因此，咸丰"赞襄政务"八大臣的安排，犯下一个致命的错误，就是没有将朝廷三股政治势力加以平衡，特别是咸丰对慈禧与奕䜣两人的个人能力、野心没有看重，对权力失衡形成的政治危局认识也不够，其结果是：帝后势力同帝胤势力结合，发动宫廷政变即"辛酉政变"，摧毁了"赞襄政务"八大臣集团，代之以慈禧太后与恭亲王奕䜣联合主政，继而出现慈禧太后专权的局面。这是咸丰生前根本没有预料到的。赞襄政务八大臣在"辛酉政变"中，政治力量对比不占优势，这也是其失败的一大原因。

　　咸丰帝一生庸碌无为，也可说他从始至终都没有精明过，连他的临终托孤都漏洞百出：一是没有充分认识到慈禧的能力和野心；二是忽略了最为重要的一股势力——以恭亲王为首的宗室势力；三是完全漠视了一个重要事实——作为同治帝的生母，手握"同道堂"之印，慈禧就拥有挟天子以令诸侯的天然权力。这样一来，在皇权斗争中，除非换掉小皇帝，否则谁也不可能扳倒她，而她却可一招置敌于死地。

# 慈禧预谋政变，暗通恭王奕䜣

## 肃顺虑事不周，慈禧以子分权

慈禧掌握清廷后权，还得从其发动"辛酉政变"开始说起。了解她的这段经历，也有助于我们更深刻认识慈禧的身世、经历及其内心世界。

咸丰帝在生命的最后关头精心设计的权力分配方案，让慈禧躲过了成为钩弋夫人的悲惨结局，并成功跻身清廷统治集团的核心。咸丰帝的临终托孤，几乎注定了将会被慈禧掌权的失败结局。不过也需要指出的一点是，如果慈禧是个本分的人，能遵守咸丰定下的规矩，那么咸丰的这一套方案倒也有实施的可能，并且达到一种各方权力的平衡局面。但慈禧是本分的人吗？完全不是！所以我们只能可惜咸丰看错了慈禧，或者说他完全漠视了慈禧的能力和野心，终招来慈禧对大清朝长达近半个世纪的罪恶统治。

咸丰帝死后，慈禧掌握了权力的最大优势，她作为咸丰帝唯一皇儿载淳的母亲，即是咸丰帝的遗孀，又是新皇帝的亲生母亲，那么她就可以凭借皇太后的身份来辅佐幼帝，操纵皇权。但也正因为如此，朝廷中权臣们以百倍的警惕防范慈禧任何攫取权力的企图。肃顺等人就将她视

为专权的最大障碍。

　　按咸丰帝遗命，他对于谕旨的拟订、呈览、修改、颁发等一系列问题没有留下任何安排意见。当两宫皇太后和八位赞襄政务大臣的名位相继确定以后，首要解决的是如何确定双方的权责，如何分工合作。慈禧非常清楚，谕旨是皇权的象征，谁掌握了谕旨拟订和颁布的权力，谁就控制了最高的权力——皇权。她知道对于朝政运作了如指掌的肃顺不会放弃操控的欲望和企图，她必须从容应对。

　　咸丰帝逝世后的第三天，为了尽快恢复朝廷政务的正常运作，慈禧、慈安两位皇太后共同召见八位辅政大臣，商议有关谕旨的拟订、颁发及疏章上奏和官吏任免等最为紧要的事项安排的处理方法。以肃顺为首的八大臣，提出了早已准备好的条陈："谕旨由大臣拟订，太后但钤印，弗得改易，章疏不呈内览。"

　　这就是说：一、皇帝的谕旨由王大臣拟订；二、皇后只管钤印，不得改动；三、臣下的奏折一律不进呈皇太后阅看。

　　清朝入关以来，谕旨必须由皇帝亲拟或口授；全国各地的奏折到京后，由内阁票拟，呈交皇帝御览。皇帝逐件朱批后再交下去，由相关部门办理。这是皇帝神圣不可侵犯的权力，臣下如有伪造谕旨或擅动朱笔批示奏折，将处以抄家灭门之罪。对于肃顺等人的意见，慈禧一眼就看出这是一件极其严重的"侵权"行为。她知道肃顺等人根本没有把她们孤儿寡母放在眼里，她清楚此时肃顺等人的心理是：不出宫门的年轻寡妇和幼稚的小儿不会有什么见识和能耐，没有皇帝撑腰，你们只能任其摆布，俯首听命。

　　在这里，肃顺在判断上犯了一个虑事不周的严重错误，他完全低估了慈禧对于事物分寸的把握能力和对于事态发展的驾驭能力。其实慈禧自从进宫以来，她朝思暮想、全力以赴的就是等儿子成为皇帝后，自己成为皇太后。当梦已成真、前途大有可为的时候，肃顺等人却要把它夺走，这岂是她能够接受的？

　　咸丰在世的最后几年里，慈禧在侍应咸丰帝处理章疏诏旨时已学会

如何处理政务，而在耳濡目染之下，她也会对朝中制度了如指掌。

在肃顺等人提出条件以后，慈禧便不徐不急地从咸丰帝的安排说起。首先，她表示皇帝的遗诏是派顾命八大臣"赞襄一切政务"，赞襄就是从旁参赞襄助皇帝处理政务，而不是像顺治朝多尔衮为摄政王一样，直接代皇帝处理政务。其次，如今皇帝虽然年幼，不能担纲政务，但咸丰帝生前已做出安排，用"御赏"和"同道堂"二印代皇帝行使权力，并非将皇权全部给八大臣办理。今天八大臣的意见，不仅违反祖制，而且置先帝遗命不顾，更置他所赐予两宫太后御印于不顾。如此一来，你们不是在藐视皇权吗？

慈禧的一番阐释可谓条理明晰，处处站在一个"理"上，让人不能不服。在场的谁也没有想到年轻的慈禧竟有如此的表现，连平素跋扈骄横的肃顺也一时无以应对，而其他七人更是愣在当场，面面相觑。慈禧见状，心中暗喜，适时地提出了自己的主张：我意，今后章疏奏折依旧先行呈览，谕旨则由赞襄政务的八大臣拟进，经两宫皇太后和皇帝阅后，加盖两印以为凭信。所有一切应用朱笔处，均以此代之。

至于官员的任免，慈禧完全依从了八大臣的建议，各省督抚等要

承德行宫风景

缺由八大臣提名，请两宫太后裁决；其他人员任命则用掣签（抽签）方法选定。这样一来，清朝的最高决定权，便统统集中到了两宫太后的手中，而由于慈安的善良和无知，也可以说，与朝臣的首次论对中，慈禧在只言片语之间，已将天下大权收笼到了自己手中。

于是，八大臣和皇太后之间的第一次较量，并且是权力分配这样重要的较量，在慈禧如簧巧舌的狡辩下，以两宫太后的胜利而收场。

## 慈禧得寸进尺，提出垂帘听政

权力分配的第一番较量中，慈禧斩获甚多，她一见肃顺等八大臣不过如此，胆子也变大了，便有了垂帘听政的打算。

同治帝载淳继位后，尊先帝皇后钮祜禄氏为慈安太后，尊自己的生母懿贵妃为慈禧太后。以慈禧之阴险，及其贪权之勃勃野心，垂帘听政是其必然要争取的。所以她刚刚坐上圣母皇太后的宝座，就迫不及待地揽权。慈禧先让人建议，因为皇帝年幼，无法处理朝政，所以要由两宫皇太后"垂帘听政"，这实际上就是要掌握朝廷实权，左右天下。

慈禧明目张胆的要权行为自然遭到了辅政八大臣的坚决抵制，载垣等以"本朝未有皇太后垂帘"的理由加以反对，给慈禧揽权的权力欲火泼了一盆冷水。

经过这次交锋，慈禧意识到自己驾驭皇权之路将会受到肃顺等人的阻拦，因此必须击败他们。但在承德避暑山庄，这里是在八大臣势力的控制之中，自己随时还会遇到意想不到的非难。目前摆在她面前的道路只有两条：要么，忍辱负重，一任肃顺等人摆布，坐视皇权被臣下僭越；要么，必须在肃顺等人凭借遗诏所赋予的顾命权力肆意妄为的时候，针锋相对。

但是，忍辱负重不是慈禧的性格，不择手段排除异己才是真正的慈禧。她决定要想尽一切办法，清除她通向权力道路上这一最大羁绊。然而，慈禧的所处的环境又让她不由得心生悲凉，可以说此时的她孤立无依，环顾周围竟无可用之人。皇帝只有 6 岁，这还是一个需要她日日照顾的孩童，不足以为依；慈安皇太后虽然是咸丰帝的中宫皇后，凡事理应以她为主，可是慈安忠厚仁慈，不事张扬，"见大臣呐呐如无语者"，且不识汉字，每有奏折必由慈禧亲自来读并讲给她听，有时竟然一个月也不曾决定一事，她只能是慈禧宫中的姐妹，而不能成为她与肃顺一党斗争的中坚和依靠；虽然自己的妹妹与妹夫醇亲王奕譞也随驾来到热河，然而奕譞是权力核心之外的人物，没有什么势力与影响。她要突破肃顺一党的重围，必须寻求热河以外的帮助。这时，她想到了远在北京的恭亲王奕䜣。

恭亲王奕䜣是道光帝第六子，从小才智过人，人们一直认为与咸丰帝相比，他是当年皇位继承的更好人选。

道光三十年（1850 年）以宣宗遗诏封奕䜣为恭亲王。咸丰朝期间，奕䜣的政治地位并不很重要，咸丰三年（1853 年）在军机大臣上行走。四年连封都统、右宗正、宗令。五年，其母孝静成皇后去世，奕䜣为其母争封号，被免去军机大臣、宗令、都统，七年才恢复他的都统，九年又授内大臣（侍卫处次长官）。十年英法联军进攻北京，咸丰帝逃往承德，奕䜣临危受命，担任议和大臣。

奕䜣少年照

九月十五日、十六两日，奕䜣分别与英使、法使签订《中英北京条约》与《中法北京条约》，挽救了清皇朝的命运。他主

持议和以及进行的大量的善后事宜赢得了西方对他的好感，为他以后的外交活动创造了条件。在议和期间，他笼络文祥（户部侍郎）、桂良（文华殿大学士）、宝鋆（总管内务府大臣）、胜保（副都统），形成了一个新的政治集团。这是他通过议和捞到的政治资本。

咸丰十年十二月初一，奕䜣、文祥、桂良上《通筹夷务全局酌拟章程六条折》，分析了各列强国特点，认为太平天国和捻军是心腹之患，英、俄是肢体之患，应以灭内患为先，然后对付俄国和英国。这媚外之策为后来借师助剿、镇压太平天国奠定了理论基础。根据他的观察，他认为外国人并非"性同犬羊"，英国"并不利我土地人民，犹可以信义笼络"。清政府把列强只当作"肢体之患"，认为"可以信义笼络"。折子还提出要成立总理各国事务衙门，设南北口岸管理大臣，添各口关税，要求将军督抚办理国外事件互相关照、避免歧误，要求广东、上海各派两名懂外语的人到京以备询问，将各国商情和报纸汇集总理处。十二月十日，总理各国事务衙门设立，出现了军机处以外的另一中枢政府机构。自此，清朝有了专门的外事机构，使清代的外交产生重大突破。衙门还领导了后来的洋务运动。

相对于奕䜣，被道光帝左挑右选的接班人咸丰皇帝奕詝却是一个极不成器的皇帝，任上基本无所作为。慈禧入宫十年，对于自己丈夫咸丰帝忧患无为、风流成性的特点了如指掌，她清楚奕䜣在才智上的练达和活跃，以及在皇位继承过程中两兄弟的暗中角逐，一直是咸丰帝心中抹不去的阴影和时时发作的隐忧，虽然咸丰帝一度任命奕䜣在军机处行走，但咸丰帝无法大度地包容周围人对于奕䜣的认可与爱戴。慈禧知道，正是由于康慈皇太后——奕䜣的生母不慎所做的一件事情，咸丰帝就迁怒于奕䜣，不仅开去了奕䜣一切职务，而且还明令奕䜣去"上书房读书"，不给予奕䜣参与国家大事的机会。

在王闿运所著的《祺祥故事》中，记载了咸丰帝与奕䜣反目的经过：咸丰五年夏间，已被册封为贵太妃的康慈贵妃病重，咸丰帝、恭亲王这对兄弟时常探问。某日，咸丰帝前去问安，太妃睡得迷迷瞪瞪，

以为是儿子恭亲王，就说："你怎么又来了？能给你的，我都给了。他性情不测，莫生嫌疑就好。"咸丰帝发现她说错了话，立即喊了声"额娘"，太妃定睛一看，原来是皇上，不是恭亲王，随即转身装睡，不再言语。自此，咸丰不得不琢磨这几句话的意思，对恭亲王生了猜疑。

又有一天，咸丰帝去已病重的太妃处问安，恰逢恭亲王从内出来，咸丰帝问病情如何，恭亲王哭着跪下说怕是没治了，就等着上皇太后封号，方能瞑目。咸丰帝面无表情，只是"哦"了两声，再没表示。谁料恭亲王随后就到军机处，命令臣僚准备了册封典礼。承办官员拿着封典方案来找皇帝，咸丰帝大为气愤，但不好明确拒绝，勉强同意了封号，尊皇贵太妃为康慈皇太后。不久，康慈皇太后去世。一周后，诏令恭亲王罢职军机，回上书房读书。皇太后的丧仪也被大大减损，据称是秉遵遗诏执行。咸丰帝和恭亲王的密切关系也到此为止。

咸丰帝去世后，精明能干的奕䜣成为实力派人物，他是慈禧推翻八大臣辅政格局所必须依靠的人物，慈禧虽然没有更多的机会与奕䜣接触，但对奕䜣的能力还是略知一二。她知道奕䜣的魄力与才干，完全在咸丰帝之上。对于这位小叔子，她由衷地赏识。因此，在英法联军攻陷天津后，她曾向咸丰帝力荐奕䜣。而在咸丰帝逃至避暑山庄后，奕䜣更是不负众望，在奉命收拾北京残局的过程中，将一切事情的治理得井井有条。

所以，在以慈禧为主的两宫皇太后与肃顺一党对峙的时候，坐镇北京的奕䜣的力量就成为重要的政治砝码，谁能争取恭亲王，谁就能掌控大局。慈禧知道与奕䜣合作的条件无非就是在将来委以重任，而慈禧眼下的迫切需要就是打败专权的肃顺一党，孤儿寡妇，能够垂帘就是大胜利，暂时分权给恭亲王，实在不是过分的条件。不能予则不能取，吝于名则失于实，这种"大智慧"慈禧是具备的。

## 慈禧结交奕䜣，叔嫂暗中勾结

慈禧坚信奕䜣一定能担此大任。可如何能够将她的想法达知奕䜣呢？从肃顺一党严密控制之下的热河送信去北京，对于慈禧来说居然成了一件最重要的事情。她是如何做到的呢？有一个颇富戏剧性的传说是这样讲的，史学家都认为应与史实大致相同：

慈禧为了能在极端秘密的情况下与奕䜣取得联系，在紧要关头，极大地展示了非凡的想象力与智慧。她在众人不注意的情况下，制造了一件看起来极其平常的后宫事件。她授意宠监安德海与慈安最宠信的宫女双喜发生严重的争执。为了表示对慈安太后的敬重，她严惩了安德海，并命敬事房首领太监将他遣送回京，派在"大扫处"当差，以示惩戒。

慈禧察人心之明，从其选择和达知恭亲王奕䜣这件事上，便能一窥究竟。这个叫安德海的人，人称"小安子"，祖籍河北省南皮县，其祖父时迁居河北青县汤庄子村。10岁时自宫入宫，充内廷太监。由于他办事机敏，因此深得慈禧太后欢心，成为慈禧太后身边备受宠信的大红人。史书称他：能够讲读《论语》、《孟子》诸经；艺术精巧，知书能文。他最大的能耐就是善于察言观色，阿谀奉承不露一丝痕迹，以忠心获得咸丰皇帝的喜爱，以柔媚赢得慈禧的欢心，一生深得慈禧的宠爱和器重。

安德海回京以后，先到清廷内务府报到，可一开口就要见主管内务府的大臣宝鋆。内务府的主事早就知道安德海是慈禧的"红人"，不敢怠慢，急忙把他送到宝府。宝鋆得报，安德海由热河被押解回京，且声称要见内务府大臣，知道此事非同小可，立即召见。安德海叩见后，取出缝在贴身内衣兜里加盖着"御赏"和"同道堂"印的慈禧亲笔信，只见上面写道：

两宫太后同谕恭亲王，着即设法，火速驰来行在（热河），以备筹

咨大事。密之！特谕。

真实过程是否如此，今天我们已经无从查考，但慈禧一定是以极其秘密的方式将信息从热河传递到北京，这一点符合历史的真实，慈禧克服了难以想象的信息封锁，将热河的政治状况和两宫的真实意图完全传递给了恭亲王奕訢。

应该说，恭亲王对于咸丰帝在遗诏中将他完全排除出统治集团的核心就满腹狐疑，并心生不满，他不知道按照遗诏中所安排的赞襄大臣辅政的方向走下去，自己能否还有施展抱负的机会。因为他知道肃顺跋扈异常，依肃顺的做人原则和办事方针一定会竭力排挤自己。他何尝不想如先王多尔衮一样，挺身而出，放手一搏。而恰在此时，两宫太后希望与恭亲王联合扳倒肃顺，这样一致的目标，使得叔嫂一拍即合。

所以奕訢一看到慈禧的亲笔信，立即便意识到了翻身的机会，立即给了安德海肯定的答复。第二天一早，安德海就匆匆回到了承德，秘密来到慈禧身边，奕訢则立即向承德行宫发了要求奔丧的折子。

顾命大臣肃顺接到奕訢要求奔丧的奏折后，立刻找载垣、端华等研究对策。肃顺认为恭亲王奕訢是以奔丧为借口，实际上是来向他们示威、夺权，必须阻止他的行动，于是他借口京师重地，留守重臣，拒绝了他奔丧的请求，奕訢一刻也不得离开。

在咸丰帝病重期间，奕訢曾屡次奏请来热河探望哥哥，但肃顺不愿给他们兄弟提供重归于好的机会，因为他担心如此会对自己显赫的权势构成威胁。咸丰帝死后，虽然肃顺勉强把奕訢列在"恭理丧仪大臣"的名单之列（皇帝治丧委员会），但在列入名单的五位京中官员，除了与肃顺关系密切的吏部尚书陈孚恩奉命"星速赶往"热河，其他四人"均毋庸赶赴热河"。

如果说奕訢未被列入八位赞襄大臣之列，犹可认为是咸丰帝的遗命，但连以恭理丧仪大臣的身份都不能到热河去吊祭哥哥，这实为绝其人伦之亲，若不是咸丰故意为之，便是肃顺等人胆大妄为。

但慈禧预见到了这一点，她知道奕訢此次来热河将会颇费周折，因

太监安德海像

为肃顺等人曾千方百计地阻挠奕䜣来此。等了几日，诡计多端的慈禧见肃顺不让奕䜣来承德，立即与皇后商量了一番，最后下了一道密诏，盖了"御赏"和"同道堂"印章，再次派安德海星夜兼程进京，召奕䜣速来承德共商除肃顺大计。安德海马不停蹄，立即将密诏送达京城，奕䜣接到密诏后，立即动身，打着奔丧的旗号，于八月初一来到承德行宫。

咸丰十一年的八月初一，奕䜣赶到了咸丰帝的灵堂。他"伏地大恸，声彻殿陛；旁人无不下泪"，一旁观瞻的人都以为是为兄弟而哭，却不知其心里此时正有另一种打算。

祭奠一结束，慈禧就迫不及待地下令要单独召见奕䜣。按照清朝的制度，一般情况下恭亲王奕䜣晋谒两宫太后的行为，是有一定困难的。清制：王公亲贵谒见后妃，等闲不得见面。一般来说，只有在皇太后或皇帝万寿节（过生日），或者新春元旦，诸王才可以在率领福晋入宫恭贺时得见一面。在热河，两宫太后召见赞襄大臣是因为有咸丰帝的遗命，为了代小皇帝咨商国事。此次，为了掩人耳目，慈禧"以探问京城被劫后情况"为由，要求单独召见。

薛福成《庸庵笔记》记载了这次难得的会面：两宫太后要求单独召见亲王，肃顺等企图阻拦。咸丰帝的师傅杜受田之子"侍郎杜翰倡言于众，谓叔嫂当避嫌。且先帝宾天，皇太后居丧，尤不宜召见亲王。肃顺拊掌称善曰：'真不愧杜文正公之子矣！'然究迫于公论，而太后召见恭亲王之意亦甚决。太监辈数传旨出宫，恭亲王乃请端华同进见。端华目视肃顺，肃顺笑曰：'老六，汝与两宫叔嫂耳，何必我辈陪哉！'王乃得一人独见。"就这样，两宫皇太后才得以单独召见奕䜣。

慈禧太后身世之谜

　　这次叔嫂之间的会面，可以称得上当时最高层次首脑之间的首次会晤，其内容与宫廷"政变"有关，因此正史自无详细记载。我们只能根据零星史料和时人笔记中透露出的内容，对这次"峰会"做一番推测：此次会面共计两个小时，详细商议政变的细节，主要有：政变的地点，奕䜣认为热河是八大臣所控制的特区，不宜在热河发难，"非还京不可"，必须迅速启銮回京；外国人对于政变所能采取的态度；确定政变拟旨的人选，这个人既要绝对可靠，又要笔力雄健，双方一致的意见是醇亲王奕譞，他是奕䜣的弟弟、慈禧的妹夫；慈禧还对回銮时间、抵京的时间及车驾与梓宫护卫人员之间的联系等细节，以及京中如何迎接梓宫、捉拿八大臣等过程都与奕䜣进行了详细的商议。

　　经过此番交谈，奕䜣这位自诩为文武双全、见过大世面、又有丰富外交经验的亲王，不得不对自己仅有27岁的嫂子刮目相看，慈禧的聪慧机敏、工于心计、敢作敢为的品性，使他相信他们的合作一定可以完成这一扭转局面的大业。

# 发动辛酉政变，慈禧得掌大权

## 叔嫂内外联合，辛酉政变上演

　　两宫太后与恭亲王在承德的这次费尽心机的"见面"，在除当事人外无人知道的情况下，在事实上形成了一个内以慈禧为首、外由恭亲王主持的坚固联盟。这个联盟的宗旨就是与肃顺为首的顾命八臣相抗衡，并最终通过政变的方式，废黜咸丰皇帝临终前确立的在清朝祖制基础上的顾命大臣辅政制度，代之以皇太后垂帘、恭亲王议政的全新制度。

他们建立的这个联盟是当时政治环境下的必然产物，它完全建立在皇太后与恭亲王之间的相互利用的基础上——皇太后以给恭亲王极大的执政权力为条件，换取他对严重违反清朝"祖宗家法"的垂帘听政的必不可少的支持；恭亲王则借助皇太后和皇太后控制下的皇帝不可替代的最高地位，达到打倒肃顺、重掌朝纲的目的。

后来的事实证明，这样的条件交换无论对慈禧还是奕䜣而言，实际上都是迫于当时的政治形式和各自的政治需求，迫不得已采取的一个"权宜之计"。

而在历史意义上讲，奕䜣与慈禧的这次会面极其严重地改写了历史，历史上著名的辛酉政变即将登场，它将咸丰帝临终前的安排彻底颠覆，慈禧将在今后的中国政治舞台上纵横捭阖47年，以她为主角的时代即将拉开帷幕，中国历史将掀起它屈辱的一页。

与慈禧商议了政变的整体计划以后，奕䜣就启程回京着手准备，而肃顺等顾命八大臣完全忽视了慈禧与奕䜣的这次叔嫂见面会，他们此时也乐得奕䜣早日离开热河，免得这位王爷从他们要权。所以，在肃顺严密控制的热河行宫，一个旨在推翻肃顺一党的政变计划就在他们的眼皮子底下商议完成。八月初七，奕䜣启程回京，这样，政变计划在水面下悄悄地操作启动了。

身为皇太后的慈禧当然知道，按清朝祖制，后妃、宫监不得参与国家大事。要不是咸丰帝遗诏给予她代小皇帝掌管"同道堂"印玺的机会，她根本没有参与朝政的正当理由。而以肃顺为首的顾命八大臣则不然，他们是钦定辅佐幼帝的集体，具有政治上的合法性。原则上来说，除非到小皇帝长大成人，八大臣仍然贪恋权力，不归政于皇帝，那才是过街的老鼠，"人人得而诛之"。否则，在此之前，任何人侵犯、剥夺八大臣的辅政权力，都是抗旨犯上，应当视为"乱臣贼子"。然而，政治

还是被人操纵的，谁成为强者，政治便是谁的工具。翻手为云、覆手为雨的强者，往往将主宰政局的发展走向。那么在这种情况下，政治权力的合法性、正当性也不是一成不变的，而是可以随时赋予的。成王败寇的原则，不但适用于改朝换代，也适用于宫廷政变。慈禧清楚她必须成功，才能改写历史。

可是此时，慈禧所能够控制的唯一的力量，也是最大的王牌却只有小皇帝载淳。要实现"挟天子以令诸侯"的目的，能够依赖的同盟力量只有恭亲王，而这是不够的。虽然恭亲王可以借助掌管总理各国事务衙门、全面负责外交事务的机会，调动与之相关的一些文武大臣，但要想与势力强大的肃顺等八大臣进行殊死的较量，她还必须扩大群众基础。那些不满肃顺"铁腕"统治的"苦大仇深"的满汉官员很自然地成为慈禧要争取的同盟力量，这样，大学士周祖培就进入了慈禧的视线。

周祖培字淑滋，号芝台，安徽金寨牛食畈人，幼而凝重，质敏好学，26岁时，周祖培中河南举人，后授翰林院编修（正七品）。自此步入青云，为官长达42年，经历了满清仁宗（嘉庆）、宣宗（道光）、文宗（咸丰）、穆宗（同治）四个朝代。咸丰十年（1860年）至同治六年（1867年）的8年，他官居正一品。先后任会试正总裁、留京办事大臣、体仁阁大学士（正一品）管理户部与刑部、恭理丧仪大臣、实录馆稿本总裁、文渊阁领阁事、管理三库事务、教习庶吉士、太子太保。

清朝入关以后，为保证满族具有绝对的统治地位和足够的统治力量与统治基础，在各个政府部门的职位中，都安排满汉两个官员，以满族官员为先。在周祖培就任户部汉尚书时，肃顺为户部满尚书。他与肃顺是同僚，且年长肃顺20多岁，可肃顺专横跋扈，根本没有把他这个汉尚书放在眼里。

肃顺为人轻狂武断，又好看人笑话，工作中不失时机地奚落与排挤同僚更是家常便饭。某日，僚属将汉尚书周祖培已经批阅过的部分文件交肃顺审核时，肃顺佯作不知，故意问道："是谁批阅的文件呀？"部下小声告知："是周中堂批阅的。"肃顺破口大骂："呸！这帮混混，就会吃干饭，哪里懂得公事！"于是将公文拟稿"尽加红勒帛"，就是用红笔涂抹不合适的文句，表示严厉批评，连周祖培表示"同意"的批示也一并加上"红勒帛"。

慑于肃顺的淫威，周祖培"默然忍受，弗敢校也"，终日提心吊胆，难安于位。后来终于找了个机会，跑到内阁躲避起来，宁肯放弃有权有利的肥缺，甘愿做一个有名无实的大学士。

咸丰皇帝为避英法联军的攻打而逃往热河行宫时，周祖培率领一班朝士谏留未允，被授命为留京办事大臣并拜为体仁阁大学士，此时正委以料理朝廷的重任，实掌宰相之权，正是慈禧可利用的朝中大臣。

慈禧知道，历朝历代都很忌讳女主临朝的"垂帘"。自己要由幕后走到台前，代小皇帝临朝执政，首先，必须有人为自己开脱和宣传，让朝野上下形成一种太后垂帘的舆论气氛。由谁来带头制造这种舆论是至关重要的，这个人既能体会权力争夺的微妙之处，又能不露声色地引导舆论，还要不暴露夺权计划。毫无疑问，选择合适的人是对慈禧运筹能力的严峻考验。

在慈禧的授意下，奕䜣与协办大学士周祖培积极配合，四处物色合适人选。周祖培将他的得意门生——山东道监察御使董元醇推上了前台。

董元醇，河南洛阳人，咸丰二年（1852年）二甲十一名进士，授翰林，咸丰十年改授山东道御史。大学士周祖培是他咸丰二年会试时的阅卷总裁，按当时官场的规矩，董元醇就算是周祖培的门生。

在周祖培看来，慈禧的重用无疑是扳倒肃顺，一抒胸中恶气的绝好时机。所以当皇太后与恭亲王都露出有垂帘听政的意思时，周祖培以"宰相"之尊，上串下联，活动得非常积极。一方面请他的家庭教师李慈铭收集历代女主临朝的先例，为当今皇太后垂帘听政寻找历史依据；另一方面与他的门生故吏，以及那些平时受到肃顺打压排挤的朝中大臣们广通声气，制造朝野支持垂帘听政的政治氛围。董元醇这个"第一枪"的折子就是在他指使下产生的。

慈禧太后身世之谜

董元醇不负恩师重托，以《奏请皇太后权理朝政并另简亲王辅政》奏折吹响了太后垂帘的第一声号角。其折子主要有以下三个方面的内容：

第一，明确提出请皇太后垂帘听政。因为皇太后垂帘听政违背清朝祖制，所以，他首先以"事贵从权"来为自己违背祖制的主张开脱。他对"事贵从权"的解释是，"虽我朝向无太后垂帘之仪，而审时度势，不得不为此通权达变之举，此所谓事贵从权也"。意思是说，如今皇帝年幼不能亲理大政，情况特殊，应该明降谕旨，"请皇太后权理朝政"，一切政务皆由皇太后"斟酌尽善"，并且"左右不得干预"，从而使得"人心益知敬畏"，让文武臣工不敢稍肆蒙蔽。等皇帝长大后再"亲裁政务，躬理万机"，那时候皇太后归政而"以天下养"。

清代二品官服图案

第二，要求在现有辅政八臣之外，再另行于亲王中加派一二人，与八大臣一起"同心辅弼一切事务"。这当然也是违背大行皇帝临终遗嘱的。所以，董元醇又用"理宜守经"四字来辩解，说"自古帝王莫不以亲亲尊贤为急务，此千古不易之经也"。认为这样一来就可以"庶、亲、贤并用，"达到"既无专擅之患，亦无偏任之嫌"的效果。他这里所说的"庶"是指怡亲王载垣和郑亲王端华，"亲"当然是指嗣皇帝的胞叔恭亲王奕訢，"贤"当是指肃顺了。这一条表面看起来是一个让顾命八臣与恭亲王都"皆大欢喜"的建议，实际上只不过是为奕訢秉政张目罢了。同时隐然直指顾命八臣有"专擅之患"，难怪八大臣要火冒三丈了。

第三，建议为嗣皇帝添派一位师傅，"以扩圣聪"。这一条看似冠冕堂皇且无关紧要，实际上则是为亲近奕訢的文臣们提供一条接近嗣皇帝的途径，从而达到影响和掌控嗣皇帝的目的。

以上三条，其核心内容其实就是请皇太后垂帘听政的同时，另行派奕䜣参与辅政。说穿了就是欲以"皇太后垂帘于上，恭亲王辅政于下"，代替现行的八大臣"赞襄政务"体制。显然，对于自以为已经控制政局的顾命八臣来讲，这些主张不但根本不会被他们采纳，而且还理所当然地要遭到他们的坚决反对。

这个折子递上去后，因其公然在太后垂帘的前提下，更提出让恭亲王参与辅政，这就让肃顺等人断然难以接受。虽然董元醇说是让奕䜣与八大臣"同心辅弼"，但明眼人不难看出，这实在只是个障眼法而已。因为一旦奕䜣加入辅政行列，则以他皇帝亲叔的身份，于情于理都应该列于首位，势必顺理成章地成了顾命八臣的"领导"。这无异于是让顾命八臣，尤其是肃顺将已到手的权力拱手让人。而从董元醇上这个折子的时机，以及他与周祖培的关系、周祖培与恭亲王和肃顺的关系，还有这个折子本身透露出的讯息等种种迹象分析，肃顺不难得出结论，此时两宫太后与恭亲王之间，已经有了相当深的默契。因此，一贯雷厉风行的肃顺断然决定，对这个折子进行全力还击，在"以儆效尤"的同时，达到彻底打消恭亲王等人的"政治幻想"，从而进一步巩固自己既得权力的效果。

在咸丰帝的遗命中，肃顺等顾命八臣的权力极大，他们甚至可以先于皇帝和皇太后看到臣工的所有章奏，这在历史上是很少见的。当顾命八臣在看到董元醇这道奏折后，并没有立即采取非常行动，只是按先前与皇太后约定的"规矩"，将这道奏折和当天的其余奏折一起，呈两宫皇太后御览而已。当然，他们既已知道这道奏折的内容，并充分了解它的严重性，则此时必然已有一番应对的策划。之所以这样做，很明显的一个目的，就是试探两宫太后对这道奏折的态度，同时也在无形中给没有政治经验的皇太后出了一道不小的难题。

让顾命八臣始料不及的是，反倒是皇太后看过这个奏折之后，采取了一个在他们看来非同一般的举措。按常规，凡头一天"呈览"的奏

折，皇帝（此处当然是指皇太后了）在批阅之后或朱笔批示，或等第二天召见军机大臣商议后再作处理。但无论如何，也要赶在第二天早晨召见军机之前将原折发给军机处，以便军机大臣事先知道内容，好预先商定好处理意见，于召见垂询时有所准备。

不过清朝的皇帝常会把一些自己认为或内容敏感，或此时尚不便处置的奏折截留下来不发给军机处，以表示对这个奏折不予处理或暂不处理，这有个专门的术语叫"留中"。而在军机处，凡被"留中"的奏折就叫"淹了"，意思是这道奏折好像被扔进了大海里，不必去探寻下落，军机处当然也不必为此去负任何责任。这样的做法，在皇帝自然是一种特权，在臣下却难免会产生皇帝对所"淹"奏折到底是什么态度的各种揣摩。

## 小看慈禧，众臣吃亏

早在咸丰皇帝驾崩之初，肃顺等八臣就与皇太后进行了长达四天的艰苦谈判，达成了包括奏折呈皇太后"御览"在内的几条妥协条件，实际上当时就已经变相形成了一个"垂帘与辅政兼而有之"的体制。因为他们知道，如果不与慈禧进行有条件的合作，他们必将难以合法有效地行使手中的权力。并且在目空一切的肃顺眼中看来，两宫太后终究不过是女流之辈，而且其中东太后慈安还是出了名的忠厚老实，剩下西太后慈禧一个人再怎么厉害，处于深宫之中，总也是孤掌难鸣，断无自己控制不了之理，更何况自己还有大行皇帝遗命在身，占有绝对的政治优势。

肃顺的这般考虑，其实也同恭亲王奕䜣的考虑一样，他之所以能与慈禧达成前面的默契合作也正是因为如此。在看待慈禧为人的问题上，奕䜣与肃顺都犯了一个同样的错误，那就是太小看这个女人了。等他们意识到这个严重错误的时候，都已经为时晚矣。

慈禧太后对董元醇的这道奏折的态度，就是给"淹了"。这其实也反映了她的高明之处，因为她也想反过来看看顾命八臣对这道奏折是什么态度，而且这个举动无疑使得她变被动为主动，狠狠"将"了顾命大臣一"军"。

没几天，肃顺等人就坐不住了，因为这道奏折的内容太敏感了，皇太后"淹了"它，无疑是在暗示太后对董元醇的提议多少不无兴趣，可能是恪于"祖宗家法"和顾命八臣的权威才不置可否。因此，如果不对董元醇这道奏折作出明确严厉的处置，大小臣工就不难揣摩出皇太后的意思，此后"效尤"者必众，一旦形成风气，则顾命八臣就难以控制局面了。

于是，他们在略作商议后，肃顺决定在这天"见面"时，无论如何也要对董元醇的奏折作出斩钉截铁的处置，为此不惜给两宫太后、尤其是慈禧一点颜色瞧瞧。

不料召见时肃顺刚提出这事，慈禧就先声夺人，宣布两宫太后全盘接受董元醇的建议。她命令将董元醇所请的太后垂帘权理朝政等事宜，立即交王公大臣会议决定，还要求这个会议同时要开出简派亲王参与辅政，以及给嗣皇帝添派师傅的具体名单，等候皇太后裁决。肃顺等人这时才明白，原来太后已早作打算，还要打他们一个措手不及，不等顾命八臣有所表示，慈禧就要军机处按上述意思拟旨。

怡亲王载垣大概觉得自己以首席顾命大臣的身份，此时应该对太后的懿旨有所辩驳，却被肃顺制止了。于是，八人假装"奉旨"，退出殿外再议。再议的结果，是决定对皇太后的懿旨完全不予理会，按既定宗旨另起炉灶，拟旨"痛驳"董元醇。

一般来讲，军机大臣负责御前"承旨"，而草拟谕旨则是军机章京（军机大臣的助手）根据军机大臣转述所承之旨的内容写就，交由军机大臣审查润饰后，再呈皇帝裁定颁行。所以顾命八臣立即找了个值班军机章京叫吴兆麟的来，由八大臣完全按他们自己的意见"述旨"，命他草拟。吴兆麟虽然是吃这碗饭的，却毕竟是局外人，所以他拟的旨在肃顺看来有些不痛不痒，远不够严厉，达不到"痛驳"的效果。于是，肃

顺决定把这份旨稿弃而不用，并点名要"麻翁"焦佑瀛亲自动手。焦佑瀛本来就是军机章京出身，拟旨在行，加上此时要讨好肃顺，所以格外卖力，按肃顺的意思写开来。焦佑瀛拟的旨稿，径直以"我朝圣圣相承，向无皇太后垂帘之理"这顶大帽子开头，索性将此前顾命八臣与皇太后之间已经达成的"顾命与垂帘兼而有之"的权力分配协议一笔勾销。以坚决的语气表示"朕以冲龄，仰受皇考大行皇帝付托之重，御极之初，何敢更易祖宗旧制？"同时强调"且皇考特派怡亲王载垣等赞襄政务，一切事件，应行降旨者，经该王大臣等缮拟进呈后，必经朕钤用图章始行颁发。"其实这不但是公开否认了八大臣与太后之间的协议，还抨击了慈禧不该用皇帝印章的行为，这样一来，慈禧太后连往圣旨上盖个印章的资格也没有了。

而关于董元醇奏请于亲王中简派一二人参与辅政一节，焦佑瀛则以"伏念皇考于七月十六日子时召载垣等八人，令其尽心辅弼，朕仰体圣心，自有深意，又何敢轻易增添？"而董元醇"必欲于亲王中另行简派，是诚何心？"所以"所奏尤不可行"，同时又严肃指出，"以上两端，关系甚重，非臣下所得妄议！"也就是说，以后谁也不准再提垂帘听政与另选亲王辅政这两件事。

慈禧当然能料到肃顺不会就这样乖乖地就范，因为起码这不是她所了解的肃顺的性格。但当八大臣将焦佑瀛执笔所拟的"上谕"旨稿呈给两宫皇太后"御览"时，慈禧还是吓了一跳，因为她根本不会想到肃顺等人竟然会公然"矫诏"。不但把自己以皇太后之尊当面交代的话完全不当回事，而且还拟了这样一道与自己的原意背道而驰、甚至公然假借自己六岁儿子的名义训斥自己的"上谕"。

这样一来，两宫太后理所当然地拒绝承认这道"上谕"，而顾命八臣则胁迫两宫必须在"上谕"旨稿上加盖印章，双方陷入十分激烈的争吵。

因为八臣所拟的上谕，与先前两宫当面交代的意思大相径庭，所以慈禧一见面就径直问："这道上谕，是谁让这么写的？"

怡亲王载垣乃顾命八臣之首，所以照例应该由他来回奏。但这个话实在不好回，因此只好答非所问："回圣母皇太后的话，是奴才等共同拟定的。"

慈禧又问："你们拟得好！我问你们几个，什么叫'上谕'？"

这话问得极有水平，以载垣的才智，不可能作出什么有力的狡辩，唯有老老实实地回奏："皇上说的话就叫'上谕'。"

这下让慈禧抓住把柄，她指了指偎依在旁边东太后跟前的嗣皇帝，说："皇帝才六岁，六岁的皇帝会说什么话？谁来替他说话？"

肃顺眼看载垣招架不了，忍不住越次回奏："回圣母皇太后的话，正为了皇上年幼，不能亲裁大政，所以大行皇帝才派定奴才几个赞襄皇上。"这个话谁都听得懂，就是应该由他们几个来替皇帝说话。肃顺的意思很明白，在他那里，皇太后垂帘听政已成妄想，而且隐隐然再度将此前双方已经达成的权力分配协议全盘推翻。

不过肃顺此言的意思正是咸丰当初的安排，他义正词严，所以慈禧不但无可辩驳也无可奈何，只好退一步转移到另一个话题："那我问你，董元醇奏请派近支亲王跟你们几个一起办事，也错了吗？"她这句话的意思，就算你们说垂帘听政不合祖宗家法与大行皇帝的遗命，但要嗣皇帝的亲叔父一起秉政，总无可厚非吧？

慈禧这话问得很有反击的力道，奕䜣是小皇帝的嫡亲叔父，若要亲人照看，无论如何也不能没有他参与辅政。载垣、端华、肃顺等人早是宗亲，但身份不如正统皇室的奕䜣，此时自然不好回答，否则就有"揽权"的嫌疑了。

这时杜翰觉得自己能说，因为他是咸丰皇帝的师傅杜受田的儿子，杜受田助咸丰皇帝与奕䜣夺位有功，所以他的身份自然与众不同，于是他站出来说道："回圣母皇太后的话，臣等奉大行皇帝的遗命，赞襄一切政务！皇太后若听信人言，臣等不能奉诏！"

事情到了这个地步，双方已无商量的余地。慈禧就是再强悍十倍，此种情势也不能不顾自己皇太后的身份于殿庭之上与大臣相骂。这种局

面也是两宫太后和八大臣都没料到的。双方的这次"见面"就这样在极不愉快的气氛中草草结束了，同时也说明双方的合作关系彻底破裂了。从此，在皇太后与顾命大臣之间，对抗完全代替了妥协。

这一番撕破脸面的激烈争吵除了加深彼此之间的敌意以外，并没有解决任何问题。到第三天（八月十二日）早晨，双方对峙的情况进一步恶化，两宫太后不但依然拒绝在顾命八臣拟定的痛驳董元醇的旨稿上盖章，而且还拒绝再与八人"见面"。只是将头一天送上去的其余奏折和上谕发给军机处，却独缺"痛驳"的那道旨稿。此时肃顺对两宫太后、尤其是慈禧的态度已不止是不满，简直是恼怒至极。于是，经过与其他七位会议以后，肃顺断然决定采取一个更为极端的措施，来逼迫慈禧就范，那就是顾命八臣集体罢工，中枢大臣一旦"撂挑子"，就意味着整个中央政府都陷入彻底瘫痪的状态。

清朝自有军机处以来，还从来没有发生过类似严重的政治事件。肃顺这个举措极其厉害，就像死死地卡住了两宫太后的脖子一般。一时之间上自皇太后皇帝、下至文武臣僚，乃至两宫太后身边的太监宫女和政府的小吏杂役，莫不人心惶惶，整个承德避暑山庄似乎都笼罩在一片"山雨欲来风满楼"的阴霾之中。两宫皇太后与顾命八臣之间不可调和的矛盾也等于公之于众。

慈安心地善良，她觉得这样下去不行，便劝解慈禧，而慈禧在作了一番反复权衡之后，也终于作出了违心的让步。

此时慈禧所抱定的宗旨，就是"一切等回京后再说。"所以到了十五日中午，两宫太后终于向顾命八臣妥协了。她们按八大臣的意见，在那道"痛驳"的旨稿上盖了图章，并发交下来。至此，由董元醇奏折引起的、两宫太后与顾命八臣间持续三天的公开对峙终于结束了。

肃顺等顾命八臣以为他们胜利了，以为从此以后，再也没有人来挑战他们的绝对权威了。于是，他们沉浸在一片胜利的喜悦之中，全然不知杀身之祸正在向他们步步紧逼。

慈禧之所以能成功掌控清朝的最高权力达 47 年之久，就在于她能在任何复杂的情况下，都能对自己的权力极限有准确而清醒的判断，并能把握好自己绝不去试图超越这个极限。以慈禧后来嚣张跋扈的品性来看她此时的忍耐，就可以想到这时的她是非常痛苦的，可是她也知道这样的忍耐不但让她在位居弱势的情况下保护了自己，而且还让她争得了朝野上下十分难得的同情。因为谁都看见了肃顺现在是如何跋扈不臣的，是如何欺负深宫中的孤儿寡母的。包括有些本来站在肃顺立场上，反对垂帘的大臣，此时的态度也不由得会产生一些微妙的变化。

## 八臣无知放权，慈禧顺水推舟

肃顺等顾命八臣这次占了上风，于是有些忘乎所以了，以为皇太后与恭亲王"也不过如此"，却不知慈禧与奕䜣正在谋划的秘密行动。

当然，恭亲王一派的动作不仅远不止此，而且紧锣密鼓，让顾命八臣应接不暇。就在恭亲王离开承德的当天还发生了另外一件事，顾命八臣收到了兵部侍郎胜保"吁恳兼程北上，叩谒梓宫"的奏折。胜保跟恭亲王一样，表面上是想到大行皇帝的灵前一尽臣子的忠孝之道，其实另有目的。以他握有兵权的身份，此举无疑是公然对八大臣敲山震虎，炫耀武力，示威的意思非常明显。而且胜保在上奏折的同时，就已经从他的防地"兼程北上"了，根本不在乎承德方面是否批准自己的请求。

胜保的骄横跋扈不在肃顺之下，他喜欢学汉朝的周亚夫和雍正年间的年羹尧，常说些什么"军中但闻有将军令，不知有天子诏"之类的话。此前他甚至还公然扬言要率军"清君侧"，即去打击肃顺一伙，肃顺无兵可用，所以肃顺不敢跟他公然翻脸，只好来个顺水推舟，"准其前来行在"。

这一切，其实都在奕䜣的掌握之中。而慈禧太后又提出尽快恭奉大行皇帝梓宫回銮，以便能及早在太和殿举行嗣皇帝登基大典，使"大位不至久虚"，从而能安定天下人心、稳定朝野大局。虽然肃顺的得力干将如侍郎黄宗汉等人清醒地意识到如果此时仓促回京，局面将对顾命八

臣很不利，希望肃顺能设法继续推延。但此时的肃顺，因为有恃无恐，而且仗着"痛驳"董元醇的余威，完全一副"老子天不怕地不怕"的"愣头青"态度，同意了慈禧的要求，还心想看谁敢把老子怎么着。

于是，在八月十三日发上谕：定于九月初九日甲子卯时，在紫禁城太和殿举行嗣皇帝登基大典。第二天再发上谕：定于九月二十三日辰时，嗣皇帝亲率诸臣，"恭奉皇考大行皇帝梓宫回京"。

这两件大事的日期确定了，对于两宫太后和恭亲王来讲，顾命八臣彻底失败的日期也就同时确定了，只是顾命八臣自己不知道而已。

当然，顾命八臣也并非完全没有任何布置：八月十八日，肃顺等就拟定了回銮的具体安排。由载垣、端华等人护送两宫皇太后和嗣皇帝，在辞别大行皇帝梓宫后，抄近道先行回京，以便梓宫回京后嗣皇帝能在东华门跪迎灵驾。而大行皇帝的梓宫，则由肃顺亲自护送，"从容回京"，以昭郑重。

顾命八臣这样安排的目的，一是考虑到万一回京之后，皇太后与奕䜣有什么非常的举动，则顾命八臣最坏也不至于被同时一网打尽；再就是有意将皇太后皇帝与大行皇帝的遗体隔离开来，并由肃顺亲自控制着大行皇帝的遗体。在他的分析，皇太后与奕䜣纵使事先有什么"异谋"，也断不能成功。当年清圣祖康熙驾崩于畅春园，诸皇子争夺大位十分激烈，而世宗雍正所以能顺利即位并迅速掌控局势，使得他那些满心不服的兄弟不得不就范，其中很重要的一个原因，就在于雍正皇帝牢牢地控制住了殡天的康熙皇帝的遗体。

肃顺认为所有事情都安排妥当之后，还做了一件让两宫皇太后皆大欢喜的事情。咸丰十一年九月初一，内阁奉上谕，恭上两宫皇太后徽号（也称尊号）：母后皇太后（嗣皇帝的嫡母"东太后"）徽号为"慈安皇太后"，圣母皇太后（嗣皇帝的生母"西太后"）徽号为"慈禧皇太后"。以内阁名义对这两个徽号的解释是，"慈为福本，共欣仁惠之滂流，安乃寿征，永卜康强之叶吉；绵慈晖于天上，化日方长，延禧祉于宫中，祥云普荫。"

至此，臣民也就正式开始分别以"慈安"、"慈禧"来称呼两宫太后了。

这个时候，顾命八臣与两宫太后的关系表面上似乎也大大地缓和了。而肃顺大概也意识到自己先前的那出"集体罢工"的戏唱得太过火了，使得内外臣工都知道自己与皇太后公然决裂，对自己非常不利，想趁此机会有所弥补，从而再制造一个两宫太后与顾命八臣其实是上下一心、精诚团结的政治假象，以迷惑天下臣民。于是他走了一着自认为"绝妙"的好棋。可惜他生不逢时，遇到慈禧太后这样一个几乎天生就非常高明的政治家，以至他的这着得意的"妙棋"在慈禧太后面前竟然变成了一着臭不可闻的"臭棋"。而且因为这一着走错，最终导致满盘皆输。

肃顺自以为得意的这着棋是，先于九月初四发一道上谕："端华调补工部尚书，并补授步军统领。行在步军统领，亦着端华暂行署理。"这本身就是自己封自己的官，主要目的是为了巩固并扩大自己一派的权力，主要是将卫戍的兵权抓在手里。但肃顺的意思尚不止于此，他还想借此向两宫皇太后表功，从而进一步获得皇太后对他们几个在这段时间以来工作的公开肯定和表扬。

因此，在第二天与两宫太后"见面"时，他和载垣、端华三人采取了一个"以退为进"的策略，向两宫太后当面奏称，自己三人自入受顾命以来，所兼领的差使实在太多，简直就是日理万机，因此恳请皇太后将自己三人所兼领的各项差使"酌量改派"，以减轻自己的工作负担。话虽说得婉转好听，但意思却十分明白，无非是要皇太后公开下诏肯定、并表扬他们的工作。

如果按照从前皇帝处理类似问题的惯例，他们三个的脸皮既已厚到这个地步，皇太后一定是要他们拟发一道明发上谕，不仅要对他们大肆表彰，而且要"温旨慰留"，并在上谕的末尾一定要加上这样一句语气坚决的话："载垣、端华、肃顺等毋庸固辞。钦此"。

按肃顺的算盘，天下臣民就会无不相信两宫皇太后对顾命八臣信任甚深，倚重甚深。从此以后，既不会再有人说他们八位揽权，更多少可

慈禧太后身世之谜

以向外界厘清关于皇太后与顾命八臣不和的"传言",从而制造出一副两宫太后与顾命八臣上下一心、和衷共济的假象。

谁知肃顺的这套把戏却被慈禧太后一眼看穿。她不但并不上当,反而假装"不懂规矩",不按牌理出牌,一点都不跟他们三个"客气",顺水推舟地"着照所请",完全批准了他们的"请求":面谕"载垣著开銮仪卫、上虞备用处事务;端华著开步军统领缺;肃顺著开管理理藩院并向导处事务。"慈禧太后的这着"将计就计"不但让肃顺等人后悔不已,而且也让他吃惊不已——他们根本没料到这个处于深宫之中才27岁的小寡妇,竟然会有这样厉害的政治手段。

现在肃顺等人此举一出,就已经不是"偷鸡不成蚀把米"那么简单了,因为他们蚀得实在太多了。首先,步军统领下面管辖两镇总兵,担负保卫京师的重任,可谓是极重要的兵权。这也正是肃顺三人为什么要自己给封自己这个官的缘故。现在没了这份兵权,顾命八臣就成了真正的赤手空拳,唯有傻呵呵任人宰割了。

这步棋让慈禧太后更高走一着,因为她立即将这个职务派给了她的妹夫醇郡王奕譞,这等于她已把一份极重要的兵权握在了自己手里。

再就是銮仪卫掌管皇帝的仪仗车驾,一旦发生政变,如果将銮仪卫抓在手里,就能摆得住场面,示臣工以"天命"所在,自己处于"正统"的一方,对方则理所当然地成了"叛逆"。

奕䜣像

而管理理藩院事物则是专门负责与蒙古王公打交道。在清朝，蒙古王公对朝廷的影响非常大。如果当政者没有蒙古王公的支持，简直就是一件不可想象的事情。

向导处则专门负责皇帝出巡时"打前站"的工作。没有这个差使，难怪后来回銮时护送梓宫在后的肃顺，对前方、尤其是北京发生的事情懵然不知。甚至连北京的政变已经发动，先回京的载垣、端华已经被捕，两宫太后逮捕自己的命令已经发出这样严重的情况也一无所知，终至于他自己还在睡梦中就成了阶下囚。

可见，就其自身的弱点而言，肃顺之所以会失败，不仅在于其狂妄，也在于其无知。

不管怎样，双方的斗争总算告一段落，但咸丰帝已死亡许久，不能一直停在热河行宫，预定皇驾回銮的日期很快就到了。九月二十三日一早，根据事先议定的程序，两宫皇太后率嗣皇帝，在大行皇帝梓宫前行完奠酒礼，就由载垣、端华等扈从，匆匆从间道先回北京。剩下肃顺、醇亲王奕𫍽、陈孚恩等护送梓宫在后面缓缓而行。顾命八臣此时已无可调之兵，所以承担沿途警戒护卫的军队，表面看起来有好几支，其实最关键的还是醇亲王刚刚从端华手里接掌过来的步军和胜保控制的部队，殊不知这两支军队正等着捕捉他们原先的领导者等人。

九月二十九日，两宫皇太后和小皇帝安然抵达北京德胜门。奕䜣率"留京"的王公大臣和文武百官出城迎接，奕䜣自然表现得比较悲痛，不过也是表演罢了。

这里不妨比较一下慈禧太后来去承德的日期，去年（咸丰十年，1860年）秋天，英法联军打到通州，咸丰皇帝从圆明园逃往承德，如丧家犬般逃命之时，当然越快越好，但尚且花了八天时间才走完这段路途；而慈禧太后此时在后无追兵、相对从容的情况下，她与东太后慈安和小皇帝居然只用了六天时间就赶完这段路程，可见慈禧太后对拿下顾命八臣，进而垂帘听政，是多么心急如焚啊。

## 慈禧雷霆出击，奕䜣拿下八臣

慈禧之所以能在晚清政坛上翻云覆雨半个世纪而不倒，还在于其做事果断，认准了的事就雷厉风行。就在入京这一天，还没有等进入紫禁城，慈禧太后就迫不及待地紧急召见恭亲王奕䜣、大学士桂良、贾桢、周祖培和唯一留京的军机大臣文祥等重臣。在慈禧太后的煽情感染下，慈禧太后对着这帮重臣痛哭流涕，历数顾命八臣如何地跋扈不臣，如何地欺负她和慈安与小皇帝这三个孤儿寡母。慈禧的天才表演让听者无不动容，觉得她们母子太过可怜，肃顺八人又实在太过可恶。

本来就与肃顺有"不共戴天"之仇、并因此一直积极活动"倒肃"的周祖培，此时一副"君辱臣死"、义愤填膺的样子，他以堂堂"相国"之尊，竟然顾不得御前奏对的仪制，径直对慈禧说："皇太后何不重治其罪？"

慈禧太后演了半天戏，其实要的就是他这句话，便立即装作不懂而且可怜的样子问："他们既是大行皇帝的顾命大臣，又是赞襄政务王大臣，也可以治他们的罪吗？"

这问题问得极简单，但她要的就是一句肯定的话，所以这问话也不过是走走形式罢了。那周祖培心中早有谋划，自然备有办法，只听他说："皇太后可先降旨解除他们的职务，就可以治他们的罪了。"

就是这么简单，慈禧太后再次正中下怀，心里叫了一声好，马上点头称善。

于是，第二天（咸丰十一年九月三十日，1861 年 11 月 2 日），一场改变清王朝乃至整个中国未来命运的政变，就正式上演了。

咸丰十一年九月三十日（1861 年 11 月 2 日），载垣、端华等七个顾命大臣刚回到紫禁城隆宗门内的军机处"值庐"时，正好碰见恭亲王奕䜣带领周祖培等一大帮重臣来到宫廷。载垣、端华等意识到非比寻常，不能坐视不管，所以立即将他们拦住。载垣以顾命大臣之首的身份说道："此乃大清宫禁重地，外廷臣子，不得擅入。六叔这是干什么？"

按照爱新觉罗宗室的排行，载垣比奕䜣小一辈，所以称他为"六叔"。可这位"六叔"却并不买他这个"侄儿"的账，只是冷冰冰回答他四个字："奉旨觐见。"联系到这两天异乎寻常的氛围，载垣此时已知道奕䜣乃有备而来，事态已是十分严重。但他勉强还能保持自己亲王重臣的派头，故作镇静地说："六叔这不是开玩笑吗？我朝列祖列宗的家法，皇太后不能召见外臣，您老想必也是知道的。"他抬出"祖宗家法"这顶大帽子，奕䜣自知理亏，所以冷笑不答。局面一时就僵住了。

正在这时，有宫内太监适时出现，郑重传谕召见奕䜣等人。载垣此时已然气急败坏，再也顾不得自己的仪制身份，一把抓住传谕太监的衣领，厉声喝问："混蛋，你给本王说清楚，你传的到底是皇上的'上谕'，还是太后的'懿旨'？"

这时的小皇帝才六岁，自然不会传什么"上谕"，但若说传的乃是皇太后的懿旨，则就明显违反祖制。可惜，现在说什么都晚了。

眼见那太监惶惶然不知所措，于是载垣一把摔开太监，转身再次向奕䜣等重申："恭六叔，我朝列祖列宗家法森严，皇太后不得召见外臣，否则与垂帘听政有什么分别？"端华也用手指着奕䜣，重复载垣的话警告说："外廷臣子，不得擅入宫禁！恭老六，你可别犯糊涂。"奕䜣不屑地说道："这些话，你们几位还是留着明个儿给皇太后当面说去吧。"语毕，撇开呆若木鸡的顾命大臣，带领诸臣扬长入内。

也许到了此时此刻，气急败坏的顾命大臣们才发现他们早已处于被一网打尽的危局之中，无计可施而又心有不甘之余，只好一齐回到军机处静观其变。虽然他们意识到必须马上给在后缓缓而行的肃顺传递讯息。但为时已晚，因为整个京师的局势都已经完全被皇太后和恭亲王掌控了。他们自己成了砧板上的鱼肉，已经回天无力。

由于一切早已布置妥当，所以奕䜣等诸重臣与皇太后的此次见面，虽然阵容庞大，却只不过是"走程序"而已。慈禧太后再次开始表演，

慈禧太后身世之谜

她对着一帮重臣痛哭流涕，历数肃顺等顾命八臣在承德飞扬跋扈、矫诏揽权的种种罪状。在获得诸重臣的一致支持后，立即颁布三道事先早已拟好的上谕，主要内容如下：

一、谕内阁及王大臣等：妥议皇太后亲裁大政并另简近支亲王辅政事宜具奏；

二、谕内阁：解除赞襄政务王大臣职务，并派恭亲王奕訢等会议皇太后垂帘听政事宜；

三、谕：将怡亲王载垣、郑亲王端华等革去爵职，交宗人府会同大学士、六部、九卿、翰、詹、科、道，严行议罪；

四、特谕：睿亲王仁寿、醇郡王奕譞，将扈从梓宫的肃顺立即革去爵职，并即行逮捕，押解来京。与载垣、端华同交宗人府，会同大学士、六部、九卿、翰、詹、科、道，严行议罪。

奕訢等人在御前承旨出来后，径直来到军机处。载垣等在屋里远远望见他们，知道来者不善，但他们并不甘心就这样失败，所以也不甘示弱地迎了出来。

此刻大家已到了摊牌的时候了。奕訢在顾命大臣面前站定，铁青着脸宣谕："上谕。载垣、端华、景寿、穆荫、匡源、杜翰、焦佑瀛接旨！"眼见事情已经到了难以挽回的绝地，载垣反倒冷静些了。他看着奕訢冷笑着说："七月十六日早有明发谕旨，自大行皇帝殡天时起，凡上谕须均经我们几个在御前承旨拟定，如今我们几个都不曾在御前承旨，六叔的这道上谕，却从何而出？"端华则依旧气势汹汹地威胁说："恭老六，你是宣宗成皇帝的皇子，大行皇帝的胞弟，如今大行皇帝尸骨未寒，你们叔嫂就敢公然串通一气，乱命矫诏，你们忠孝何在？天良何在？又何以面对宣宗成皇帝和大行皇帝的在天之灵？"

所谓的"乱命"，是指皇帝在非正常的情况下发出的、或不符皇帝本意、或违背情理逻辑的命令。而"乱命"是臣下所能拒绝执行的。而所谓"矫诏"，则是我们通常所说的"假传圣旨"。不管是蒙蔽、胁迫皇帝下发"乱命"者，还是"矫诏"者，论律都是造反的罪名。只要能坐实一条，奕䜣都是吃不消的。

奕䜣此时也没工夫去跟他们逗口舌之利。眼见载垣、端华并无丝毫奉诏就范的意思。为了免生事端，早有布置的奕䜣是图穷匕首见，便不跟他们废话，甚至连上谕也不跟他们宣读，只吩咐侍卫将载垣、端华二人拿下，早就在隆宗门内准备好的侍卫一拥而上。

载垣、端华大喝："我等乃大行皇帝顾命的赞襄政务王大臣，没有大行皇帝的遗命，哪个敢拿？"众侍卫早被恭亲王收买，也不理会他们，三下五除二就将两人脱下衣冠，拥出隆宗门。载垣、端华回头还想找寻自己的随从，却早已被驱散了。

就这样，这两位世袭罔替的"铁帽子王"，顷刻之间，就从权力的顶峰跌入谷底，被押进宗人府关押起来。

奕䜣又回过头来再问穆荫等其他五个顾命大臣，奉不奉诏？他们几位既群龙无首，也就唯有乖乖就范，其实这时他们也知道，就不就范都是一个结果，服输就是了，于是他们跪下来听奕䜣宣读完上谕，然后再规规矩矩地回家闭门待罪。

按照事先的安排，武英殿大学士贾桢、体仁阁大学士周祖培、户部尚书沈兆霖、刑部尚书赵光等人在同一天联名上疏，正式以书面的形式，公开吁请皇太后"亲操政权以振纲纪"，而且是"不居垂帘之虚名，而收听政之实效"。于是在其鼓噪下，朝野上下普遍支持垂帘的声势几乎在瞬间形成。

这样，慈禧太后在一帮各图其利的臣子拥戴下，终成就了破坏清朝二百余年祖制的女人"垂帘听政"。

至此，政变的关键一步，也就是推翻顾命制度的主要程序实际上已经完成。接下来就应该"上演"另外一个重头戏——逮捕顾命八臣的主脑人物、正护送梓宫在途的肃顺了。

## 肃顺被捉问斩，奕䜣得志封王

载垣、端华被拿下之际，肃顺正与睿亲王仁寿、醇郡王奕䜣等人护送咸丰皇帝的梓宫行至密云县，距离北京仅有一百余里。肃顺也许认为，他有大行皇帝在手，谁敢对他怎么样呢？可是死人是保不了他的命的，慈禧根本不会管他在做什么。

由于之前的错误做法，此时的肃顺还完全不知北京已经发生极其严重的政变，他所代表的顾命辅政制度已被皇太后与恭亲王等人联手彻底推翻，包括他在内的顾命八大臣已被解职，他本人和他的同党怡亲王载垣、郑亲王端华已被革去爵职，载垣、端华已锒铛入狱。

当逮捕肃顺的上谕递到密云的时候，已经是半夜。肃顺还拥着他的两个小妾睡得正甜呢，按古代法律，大臣在国丧期间私会妾女，是为不忠不孝，乃是"大逆不道"的罪名，光凭这一条肃顺也是个死罪。所以这后来也成了肃顺的"大罪"之一，但这是不是奕䜣或慈禧故意让人给他安排的，也不好查明。

根据奕䜣的部署，负责此次逮捕行动的正是与肃顺一同护送梓宫的睿亲王仁寿和醇郡王奕䜣二人。年轻的醇亲王奕䜣接到命他逮捕肃顺的上谕时，高兴得不得了。因为这不但是他一出胸中恶气的好时候，也是他有生以来第一次有机会"大显身手"的好时候。于是，他兴致勃勃地立即会同睿亲王仁寿，兴师动众地带领大队人马，将肃顺的驻地严严

奕䜣（左）和奕䜣（右）骑马像

实实地包围起来。其实肃顺的七个同党既已一网成擒，加上他此前所犯的一系列错误，此刻肃顺早就成了砧板上的肉，何况奕䜣已作了十分周密的布置，奕譞大可不必大动干戈，闹成草木皆兵的样子。

奕譞气势汹汹地破门而入，将肃顺从睡梦中叫起来。肃顺此刻虽然已经到了穷途末路，但仍然不改他桀骜不驯的本色，镇定而傲然地听着比他还要紧张的奕譞结结巴巴地宣完上谕后，也跟载垣、端华一样，不但拒不奉诏，称此乃"乱命"、"矫诏"，而且还像一头疯了的狮子一样，大肆咆哮，甚至还破口大骂。醇亲王和睿亲王的办法其实也跟奕䜣一样，就是不理他，径直将他拿下。于是，在肃顺的一片大骂声中，他被强行押上囚车，连夜押解回京，跟他同父异母的四哥端华以及载垣一起，关押进宗人府。而21岁的醇亲王奕譞，也终于算是完成他平生第一件、也是最得意的一件"大事"了。

据《清史稿》和另一位与当时一些重要人物，如曾国藩等均来往密切的人物薛福成的记载，肃顺被押进宗人府一见到载垣、端华二人时，就大骂他们是废物，还说"如果早听我的话，何至于有今日？"由此可知，肃顺此前的确有对慈禧太后和奕䜣"先下手为强"的计划，只是不知何故没有被载垣、端华采纳。

载垣此时也正气不打一处来，回敬肃顺一句："得了吧，若是不听你话，我这个'铁帽子王爷'还当得好好的呢。我落到今天这个下场，就是因为太听你话的缘故。"端华则劝解说："事已至此，还吵些什么？老六，你还是快想个法子挽回补救是正经。"

肃顺此时虽然已沦为阶下囚，心里虽然害怕，但他并不绝望。以他现在的处境，当然没有别的办法可想，不过他却一定有一个指望，那就是拖延时间。按惯例，审判他们这种重案，绝非三两天就能结案定罪的。此时已是十月初一，而早有上谕明定于十月初九举行嗣皇帝登基大典。登基大典乃是国家最大的喜事，因此在大典期间是绝对不能杀人的，何况要杀像他们这样的顾命大臣？并且就算是在平时，朝廷要处置他们，按例都应该征询各主要疆臣的意见。

肃顺对手握几十万湘军的曾国藩有提携之恩，他相信曾国藩在关键时刻必定会挺身而出，力保自己，还有湖广总督官文，在汉人气盛的今天，更是被朝野视作旗人中的凤毛麟角。但几乎所有人肚子里都明白，官文这个"凤毛麟角"，完全是仰仗湘军的力量成事。所以，假如曾国藩找他一起上疏稳定朝局，回护顾命八臣，他也不能不买曾国藩的账。

按肃顺的算盘，有曾国藩和官文一汉一满两大重臣，率领一班掌握清朝国运的湘军将领联手相救，那么他们三人纵使不能免除一切处罚，恢复昔日"赞襄政务王大臣"的职务，至少也能重出与奕䜣等"新贵"一起"办事"，或者顶多就是自己作个让步，赞成垂帘听政而已，再不济也不至于会丧命。

所以，在肃顺看来，自己一派虽然表面上已经一败涂地，但只要能拖到十月初九，就并非没有化险为夷、甚至卷土重来的可能。而现在距离十月初九，只有短短的九天时间。

其实，按常理来说，这些推测很有道理。可惜他还是太低估了慈禧太后的毒辣程度和除之后快的决心与手段，并且肃顺平时傲慢不逊，得罪不少人，恭亲王奕䜣，以及满朝文武对肃顺皆恨之入骨，慈禧太后更是恨他把持朝政，对自己诸多"无君臣之礼"的蔑视与欺凌；奕䜣是恨他对自己的排斥与打击，顾命大臣有八个之多，却硬是被他挤得没有自己的份儿。虽说那是大行皇帝亲自裁夺的名单，但显然也是肃顺从中作梗的缘故；其他亲贵大佬，如桂良等旗人贵族，是恨他从来瞧不起旗人，不但常常公开骂旗人都是饭桶，还借"戊午科场舞弊案"执意杀了旗人中的代表人物文渊阁大学士柏葰；而如周祖培等汉人重臣，则恨他飞扬跋扈，目中无人，丝毫不给人留面子。有此三端合流，肃顺就非死不可了。既要他非死不可，就一定要他非速死不可，不给他一点翻盘的机会。而且还连带着他那位老兄郑亲王端华，以及怡亲王载垣也都跟着倒了大霉，非死不可。因为在顾命八臣的名单上，他们二位的排名在肃顺之前，名义上是领头的。所以，要置肃顺于死地，这两位"铁帽子王爷"也就断无活命之理。

清代军机处房舍

　　虽然顾命八大臣已被打倒，为首的肃顺等人也已锒铛入狱，但慈禧太后与恭亲王此时还真抽不出手来马上处置顾命八大臣。因为摆在他们面前的当务之急，是必须立即组成一套新的政府班子。这不是简单的急于要给组织、参与政变的有功之臣论功行赏——虽然这个因素也很重要，但主要还是因为必须有一套人马，来即时接收八大臣空缺下来的权力，以免形成权力真空；同时也是为了让奕䜣等人能有个名正言顺的身份，来主持对顾命八臣的处置。否则单是为了论功行赏的话，就大可以从容斟酌，至少不必如此迫不及待。当时的情况是，顾命八臣全部获罪去职，军机处原来的组成人员中，除了一个文祥外，其余都在顾命大臣之列。所以作为中央政府的行政中枢，军机处事实上已经瘫痪。

　　当然，人事安排的基本原则是早就定了的，那就是这个新政府班子必须是以恭亲王奕䜣为首。这正是慈禧太后与奕䜣之间的"交易"所在——奕䜣既已实现诺言，全力推动将顾命八臣以及他们所代表的制度彻底推翻，把两宫太后扶上垂帘听政的宝座，现在"革命成功"，就该两宫皇太后来兑现自己的承诺了。

　　因此，恭亲王奕訢无可争议地必须成为新政府的首脑，也就是俗称的"军机领班"。但光是个"军机领班"，也还不足以慰劳他的功绩，于是慈禧又想出个名目，那就是"加授议政王"衔，以示皇太后和皇帝对恭亲王的倚重之深。

　　为什么不直接封个"摄政王"呢？了解清史的人都知道，清世祖顺治皇帝即位之初，皇帝的叔父多尔衮封的就是摄政王。这有两个原因，第一个原因正是考虑到多尔衮的前车之鉴，多尔衮虽然权倾一时，是个真正的"无冕之皇"，但其身后的下场却实在太不好了。他刚死的时候甚至还被追尊为"成宗义皇帝"，可是，仅仅一个月后，他就遭到顺治皇帝的无情清算——不但废黜刚给他的皇帝尊号（含庙号、谥号），还被削去原有睿亲王的封爵，甚至黜去爱新觉罗的宗籍，贬为庶人。直到乾隆年间，才被部分"平反"。

　　有这样一个"摄政王"的先例存在，奕訢自己就无论如何不会对"摄政王"这个头衔感兴趣；还有一个原因，"摄"者"代"也，摄政王是代行天子之权，如今皇太后既然临朝听政，代行天子之权的自然就是

北京恭王府内景色

皇太后了。就这一条来讲，奕䜣也只能"议政"，不能摄政。

　　不过，两宫皇太后对奕䜣个人的酬谢仍不止于一个议政王。咸丰十一年十月初八，也就是嗣皇帝在太和殿正式即位的前一天，内阁奉上谕：恭亲王奕䜣"著以亲王世袭罔替"，以"非常之恩"封了他一个"铁帽子王"。然奕䜣无论如何不敢受此非常之恩，以至于他在两宫皇太后和嗣皇帝面前坚辞不受。慈禧喜在心里，便降旨暂行缓议，却同时许诺，等皇帝亲政的时候再行办理。

　　尽管如此，慈禧还是坚持要给奕䜣"赏食亲王双俸"，就是给他亲王的双份工资，"以示优礼"。到此地步，奕䜣也不好再推辞了，于是欣然接受。

　　这样，顾命八臣制度运转没几个月，就被恭亲王奕䜣为首的领导班子接替，这个班子一开始运作，第一件事就是要对肃顺等顾命八臣进行处置。由于以慈禧太后和恭亲王为首的"胜利者"一方必欲置肃顺于死地，所以，就在新政府宣布组成的第二天，便立即开始对肃顺等人的彻底清算。

　　咸丰十一年十月初五，根据九月三十日那道上谕，由奕䜣亲自主持，召集内阁、六部、九卿、翰、詹、科、道，在宗人府召开联席会议，讨论对顾命八臣的处置。

　　当然，最重要的还是主持会议的恭亲王奕䜣的意见，此时的奕䜣无论如何不能让肃顺活命，这不仅是出于报一己私仇的目的，更是出于让刚确立的慈禧垂帘听政体制和他所领导的新政府班子能尽量取得合法地位的考量。试想肃顺如果罪不至死的话，那他们发动政变的行为就不但是师出无名，而且简直是对列祖列宗和大行皇帝的公然叛逆。因此，在奕䜣这里，肃顺就无论如何非死不可了。

　　奕䜣既然抱定了这样的宗旨，那么肃顺基本就是死定了，其实即便奕䜣打算放过肃顺，慈禧也不会放过他的。所以会议的结果是，给载垣、端华、肃顺三人拟了个凌迟处死的处分，也就是老百姓通常说的"千刀万剐"。其余景寿、穆荫、匡源、杜翰、焦佑瀛诸人，皆拟革职，

并发往新疆效力赎罪。

肃顺等人现在已经身陷牢笼，慈禧并不给他们任何自我辩解的机会。这也是慈禧等人必欲置其于死地的明证。加上又没有人敢站出来为他们作切实的辩护，所以只好按照"成王败寇"的规律，由人宰割了。

当然，严格说起来，奕䜣开会做出的还只是个"一审判决"，因为最终的量刑权还在两宫皇太后那里。于是在判决之后，奕䜣等人将这次中央政府各部门联席会议的结果奏上，两宫皇太后立即批准。并在第二天，也就是咸丰十一年（1861年）十月初六，正式颁布上谕，公告天下，历数会议所认定的顾命八臣罪状，同时宣布对他们最后的"判决"。

如果看下时间，会发现此时距九月三十日顾命八臣他们被逮捕仅过了六天时间，下离十月初九嗣皇帝的登基大典也仅只三天。肃顺唯一的指望——拖到嗣皇帝登基的大喜日子，然后再等曾国藩、官文、骆秉章等疆臣出面来营救他们的希望，至此已经成了泡影，曾国藩他们甚至根本还不知道北京已经出了这样的大事，政局已经彻底"变了天"，更谈不到会不会甘冒绝大的政治风险去营救他们了。由此也可见慈禧做事雷厉风行的手段。

两宫太后颁下的上谕称：载垣、端华、肃顺跋扈不臣，均属罪大恶极，于国法无可宽宥，并无异辞。朕念载垣等均属宗人（所谓"宗人"，即爱新觉罗家族的人），遽以身罹重罪，悉应弃市（"弃市"，也就是公开处决，具体的方式则是砍头），能无泪下？惟载垣等前后一切专擅跋扈情形，实属谋危社稷，皆列祖列宗之罪人，非独欺凌朕躬为有罪也。

载垣等未尝不自恃为顾命大臣，纵使作恶多端，定邀宽宥；岂知赞襄政务，皇考并无此谕。若不重治其罪，何以仰负皇考付托之重？亦何以饬法纪而示万世？即照王大臣所拟，均即凌迟处死，实属情真罪当。

惟国家本有"议亲议贵"之条，尚可从量末减，姑于万无可贷之中，免其肆市（"肆市"意同"弃市"）。载垣、端华均着加恩赐令自尽。即派肃亲王华丰、刑部尚书绵森迅即前往宗人府传旨，令其自尽。此为国体起见，非朕之有私于载垣、端华也。

至肃顺之悖逆狂谬，较载垣等尤甚，亟应凌迟处死，以申国法而快人心。惟朕心究有所不忍，肃顺着加恩改为"斩立决"（就是立即执行死刑）。

即派睿亲王仁寿、刑部右侍郎载龄前往监视行刑，以为大逆不道者戒。

处置完载垣等三名"主犯"，接下来自然是处置其他五名"从犯"了：至景寿身为皇亲，缄默不言，穆荫、匡源、杜翰、焦佑瀛，于载垣等窃权政柄，不能力争，均属辜恩溺职。穆荫在军机大臣上行走最久，班次在前（此指穆荫担任军机大臣的时间最长，是军机处的"领班"），情节尤重。该王大臣等请将景寿、穆荫、匡源、杜翰、焦佑瀛革职，发往新疆，效力赎罪，均属咎有应得。唯以载垣等凶焰方张，受其钳制，均有难于争衡之势，其不能振作，尚有可原。

御前大臣景寿，着即革职，加恩仍留公爵，并额驸品级，免其发遣。兵部尚书穆荫，着即革职，加恩改为发往军台效力赎罪。吏部左侍郎匡源、署礼部右侍郎杜翰、太仆寺卿焦佑瀛，均着即行革职，加恩免其发遣。

从上谕中分析，载垣、端华之所以受死，很大程度上是拜肃顺所赐；而匡源、焦佑瀛两人之所以获罪不重，仅只革职，固然是慈禧太后与奕䜣为了迅速稳定政局人心而显示"仁慈"的结果，更多少是沾了景寿、杜翰两人的光。因为如果要重治匡、焦，则对景寿与杜翰二人的从轻处罚就说不过去了。

不管怎么说，随着两宫太后上谕的昭告天下，清朝二百余年以来推行的顾命大臣辅政制度已经彻底被慈禧摧毁，以肃顺为首的顾命八大臣同时彻底失败！而载垣、端华、肃顺等"三凶"，那一点点活命的妄想，也迅即灰飞烟灭，就在发布这道上谕的当天，肃顺于菜市口刑场被斩，载垣、端华毙命于宗人府"空室"。

咸丰十一年（1861年）是辛酉年，故这次政变亦称"辛酉政变"。

此时的西太后慈禧年仅 27 岁，她以缜密的准备、闪电般的速度，发动了中外历史上罕见的宫廷政变，攫取了当时中国最高的权力。这次政变设计之缜密、呼应之巧妙、舆论之完善、行动之快捷、时间之准确、处理之精当，无不令世人拍案叫绝，扼腕叹服。直到今天，当我们重温这段历史的时候，依然不由得为之瞠目结舌。从中我们也可以看到慈禧的性格特点：果决、机敏、睿智、巧诈、冷静。

至此，慈禧以一己之智力，联合奕䜣等人，将左右天下的顾命八臣一网打尽，其出手之快之狠，史上少有，天下皆惊，从此大权在握，开始专权于朝廷。

而关于慈禧的身份，更鲜有人提及了，她神秘的经历在当时并不广为人知，人们只知道她姓叶赫那拉，知道"叶赫灭清"预言的人，也开始为大清朝的国运担忧不已。

# 三次垂帘听政，慈禧祸国殃民

## 第五章

# 首次垂帘听政，母子水火不容

## 垂帘听政，权欲熏心

辛酉政变是清朝晚期一次最高统治集团中争夺执政大权的宫廷政变，是君权与相权的一次大的冲突，以后宫和皇室的胜利告终。它的重大结果是清朝体制的一大改变。经过"辛酉政变"，否定"赞襄政务"大臣，而由慈安皇太后与慈禧皇太后垂帘听政，标志着大臣参与和主导治国的制度结束，这也是清朝政制上的重大改制，清政权更加集中于皇权和后宫之权，这在当时世界各国普遍走向民主共和的趋势下来看，其无疑是与世界潮流背道而驰的。

辛酉政变的结果虽然惊心动魄，但过程却极其平静，这得益于慈禧周密的部署和狠辣的手段，在短短的三天之内，不发一矢一枪，以极小的代价尘埃落定，朝野波澜不惊，浑若无事。这一成功的政变，同时也成就了慈禧人生中的第一次垂帘听政。

而慈禧的掌政，代表着大清朝彻底地走向没落。因为她在世界时局上的短视、在治国上的无能、在教育孩子上的失败，以及她极其自私的心理，即对权力的强烈欲望和奢侈无度的挥霍享受，促使她难以做出一

件真正能利国利民的措施。

慈禧通过政变，扳倒八大臣的掣肘，推翻了咸丰帝设计的权力制衡方案后，王朝的政权出现了真空。慈禧将以怎样的方式来填补权力的真空？答案早就有了，也许早在慈禧与恭亲王奕䜣酝酿政变之初，叔嫂两人就精心设计了未来的皇权执行方案，那就是他们借着山东御史董元醇之手在奏疏中提出的两宫太后听政、亲王辅政的方案。如此设计，叔嫂双方皆有所得。

政变成功之后，慈禧很清楚：当务之急是实施自己的听政计划。然而，在男女授受不亲的文化氛围里，后妃直面王公大臣是绝对不能被这个社会所接受的。

慈禧知道，女人是男人的附庸已被这个社会奉为至上的真理，不能逾越。即使是母仪天下的太后，也必须遵循男女有别、内外有别的古老信条。武则天曾经挑战过这一体制和信条，虽然她取得了很大的成功，

养心殿东暖阁慈禧垂帘听政处

但最后败得也很惨，她费尽心机建立起来的大周王朝，最终也随她的老去而土崩瓦解。对慈禧来说，那是个生动且让她为之惊恐的例子，不然的话，谁也不能保证她不学武则天。

依据男主外、女主内的社会分工，皇后责无旁贷地担起了统领内宫的职责。慈禧入宫中以后，对宫中规定十分熟悉，她当然知道后宫女人不能在皇帝以外的众多男人面前尽显姿容。然而慈禧要以皇太后身份临朝听政，就不可避免要与都是男人的群臣见面，那么怎样做才能既不违制，又能正常处理朝政呢？那便是垂帘听政了。

垂帘听政的制度，一说始于战国，一说始于汉朝。战国时期国王去世后，如果继位皇帝年纪幼小，可以由小国王的母亲辅政。但是根据宫廷的规定，朝中官员不得直接观看和接触皇太后，所以辅政的皇太后一般坐在皇帝理政厅堂侧面的房间里，在房间和厅堂之间挂一帘子，听官员们与皇帝谈论政务。于是，这种由母亲帮助皇帝辅政的制度，就被人们形象地称为"垂帘听政"。

最早的"垂帘听政"，要数战国时期的赵太后。赵太后听从触龙的讽谏，把幼子长安君送到齐国做人质，求得齐军帮助，解了赵国之危。

大一统朝代的垂帘听政是始于汉朝，刘邦死后，汉惠帝因怨其母吕后歹毒，于是不理政事，吕后便临朝听政。东汉时候，汉殇帝刘隆出生不过百日就继汉和帝之位为帝，皇后邓氏以皇太后身份临朝听政。邓太后毕竟年轻新寡，多有不便，遂命其兄邓骘为车骑将军，可随招入宫议事。延平元年，殇帝夭折，邓太后定立清河王刘祜为汉安帝，是年不足13岁，邓太后继续临朝。她一直到永宁二年（公元121年）病死，垂帘听政达16年之久。

东晋康帝司马岳仅做了两年的皇帝就死了，两岁的儿子司马聃即位，是为晋穆帝。由于穆帝年幼，无法亲理朝政，领司徒蔡谟等人要求太后听政，小皇帝的母亲褚蒜子以皇太后身份临朝称制。永和元年（公元345年）正月新年朝会上，皇太后褚蒜子抱着小皇帝登临太极殿前殿，大会群臣。大殿之上，为临朝的皇太后褚蒜子专设了白纱帷帐。褚蒜子悬挂帘子在朝堂听政，既象征性地回避了与男人的直接接触，又代小皇帝处理了朝政，在向传统文化妥协的条件下，促成了皇权的连续发展。于是，太后垂帘就成为中国历史上一种封建专制主义皇权统治的特例，被那些企图临朝称制的太后们奉为圭臬。

南北朝时期，北魏冯太后也曾经临朝称制。唐朝时，著名的女皇武则天在称帝前，也曾搞过垂帘听政。

宋朝就更多了，共有九位垂帘听政者，北宋四位，南宋五位。其中时间较长、影响较大者有仁宗时期的刘太后、哲宗时期的高太皇太后，此外有英宗时期的曹太后、徽宗时期的向太后、高宗时期的孟太后、光宗时期的吴太皇太后、理宗时期的杨太后、恭帝时期的谢太皇太后、端宗和末帝时期的杨太妃。

北宋时期的辽国萧太后，在其子辽圣宗即位时，也是皇太后身份垂帘听政，其间与宋真宗订立了有名的"澶渊之盟"。

慈禧要做的，就是效仿她们，做一国之主。但在清朝，很早就定下了女人不得干政的规矩，所以在慈禧之前，没有一个女人直接参与过政事。慈禧就是要打破这一规矩。

还在咸丰十一年九月三十日，慈禧抵京的第二天，她就颁布上谕，对于听政一事"着王大臣、大学士、六部、九卿、翰、詹、科、道，将如何酌古准今，折衷定义之处，即行妥议以闻"。经过大臣们一议再议、一改再改，经过半个月的反复磋商，一份史无前例的垂帘章程终于出笼，对两宫太后垂帘一事作出规定：两宫太后召见、引见臣下时，都需要隔着帘子进行。

为了显示两宫太后听政与历代皇帝处理朝政没有区别，慈禧决定在会见臣下时，在养心殿隔上薄薄的帘子，在东暖阁召见时，在东大墙前的栏杆上罩上一幅黄幔；在明间引见时，则用八扇黄色纱屏相隔。

到了十一月初一，清廷在养心殿举行了两宫太后垂帘仪式。此殿从雍正帝开始，就成为皇帝处理日常政务之所，批阅奏章，召见引见臣下，均在此进行。这一天，养心殿从里到外，布置一新，金碧辉煌。

养心殿内景

　　年仅 6 岁的小皇帝载淳端坐御案后的宝座上，他的身后放置八扇精致的黄色纱屏，透过纱屏可以看见两宫太后端坐在后，这就是慈禧的第一次垂帘听政。此时的慈禧一定是志得意满，因为刚刚年满 27 岁的她，将在这里开启大清帝国两百多年历史上空前绝后的皇太后"垂帘听政"的历史。谁也没有想到就是这个年轻女人，竟然在她以后的人生岁月里，牢牢控制大清朝政长达 47 年之久，王公大臣只得匍匐在她的脚下，顶礼膜拜。这就是慈禧！

　　慈禧虽能驾驭臣下，却对外国人无可奈何。在她统治期间，中国国力没什么进步，却饱受列强侵略，中国历史上许多不平等条约如中英《烟台条约》、《中法新约》、中日《马关条约》、《中俄密约》、《辛丑条约》等都是在她统治时期与外国签订的。她的无理篡政和无能统治，使近代中国蒙受了巨大的屈辱。

## 母子不和，同治堕落

慈禧能得以掌政，主要还是因为她生下了咸丰唯一的皇子载淳，母以子贵，才得以成为皇太后。慈禧第一次垂帘听政，也正是其子同治帝载淳成长时期，同治是清代清穆宗爱新觉罗·载淳的年号，在位时间为公元1861年至1875年。载淳的生母就是慈禧太后。同治年号的大部分时间里，都是两宫太后在问政，当然主要还是慈禧。

同治帝载淳即位之初才六岁，还是一个少不更事的顽童，政事由两太后管理，同治帝只是读书。朝廷对同治帝的读书十分重视，派礼部尚书祁寯藻、管理工部事务前大学士翁心存、工部尚书倭仁、翰林院编修李鸿均、编修李鸿藻教授汉文，礼部尚书倭拾珲部、左侍郎伊精阿臣、兵部尚书爱仁均教授满文，此外还教授步射、骑马。这些课程是皇帝的必修课。

慈禧太后很看重倭仁，他是蒙古正红旗人乌齐格里氏，此人为蒙古进士，信守传统，遵循旧制，被认为是当时大清帝国三位最有品德的人之一，也是清王朝之中最有权力、最具影响力的人物之一。倭仁除了帝师的身份，还是都察院左都御史、翰林院掌院学士、户部尚书。

以恭亲王为首的洋务派大臣，则希望用新的教育模式来教育年轻的同治皇帝，让他尽可能地熟悉中国之外的所有国家和人民，了解他们的历史、社会、政治和法律。可是，恭亲王的愿望，在慈禧太后和倭仁这里变成了泡影。作为王朝道德楷模的倭仁坚决阻止了恭亲王这种培养新君的试图和努力，倭仁和他的同僚们遵循祖训，严格按照固有的模式来塑造新帝，将他造就成一位年轻的、富于道德感的、有着传统美德的皇帝。

有趣的是，身为皇帝师傅的倭仁渴望完美，在大臣面前，他为了充分地显示他的节俭，特地成立了一个食糠会，他就任食糠会的会长。这

慈禧太后身世之谜

个食糠会的显著标志，就是必须以吃糠来代替吃白面，借以显示他们克己奉公、自强自励。可是，据道德大师倭仁的邻居揭露，这位自称终日食糠的倭仁会长，是位十足的骗子：每当他回家的时候，他的厨房总是飘逸着浓厚的肉香，他才不会吃糠呢！

不管怎样，有这么多名宿教授，同治帝一定学得很好吧？但出乎意料的是，同治帝学得很不理想。他在 6 岁到 14 岁期间，每天应景做皇帝，到养心殿摆样子，两宫皇太后垂帘听政。他还要抽出半天时间，到弘德殿读书。同治从小没有得到严父的教育，母后皇太后与圣母皇太后都没有文化，不得教育皇子读书的要领。她们常在重华宫漱芳斋办事、传膳、听戏，没有给同治以文化的熏陶。同治贪玩，不爱读书，"见书即怕"，不好学习，没有长进。他的师傅教他学习看奏折，但他"精神极散"；听讲奏折，也极不用心。他的伴读奕详、奕询，本意在陪同读书、互相激励、彼此切磋，实际上往往代其受过，让老师们起到"杀鸡儆猴"的作用。。

同治四年十一月十一日开始，在咸丰朝获状元、同治朝担任詹事府右中允的翁同龢受命教同治皇帝读书。其所著的《翁同龢日记》中说到同治帝 16 岁时（同治十年，1871 年）的读书情况。正月初七日："晨读极散，因极陈（极陈，极力上言）光阴可惜，当求日进之方，上颔之而已，照常退。"初九日："读甚散，敷衍而已。"二十九日："……午初来，满书极吃力，午正二始毕，讲折尤不着力，真无可奈何也！"二月初八日："课题'重农贵粟'，诗题'东风已绿瀛洲草'，得洲字。文思极涩，初稿几无一字可留，且虚字亦不顺，复逐字拆开讲过，仍凑成数段，未毕退。午正再入，坐四刻而不成一字。遂作诗，诗亦不佳。如此光景，奈何奈何！" 16 岁的皇帝读书就是这样，在课堂上，同治"无精神则倦，有精神则嬉笑"，实在是一个顽皮的学生。同治到十七八岁的时候，"折奏未能读"，连"在内背《大学》皆不能熟"。丁国均《荷香馆琐言》还有这么一个记录：毅皇帝尝与翁师傅言，自谓当差劳苦。"毅皇帝"是同治帝的谥。当皇帝，竟把管理国家大事说成是一种苦差事，这样的人怎么可能培养成什么圣明之君呢？

同治帝的顽劣，与慈禧的教育不无关系，所以慈禧不但在治国上极其失败，在教育上也极其失败。据说慈禧太后经常来到课堂检查课业。她知道这个小东西不爱读书，不能安静地坐在那里，终日嬉闹玩耍。但她认为，小孩子不过是一个小玩闹罢了，但这个孩子如此率性、如此好动、如此不能安分守己，难道他承袭的是他父亲的放纵和疯狂？

同治小皇帝好动、逃学，不爱读书，动辄狂奔、打闹，弄得读书的课堂成为天翻地覆的游乐场。几个帝师束手无策，他们不能呵斥，不能打骂，更不能惩罚，只能任凭小皇帝胡闹，而且变本加厉。当所有的劝说都无效的时候，他们就告诉慈禧太后，慈禧太后就会命令御前太监捉住小皇帝，用竹条打小皇帝的手掌以示惩罚。可是，这些只能是表演式的惩罚，哪个太监有如此胆量，敢打小皇帝的手？小皇帝的表现，很快通过列国大使及大使夫人传播开来。《纽约时报》报道说：据说小皇帝很淘气，做事全凭自己的兴致和乐趣。如果这是真的，那么，他就被所有那些旨在培养他懒惰和纵欲的东西所包围。这样，摆在他面前的未来前景就不是那么乐观了！

随着年龄的增长，同治皇帝变得更加疯狂了。他没有兄弟姐妹，没有童年的玩伴，只有一大群太监总是不离左右，太监们教会皇帝生活起居的许多东西，好的东西很多，坏的东西也不少。特别是同治皇帝的身边有一群纵情享乐的太监，他们找出各种好玩的东西让小皇帝消遣，千方百计让小皇帝高兴。小皇帝慢慢长大了，他们就找出一些春宫图，诱导同治皇帝享受女色。

同治帝的父亲咸丰皇帝，一生风流倜傥，不喜欢问政，这个儿子也好不了哪里去，也是一个风流种子。生性爱好嬉乐的同治皇帝喜欢猎奇，对于男女之乐，当然乐此不疲。他兴致高昂，不顾一切地投身其中，不能自拔。

而在同治皇帝的身边，还有一个更加疯狂、更加纵欲的少年，他就是恭亲王的儿子载澄。载澄是同治皇帝的堂弟，虽然小同治皇帝两岁，但这个纨绔少年很小的时候就浪迹于京城各大妓院，12岁时就对这些妓院了如指掌。有这样一对浪荡兄弟相伴，且有这样一群轻薄太监跟随左右，同治皇帝的品性不可能会好。

当时在清朝海关总税务司任职的英国人赫德很了解同治皇帝的私生活，他在日记中写道："看来，他的生活极其放荡。女人、小姑娘、男人和孩子，他都要，竭尽所能地放纵自己，一个接一个地享受。他吩咐侍从，从苏州弄来60个孩子。地方官接到这份密诏，十分惶恐，他们请示总督该怎么办，总督沉默，不提任何建议。莫不是总督没有注意这个？想想此事，真是太糟糕了。60个孩子被送到了北京，他们全部被阉割了。并且，或许正是从他们身上，同治皇帝才染上了可怕的梅毒。"

在母子关系上，同治皇帝和他的母亲慈禧太后有极大的隔阂，两人很难交流，感情上也很难融洽。在同治皇帝的心中，慈禧太后不像是他的亲生母亲，倒像是个后妈。而在慈禧太后的心中，这个儿子载淳，根本不像是自己所生的，倒像是慈安太后生的！因为他见到生母，像是见到鬼一样！可他见到慈安，反而感觉十分亲切，说话的神态就像是见到了自己的亲娘一样！

每天早上，同治帝到慈禧那里问一声就走。可他一到慈安那里，呆大半天都不想走！慈禧太后感觉奇怪，找不到答案。有的时候，她笑着询问身边的侍女："都说母子连心，怎么我就和儿子连不了心呢？！"这个问题，当然谁也不敢回答。慈禧太后

同治皇帝载淳画像

就自言自语地说："皇上啊，有一点是可以肯定的，他是天生的玩闹精！"结果这些小玩闹，就像魔咒一样一直伴随了同治皇帝的一生。

同治帝的不长进，也与慈禧的故意纵容有关系，慈禧权力欲极强，断然不想早早放下权力还政于儿子，于是她以同治帝"典学未成"为由，拖延同治帝亲政时间。直到同治七年九月十五日（1872年10月16日），才为自己十七岁的儿子载淳举行了大婚典礼。

同治帝婚姻是个大问题。找谁做皇后，两宫皇太后意见不一：慈安太后提议以侍讲崇绮之女阿鲁特氏为皇后，慈禧太后主张以侍郎凤秀之女富察氏为皇后。同治帝本人喜欢前者，同治皇帝便以阿鲁特氏为皇后，富察氏为慧妃。

## 同治亲政，修园"微行"

作为掌管大清帝国的皇帝，同治帝胡作非为，他辜负了朝野上下亿万臣民对他的殷切期望。为政期间，同治帝基本是正事不干，做事不正，专做不良之事，为祸天下，同时也祸害他自己。

同治亲政的一年多中，他似乎只做了两件事，一是修园，一是"微行"。先说修园，即同治帝兴建颐和园，同治十二年九月，同治帝以方便太后颐养为名，实为自便，降旨兴修颐和园。修颐和园需银1000万两，光木材一项，径七寸至四尺多，长一丈五到四丈八的楠柏陈黄松木要3000根。但因为镇压太平天国，各省款项支绌，当时西北左宗棠又正镇压回民起义，捐输和厘金全用在上面了，清政府的财力根本不允许再拿出这么多钱来修园。木材需从四川采集，但道光初年以来已经砍伐得差不多了，无从购觅，况且运输艰难万分。十月二日，御史沈淮上疏请求缓修，师傅李鸿藻与翰林院侍讲学士李文田也都上疏劝谏。同治帝不听，十三年正月十九日正式开工，钱出自各方捐款40多万，木材由人到福州买进口的。十二日，同治帝亲自视察工地，此后又于四月初九、五月十一日视察工地，他的所谓视察，其实也只不过觉得好玩，想

慈禧太后身世之谜

去玩玩而已。

修园实为劳民伤财之举，但也有赞成同治修颐和园的人，那就是与慈禧太后同族的两广总督瑞麟，而越来越多的大臣反对修园。三月二十四日，奕䜣、奕譞、景寿等共同上疏劝谏，同治帝仍不听。七月十六日，开始总理各国事务衙门，并捐出了两万两报效银的恭亲王奕䜣又上《敬陈先烈请皇上及时定志用济艰危折》，附议此折的还有10多名御前大臣与军机大臣。该折提出了一系列大政要事，要求停工。

不想同治帝只读了折子上几行字，便勃然大怒，说了好些不讲理的话："我停工何如？尔等尚有何哓舌？"奕䜣又提出一些问题，同治帝大怒，说："如此位让尔何如？"让奕䜣跪地汗颜不止。

为让同治帝无话可说，接着奕䜣又提到他"微行"一事。所谓"微行"是指同治帝穿便装到宫外寻花问柳的事。同治帝开始矢口否认，待奕䜣说出时间、地点和人证，他才无话可说。从此同治帝对奕䜣怀恨在心，写了一道朱谕，革掉他一切职务。九月二日又改为只将他降为郡王，仍在军机大臣上行走。九月三日又下朱谕，革去惇亲王奕誴、醇亲王奕譞、科尔沁博多勒噶台亲王伯讷彦谟诂、额驸景寿、贝勒奕劻、军

颐和园美景

机大臣奕欣、文祥宝鋆、沈桂芬、李鸿藻等 10 人的职务。

慈禧太后尽管与奕䜣有矛盾，但她还不想现在马上就把奕䜣完全排斥掉。她立即叫同治帝取消这个上谕，说："十年以来，无恭王何以有今日？皇上少未更事，昨谕立即撤销。"同治帝这才发出上谕，恢复了奕䜣世袭罔替的亲王衔，奕谅、奕谟等人的官职也得以恢复。由于众多大臣反对，同治帝终于于八月一日下令颐和园停工。

颐和园停工之后，同治帝依然过着纵情声色的生活，他曾对老师翁同龢说当皇帝真是个苦差事，说明他也和咸丰一样，是极为厌烦政事的。又过了一年，同治帝染病，不能临朝，到了冬季病又加重，未及过年便死去了。其时为同治十三年十二月初五（1875 年 1 月）病逝，时年十九岁。

## 同治荒淫早夭，慈禧逼死皇后

就其个人来说，同治皇帝出生在帝王之家，享受着"普天之下莫非王土，率土之滨莫非王臣"的独尊荣光，过着"钟鸣鼎食"的生活，没有兄弟竞争便顺利地登上皇帝宝座，这是他人生的喜剧。但是，同治也有人生的悲剧，有人总结说他短暂的 19 年人生中就有六大不幸：幼年丧父是为第一大不幸，童年担当社稷重任而不能享受正常童真快乐是为第二大不幸，同圣母皇太后关系不好是为第三大不幸，婚姻不如意是为第四大不幸，无子无女是为第五大不幸，19 岁便早亡是为第六大不幸！

关于他的死因，传闻很多，十分离奇，广为流传的是说他因得梅毒而死。同治皇帝的荒淫程度比他父亲咸丰还要厉害。按说这同治帝有许多后妃，有后宫佳丽三千，宫女六千，对女人应该没有过分的想法了，但他偏偏不是，却是置后宫佳丽们于不顾，常常带了两个心腹太监，换上平民服装，偷偷溜出皇宫，到京师的南城娼妓区去寻花问柳，到了夜间也不回皇宫。上面奕䜣说的同治皇帝"微行"一事，说的就是他的这一爱好。

同治皇帝年少轻狂，与一个叫王庆祺的人十分要好，这个王庆祺进士出身、士家子弟，虽然风度翩翩但善于谄媚。同治帝对他青睐有余，以五品官加二品衔，在内廷行走。君臣两人十分相得，曾经有太监见他们二人共坐一榻，一同看一本叫《秘戏图》的黄书。后来，这王庆祺还引着同治帝去寻花问柳，他身兼老鸨、拉皮条、大臣多职，专心陪同治皇帝吃喝嫖赌。

　　皇帝有嫖娼之爱好本就十分稀奇，可这同治帝，不但因嫖坏名，还因嫖送命，让人不胜唏嘘。

　　其实，同治皇帝之所以这样做，也是因和他的母亲不和造成的，或者说，他是因为要和母亲对着干，才染上嫖娼的坏习惯的。

同治皇后阿鲁特氏

据《清代外史》记载，同治帝选皇后的时候，慈禧看中了侍郎凤秀家的闺女，凤女"艳绝侪辈"，但是她"举止殊轻佻"；同治帝和东太后慈安却都看中了清朝唯一的"蒙古状元"崇绮之女阿鲁特氏。崇女长得相貌平常，可"雍容端雅"。最后，斗争的结果是他得到了自己喜欢的女人，但同时必须得接受一个他不喜欢的女人。于是他封阿鲁特氏为皇后，封凤秀女为慧妃。

但事情没有由此而结束，慈禧太后对于儿子对自己的反叛一直耿耿于怀，看见婚后同治帝与皇后"伉俪甚笃"，这就更加激起了慈禧这个寂寞女人满腔的不快。

当时的慈禧是一个已经38岁的女人，咸丰死后她熬了12年孤枕岁月。若凭正史记载，这漫长的日子中，她基本再没有近距离接触任何异性，身边的儿子无疑就是她生命的全部。她本就因儿子择妻不合己意而生闷气，如今发现竟不似往日之稚朴，只与新妇缠绵厮守，不由得犯了醋意，又生出几分不合时宜的嫉妒。于是她故谕示载淳："慧妃贤明淑德，儿宜多加体贴；皇后年少，礼节未娴，儿不应太过耽迷，误了政事。"这一条冷酷的饱含醋意的训诫，毫不保留地显露了慈禧对皇后阿鲁特氏的反感，对仍然沉醉在新婚燕尔的小夫妻则是当头棒喝。

据史书记载，其实皇后阿鲁特氏"雍容端雅"，"美而有德"，且文才好。皇后幼年在家，崇绮亲自授课，读书聪颖，十行俱下，"后幼读书，知大义，端静婉肃，内外称贤。及正位六宫，每闻谏阻，自奉俭约，时手一编。"她被册为皇后，同治帝很喜爱她，也很敬重她，据说不久便怀有身孕。可有情人难成眷属，哪怕是皇帝也无可奈何。在宫监严加限制下，二人终至于断绝往来，劳燕被迫分飞，不免让人感喟，这都是慈禧一手造成的结果。

同治皇帝为此闷闷不乐，恋既不易，离又不能，可谓正处于恋离两难之困境。青葱岁月，却过着尴尬苦难的夫妻生活：想与喜欢的女人相宿，可母后不准；和自己讨厌的女人同床，自己却又不愿意。于是慈禧和同治母子之间的政治斗争反映到了皇帝的龙床上。无可奈何的同治帝

载淳的反抗之举，就是干脆卷起铺盖终年独宿乾清宫。

因为没有兄弟，同治帝的继位就没有竞争对手，所以他执政除慈禧的不想放权外，没有什么阻挠，可谓得天时，但却不得人和，因为在他上面，始终有慈禧坐在那里。也许他曾想振兴大清业绩，恢复先祖荣耀，但时代不允许，环境不允许，母后不允许。其傀儡之身，只能任由其母摆布，即便嗫不发声，但还是动辄得咎。操纵权力欲望极强的慈禧不仅左右着儿子的权力，还要左右着儿子的爱情。同治被压得十分灰心，又无处施展和发泄，于是他选择了自暴自弃、游戏人生。

于是，这个皇宫大内里面的"多余人"，在高贵的宫廷之中寻找不到的东西，他却在花街柳巷中寻找到了。

据说，有人给同治皇帝进"小说淫词，秘戏图册，帝益沉迷"。于是晓事太监、无良侍从带他到宫外作风月之旅，他常留恋于崇文门外的酒肆、戏馆、花巷，在一条不归路上渐行渐远。野史记载："伶人小六如、春眉，娼小凤辈，皆邀幸。"又记载同治宠幸太监杜之锡及其姐："有阉杜之锡者，状若少女，帝幸之。之锡有姊，固金鱼池娼也。更引帝与之狎。由是溺于色，渐致忘返。"

同治皇帝嫖娼成瘾，且嫖起来不择优劣，于是时间一长，染上了性病，病倒了。起初只觉得浑身发烧，口渴，腰疼，小便不畅。太医摸不透是什么病，只当普通的感冒来治。一连几天，烧热不退。又便秘，颈项、肓背、腰部等处发出紫红斑块。到1874年11月，同治帝头部、脸面上都出现紫色发亮的斑块，左边脸颊上的斑块被抓破，渗出血水，右颊肿得厉害，上下嘴唇都朝外鼓着，腰部化脓，很远就能闻到一股令人作呕的恶臭。慈禧太后怕同治从镜子里见自己的尊容会受惊，便命太监将养心殿内所有的镜子都收藏起来，不便挪动的穿衣镜等，用红缎蒙上。同治命人拿镜子，皇后阿鲁特氏等人也以病人不宜照镜子为理由劝阻。

同治帝的病越来越重，身体弱不能支。翁同龢日记云：十一月二十三日，"晤太医李竹轩、庄某于内务府坐处，据云：脉息皆弱而无力，腰间肿处，两孔皆流脓，亦流腥水，而根盘甚大，渐流向背，外溃则口甚大，内溃则不可言，意甚为难。"二十八日又记：太医云："腰间溃如椀，其口在边上，揭膏药则汁如箭激，丑刻如此，卯刻复揭，又流半盅。"二十九日再记：见"御医为他揭膏药挤脓，脓已半盅，色白而气腥，漫肿一片，腰以下皆平，色微紫，看上去病已深。"李慈铭日记也记载："上旋患痈，项腹皆一，皆脓溃。"

在皇帝死前，皇后阿鲁特氏还冒险去看同治，夫妻相怜，其场面令人唏嘘。不料，这相见却不能相伴的夫妻匆忙一见，却促成了永世的分离。阿鲁特氏虽然一再克制自己的情绪，但看到同治的情形，还是忍不住声音哽咽。据溥仪《我的前半生》书中曾记载这事：一天同治病重，皇后前去养心殿探视同治帝，并向他诉说慈禧太后又为细微小事责骂她，还失声哭泣起来。

慈禧本来就不喜欢这个儿媳妇，并设下了监视的耳目。这天，慈禧听说皇后去探视皇帝，便亲自到养心殿东暖阁外偷听他俩的谈话。她听到皇后在诉说她的不是，立即大怒不已，闯入暖阁，"牵后发以出，且痛挞之"，并叫来太监备大杖伺候。据说皇后情急之下说了句："媳妇是从大清门抬进来的，请太后留媳妇的体面！"慈禧更加恼怒，同治帝被吓昏而从床上跌落在地。慈禧见状，才未对皇后动刑。可这一惊一吓，重病的同治帝又掉了几分魂魄。急传太医入阁请脉，但已牙关紧闭，滴药不进。不久之后死于养心殿东暖阁，衔憾而去。

同治皇帝死后，皇后阿鲁特氏大恸不已，不思饮食。慈禧却还将自己的丧子之痛撒到皇后头上，说她未能侍奉好丈夫，阿鲁特氏无故蒙冤，干脆吞金自杀，不料获救得生。皇后之父崇绮将此事奏告慈禧皇太后，本想让慈禧就此放过女儿，没想到残酷的慈禧太后又说："可随大行皇帝去罢！"让其随夫殉死。崇绮悲痛地将此话告诉女儿，于是被阎王拒绝招收的她又无奈走上自己别无选择的一条自尽路，凭空经受又一人生惨剧——光绪元年（1875 年）二月，同治帝死后 75 天，年仅 22岁的皇后阿鲁特氏被慈禧赐死，"遽尔崩逝"。这样一来，慈禧的儿子和

同治皇帝皇后之惠陵墓碑

儿媳，便双双被其逼死在手中。

有野史还说：皇后阿鲁特氏怀孕，慈禧恐其生男孩，将来承继大统，自己不能垂帘听政，故逼其死。

## 同治帝死因大揭秘

年仅 19 岁，亲政未久的同治皇帝到底死于何病？历来一直是个疑团，长期以来流行着不同的说法，归纳起来主要有以下几种：

1. 死于"淫创"（性病的一种，古时又称花柳病）。《清朝野史大观》卷一《清宫遗闻》中说："孝哲后，崇绮之女，端庄贞静，美而有德，帝甚爱之，以格于慈禧之威，不能相款，慈禧又强其爱所不爱之妃（指将军凤秀之女），帝遂于家庭无乐趣矣，乃出而纵淫……专觅内城之

私卖淫者取乐焉……久之毒发，始犹不觉，继而见于面，盎于背。""太
医知为淫毒，而不敢言，遂以治痘药治之，不效。"此外，蔡东藩的
《清史演义》也持这种说法。

2. 死于天花。翁同龢就持这种说法，他在日记中写道："十一月
初二日，入至内务府大臣处……见御医李德立、庄守和脉按言：天花三
日，脉细口渴，腰疼耳脓，四日不得大便，项颈稠密色滞干艳，证属重
险，不思食，咽痛作呕。""初八日，两宫皇太后在御榻上持烛令诸臣上
前瞻仰。上舒臂令观，微语曰：'谁来此？'伏见天颜，温睟偃卧向外，
花极稠密，目光微露。"翁同龢是弘德殿行走，同治帝授读师傅，从同
治帝发病到去世，曾多次奉命前往探视，他说的"天花三日"、"花极稠
密"，都是亲眼所见，其记载应当可靠。

就在同治帝病死的当月二十九日，大公主（咸丰之女）也因天花死
了。可见当时宫内流行天花确有其事。此外《清朝野史大观》卷一《穆
宗微行》一节中也说："帝以痘疾竟至不起，人疑其为花柳病者以此。"
也说明同治帝系因天花而死。

3. 死于"痈疽"（俗称毒疮）。李慈铭在《越缦堂日记》中说："同
治十三年十二月酉刻，上崩。先是十一月朔……上旋患痈，项背皆一，
皆脓溃，先十日已屡昏，殆不知人。"《清宫遗闻·同治帝之殊趣》中也
说"其病实染毒疮"。查《辞典》，痈又名痈疽，发病原因与疖子相同，
一般多由葡萄状球菌侵入毛囊汗腺的周围所引起，唯范围较大，恰如多
数疖子骤生于一处，多生于项背及臀部，小者如栗子，大者如手掌，疮
口甚多，疼痛异常。此症在初起时，须速就医诊治，迟则易陷于危险。
这个解释同李慈铭的记载比较接近。

4. 死于天花、梅毒加纵欲

同治帝喜欢出宫嫖妓基本是事实，他与堂弟载澄是花柳巷八大胡同
的常客，他不幸染上梅毒也是很有可能的，那年北京又流行天花病，祸
不单行的同治帝又染上了天花，双重打击使同治身体极度虚弱，生命危
在旦夕。幸亏御医一日数次为同治把脉调理，同治的病情才开始好转。

老北京八大胡同的女子

　　如果同治此时能坚持医嘱，静心调养，说不定清朝的历史将改写。可惜同治皇帝色欲太重，最终断送了自己的性命。问题出在"性事"上。有一天慧妃前来探病，这个慧妃生性淫荡，当她看见皇上病情刚刚好转，便殷勤献媚，卖弄风骚。同治本来就是一个好色之徒，加上他在病中已很久没碰过女人，此时看见风骚的慧妃立刻淫心荡漾，不顾床前还站着太监，立刻搂住慧妃，想就地交欢。

　　此时，如果慧妃真心为皇帝考虑一定会婉言拒绝。但她却没这样做，而是迫不及待地和同治帝在太监面前即时性交，直到同治发泄完性欲方才罢休。

　　慧妃之所以不计皇帝安危，一是因她生性淫荡、遇有交欢的机会便求之不得；二则她平时很难有机会得到皇帝的宠幸，一旦有机会便会抓住不放。因为生下龙子便可改变她的地位，这种交欢的机会对她来说稍纵即逝，因此，皇帝的安危便顾不得了，因为她如果不抓住这个机会，皇帝也可能宠幸别的女人，自己不但丧失了机会还可能成就别的女人，

如此，她便不假思索地迎合了皇帝的性要求。这既是同治好色结出的悲剧，也是皇权统治下女人悲剧命运带给同治帝的悲剧。

天花病最忌性事，纵淫完毕，同治帝已是汗如雨下，气喘吁吁，神色大变，慧妃此时也已吓得半死。此后几天，同治虽经御医悉心调理，但已回天乏力，终于丢掉了自己的命。

5. 直接死于慈禧太后之手

除了上述四种死于疾病的说法外，还有一种说法，即同治帝死于西太后慈禧之手。费行简在《慈禧传信录·穆宗致命》一节中说："王庆祺（同治帝师傅、昭仁殿行走）革斥后，辄语人云，穆宗亲政后，太后仍多干涉，乃请修园为颐养计，意在禁隔，使勿再干政耳，竟为太后所觉，遂致奇变。"金梁的《四朝轶闻》、黄濬的《花随圣人摭忆》也都这样说。金梁说："此说出自庆祺口，虽似妄言，证以沃丘（费行简）所述，则淫贪专恣之妇，其子固已先嫉之，不待后来德宗（光绪帝）戊戌围劫颐和园之谋。"从西太后一生之残暴淫恶、凶狠毒辣以及后来她对光绪帝强加之一生不幸的遭遇来看，这一说法似乎有一定道理，但只是附会臆想，并无事实根据。

从某种程度上说西太后干涉同治帝行政是可能的，说她因此而亲手杀死自己的亲生儿子，虽然也有可能，比如她想效法武则天，但这种说法的可能性不大。宫闱内幕，讳莫如深。同治帝究竟死于何因，尚待人们作进一步考证。

但无论同治帝死于何因，都与慈禧有一定的关系，首先就是她没有教育好儿子如何做好皇帝，且把母子关系闹得很僵，以至水火不容，同治帝的一些反叛行为，其根本就是要与其母亲慈禧对着干，但同治帝最终没有斗过其母，未及20岁便撒手尘寰，其在政治上无所作为，所行之事让人贻笑大方，又误国误民。

## 二次垂帘，操纵光绪

### 慈禧移花接木，过继光绪为子

同治的死，对慈禧的打击是应该是相当大的，具体情况如何，史料上并未提及。按道理讲，慈禧之子同治帝死后，那么慈禧等于没有了靠山，应该从朝廷的权力中心退下来才是，但慈禧是不会这么做的，她炽热的权力欲望，又让她走出了先前走过的一步，那就是控制光绪皇帝，进行第二次垂帘听政。

光绪皇帝名爱新觉罗·载湉，是清朝第十一位皇帝，也是清军入关以来第九位皇帝，年号光绪，庙号德宗。同治十年六月二十八日（1871年8月14日），载湉出生于北京宣武门太平湖东岸的醇亲王府第槐荫斋，即今天中央音乐学院所在地，光绪帝的父亲醇亲王奕譞，乃清宣宗道光帝七子，咸丰帝之弟，光绪帝的母亲是奕譞的嫡福晋，她也是慈禧的胞妹，因此载湉是慈禧太后的侄子兼外甥。这种特殊的家庭背景，使他在同治病故之后被指定为皇帝。

同治帝载淳去世时，载湉才4岁。慈禧太后是从控制光绪帝从而控制大清政权的角度选中载湉嗣位的，因此载湉被慈禧太后选为同治帝的继位人，意外地成为清朝第11任皇帝，即位时虚岁才4岁，入宫时还

在熟睡之中。

同治帝驾崩之时，在由谁入承大统的问题上，清朝亲贵间存在着分歧，但慈禧太后有先见之明，也许还在同治皇帝未死之际，她便开始为自己以后的路做好了周密的计划，所以才有了光绪皇帝载湉继位的事发生，因为若按辈分和年龄计较，是轮不到载湉的。小小的载湉被推上皇位，情形大致是这样的：

同治皇帝驾崩仅仅两个小时，事关清朝国运的紧急会议就在养心殿西暖阁按时召开了。此时已经是晚上八点了，虽不算深夜，但在日出而作、日落而息的农业社会里，这时的中国人大多已经进入了梦乡。然而，养心殿西暖阁却点着明晃晃的蜡烛，大清同治朝重要的王公大臣济济一堂，室内一切色彩鲜艳的器物均被移走或遮盖，所有人一律一身重孝，一脸哀戚。然而，此时每个人的心中都在翻江倒海，都在苦思冥想着一个问题：到底谁会是皇位继承人呢？

这次讨论皇位继承问题的御前会议召开得很仓促，因此每一个与会者的心情都非常悲痛和极度紧张。当时亲身参加了这次会议的翁同龢，后来在日记中回忆：

当年十二月初五傍晚时分，忽传太后急召入宫。当匆匆忙忙赶到宫里时，太阳刚刚落下。随后同醇亲王奕譞、恭亲王奕䜣等进入西暖阁见太后。御医李德立正在奏禀，称皇帝病情急迫。我当即训斥之曰："为什么不用回阳汤。"李德立说："已经晚了，只能用麦参散。"我说："赶紧灌药。"太后那时只是在哭，泣不成声。

仓促之间，医生回报说："皇帝牙关紧咬，不能下药。"群臣起而奔入东暖阁。只见同治皇帝闭着眼睛，半躺在病榻上。我上前探视，发现皇帝已然弥留。天惊地坼，哭号良久。其时后到之内廷亲王大臣，也相继进入东暖阁，皆哭而退出。

之后不久，群臣被安排进入西暖阁，两宫太后也在宫女的搀扶下啜泣着走进西暖阁，皇太后当然不用穿孝，但国有大丧，她们也卸去首饰，一人一身黑色棉袍。两宫太后坐到宝座上，当初垂帘听政时候的那

面半透明的帘子也顾不上挂了。慈安哭得神情恍惚，慈禧虽悲，但她正打着自己的算盘，所以只抹了把眼泪，露出炯炯目光，扫视着跪在脚下的群臣，想着自己的计划和可能出现的局面的应对之法。

参加会议者主要由清朝直系或旁支宗室、军机大臣、内务府官员以及同治帝的师傅们组成。

对这些人来说，择立新君，是家事更是国事，所以大家均有发言权，但以直系宗室成员的话最管用；如果出现骑虎难下的争执，远支宗室也有居中调和的机会。比较而言，内务府官员就只能负责决策的落实和执行；至于上书房的师傅被请到这个场合，是皇家尊师的表示，师傅们纯属列席旁听，没有发言权，同治皇帝的老师翁同龢便在此例。

决定清嗣统的御前会议，就是在这种极为悲痛的情况下，在紧临同治病逝的地方召开了。后来的人们，曾写了不少书或文章，描述这次会议。其中有两个英国人，名叫濮兰德和白克浩司，他们所写的《慈禧外纪》一书，记叙最为详细。书中说：养心殿内，两宫太后对面而坐于上，凡其他参加会议者，都跪在地上。

慈禧首先发言说："同治帝的皇后虽然已有身孕，但不知何时能诞生。兵不能久悬，应该马上议立嗣君。"

恭亲王奕䜣反对道："皇子诞生之期已不远，应暂时秘不发丧。如果生了皇子，自当嗣立。若所生为女，再议立新帝不迟。"

其余王公大臣，好像也认为恭亲王的说法有理。

慈禧太后接着说："现在南方尚未平定，他们如果知道朝廷无主，局面将更加危急，恐怕会因此动摇国本。"

军机大臣及各大员中，有三位汉人，他们极力赞成太后的主张，认为南方乱事未定，如皇位久悬，其势实不稳固。

据罗惇曧的《德宗承统私记》记载，有人请求为同治皇帝立嗣，并且提到了溥侃、溥伦两位人选。

还没等慈禧表态，心直口快的惇亲王奕誴就抢着发言反对，他说了四个字："疏属不可。"就是说溥侃、溥伦血脉疏远不能继位。奕誴的失礼反而给慈禧提供了个"台阶"，慈禧不失时机地表示首肯，说："溥字辈无当立者。"

慈禧话音刚落，人群一阵骚动。确实像慈禧说的那样，"溥"字辈里面没有很合适的人选，但是，如果不立溥字辈的人为帝，自然只能从同治皇帝的平辈——"载"字辈里面选择了，要是这样的话，清朝的皇帝系不仅将改为"兄终弟及"，而且将由"从兄弟"——叔伯兄弟继承皇位，这真是一个大胆的思路。按这

恭亲王奕䜣像

一思路设想一下的话，可供选择的范围比较广泛，比如恭亲王奕䜣、醇亲王奕譞都有儿子可供选择。其中恭亲王的儿子载澂已经成年，年纪跟同治皇帝差不多，爵位是贝勒；醇亲王的儿子载湉年仅四岁，前几天同治皇帝病重，搞了一次加恩亲贵的"冲喜"活动，载湉得了个公爵，是辅国公，还没办正式的册封手续。

这时，慈安太后发言："据我之意，恭王之子，可以继承大统。"慈安深知慈禧之心机，不想让她专权弄政，便想让恭亲王之子载澂继位，于是拿权倾朝野的恭亲王来压慈禧。

但恭亲王奕䜣闻听慈安之言，慌忙叩头，连称不敢。他随后奏言："按照承袭的正常顺序，应该立溥伦为大行皇帝之嗣子。"

这本是个最佳方案，溥伦是道光长子奕纬之孙，嗣位最为合适。但慈禧太后不同意，表面上是因为溥伦之父载治不是奕纬亲生子，同样是由旁支过继，实际上是因为若要载淳的子侄辈继位，自己身为祖母便无权以太后身份临朝。

溥伦之父载治闻言也急忙叩头，称不敢。慈禧就对载治说："这都没有什么关系。只是你是奕纬的过继之子，你们可以说说，从前有这个

先例吗？"

慈禧太后命恭亲王奕訢回答，恭亲王迟疑半晌，回答说："明朝的英宗皇帝就是这样继位的。"

不料慈禧对于这段史事极熟，或许她早作了相关准备。她立刻说："这个例子不好。英宗的继位，乃是孙妃欺骗其主所为。而且英宗在位时，国家不宁。"随后，慈禧转而对慈安说："依我的意思，可以立奕谩之子载湉。应该立即决定，不可耽延时候。"

这才是慈禧想要的答案，虽然有人反对，但慈禧早想好了如何应对。

对于这次会议的具体情况，清官方没有记载，一些野史虽不乏附会，但多为猜测之词，比较而言，最权威的记载是《翁同龢日记》。翁同龢作为皇室教师列席会议，冷眼旁观，把会议情况记录到自己的日记中。后来，台湾学者高阳先生评价这一记载是"有不尽，无不实"，也就是说，翁同龢没有记全，但记下来的内容没有不真实的。

根据《翁同龢日记》记载，在慈禧提出立自己的外甥、幼小的载湉即位后，此时军机大臣跟慈禧太后发生了争执，日记中有这样一句话："（慈禧说）此后垂帘如何？枢臣中有言，宗社为重，请择贤而立，然后恳乞垂帘。"

这句话怎么就能看出争执呢？慈禧提出要垂帘听政，而太后垂帘的前提是皇帝幼小，显而易见，慈禧又要立小皇帝。

相反，军机大臣请立贤者。贤者显然一定是长者，因为对于年纪幼小的孩子来说，不能用"贤"与"不贤"来评价，可见，军机大臣不同意立小皇帝。这就是中国政治的表达方式，双方均未直说，但彼此全听得懂。当然，考虑到慈禧太后的权力欲，军机大臣也跟她讨价还价，表示虽然建议立个年纪稍大的皇帝，但依然请她垂帘听政。

在此，军机大臣的用意可能是为奕訢的儿子载澂争取机会，因为奕訢是权倾朝野的人物，是军机处的领导者，这时候的军机大臣均为奕訢的亲信。但作为政治对手，慈禧对他早有戒心，她肯定不愿意由奕訢的儿子继承皇位；更何况载澂是个十分不争气的纨绔子弟，欺男霸女的龌龊事儿没少干，不久前因为霸占了一个有夫之妇，被关进了宗人府的大牢，要不是慈禧念奕䜣的面子而网开一面，估计此时还在牢里押着呢。

另外，同治皇帝之所以微服出宫寻花问柳，载澂就是"领路人"之一，这样的人怎能入承大统，做万民仰视的皇帝？不但其他人不同意，慈禧也是不可能同意的，但军机大臣振振有词地强调，国家多事，有赖长君。面对这种情况，慈禧如何说服众人，扭转乾坤呢？

这里不得不佩服慈禧的机警善辩。根据《翁同龢日记》记载，慈禧没有纠缠载澂是否适合做继承人，而是话锋一转，沉痛地说："文宗（咸丰帝）无次子，今遭此变，若承嗣年长者实不愿，须幼者乃可教育。"

慈禧一句话说得军机大臣哑口无言。这句话虽然不长，但意思丰富：第一，她把为儿子同治皇帝择嗣转变为给丈夫清文宗咸丰皇帝择嗣，这真是一个所有人都意想不到的新思路。本来，大家光想着同治皇帝皇统的终结，要有人来继承同治皇帝，但经慈禧这一点拨，才发现同治皇帝的死也意味着咸丰皇帝皇统的终结。若为咸丰皇帝择嗣，那么可供选择的范围就很大了。

第二，她把"择立新君"改口说成了"择嗣"。可不要小看这一叫法，虽然此时此地"择君"和"择嗣"是一回事儿，但"择君"是国事，"择嗣"是家事。慈禧口口声声说"择嗣"，那么就是在讨论家事，作为外姓旁人的军机大臣们就没有插嘴的余地了。

第三，她提出了"立幼"的理由——"须幼者乃可教育"。确实，抱养别人的孩子当然愿意抱一个年纪小的，这有助于培养感情，也好从头教育，鉴于同治帝生前种种荒唐的行为，大家也都觉得教育对培养新君真是太重要了。这样一来，军机大臣们完全被慈禧的话改变了思维，只能哑口无言，或者心中都认可她的说法了。

于是慈禧趁热打铁，表情严厉地说："现在一语既定，永无更移，我二人同一心，汝等敬听！"说到这里，慈禧转头对慈安说："对不？

姐姐！"慈安城府不深，也没想到如何应付，便以手掩面，连连点头。

接着慈禧太后便极力主张在"载"字辈中选择，以醇亲王奕谭之子载湉为帝，她斩钉截铁地说：我们选择醇亲王奕谭的儿子载湉，做文宗的次子！"

恭亲王奕訢闻此言，愤怒地冲着他的弟弟奕谭说："大清朝立长为嗣的制度，可以全然抛弃而不顾吗？"

醇亲王奕谭也赶紧跪地，连称不敢。

英国人的《慈禧外纪》记载，慈禧见争执不下，就说："可以用投写名字的方法来决定。"

慈安表示同意。然后大家开始写，投名的结果，醇亲王奕谭等投溥伦，有三人投恭亲王奕訢之子，其余众人都按照慈禧之意，投醇亲王奕谭之子载湉。于是载湉成了继承人。

之后慈禧向大家宣读了投票的结果，她话音刚落，醇亲王奕谭一声哀嚎，瘫倒在地，大哭不止。亲贵纷纷伸手相搀，但奕谭浑身瘫软，谁也拉不动。对此，《翁同龢日记》记载了五个字："掖之不能起。"

醇亲王奕谭为何如此失态？是因为爱子入承大统喜极而泣，还是舍不得将爱子过继给死去的哥哥咸丰皇帝？可能这两种感情兼而有之。他看到慈禧的能力和作为，不会想不到他们父子前途的凶险，试想慈禧太后跟自己的亲生儿子都搞不好关系，载湉一个抱养的儿子会有什么好的前景？到时候他这个"皇帝生父"夹在中间如何做人？但懿旨已下，自己一不能严词拒绝，二不能叩头谢恩，好在正处国丧之中，一身重孝，最好的表态就是放声痛哭，这叫"一切尽在大哭中"。随即几位身强力壮的乾清门侍卫应召赶来，将"昏迷"的奕谭抬出了西暖阁。

上述外国人所著之《慈禧外纪》的说法，不免有失实之处。御前会议在讨论承继大统这样重大的问题，发生意见分歧时，采取了投票的方法加以解决这一点，就太具西方民主主义的理想色彩，不太符合清朝封建统治的实际。不过书中反映了以慈禧太后为一方，恭亲王为另一方，在选立新皇帝问题上确实存在的对立。

养尊处优的慈禧太后（中间坐者）

还是翁同龢的记述比较可靠。翁同龢在日记中写道：慈禧太后谕云："文宗（即咸丰皇帝）没有次子，今突遭此变，不宜承嗣年龄长者。应该是年龄较小的，这样比较容易教育。现在一语即定，永无更改。我太后两人意见一致。"随后当即宣布，以醇亲王之子载湉继位。

醇亲王奕譞闻此，惊惧交加，连称不敢，跪地碰头痛哭，以致昏迷倒地，扶之不能起。

诸臣承领懿旨，立刻回到军机处拟旨。根据翁同龢的记载，清朝最高统治层内，关于入承大统问题上的矛盾，在御前会议上，并没有激化进而暴发，基本上是在短暂的时间内，完全按照慈禧的意图顺利地解决了。

这事做出这样的结果，以及进行得如此顺利，真有些出乎意料。后世人对此分析道，慈禧太后在这里运用了高明的政治手段，她事先经过了周密的计算和策划，又利用同治皇帝刚刚去世，众臣正处于极度惊惧与悲痛的时候，发动突然袭击，轻易得手。

附带指出，载湉本来是咸丰皇帝的侄子，也是两宫皇太后的侄子，由于载湉的母亲是慈禧的亲妹妹，所以，他还是慈禧的外甥，但从今以后，载湉变成了咸丰帝的儿子，两宫皇太后的儿子。他作为清朝新一代君主，一方面延续了道光皇帝以来的皇家血统；另一方面，也维护了清朝父死子承的皇帝系。有人误解载湉继位是"兄终弟及"，其实，他继承的不是同治皇帝的皇位，而是咸丰皇帝的皇位。

这次宫廷处储会议散会后，慈禧太后得了大胜，喜在心里，遂携慈安甩手而去，剩下群臣面面相觑，内务府官员眼巴巴地等着军机大臣拟旨，然后奉旨行事。但军机大臣愤愤不平，心绪不宁，特别是奕䜣，他先前可能有立子为帝的打算，不想瞬间被慈禧击溃，不由得心中极度烦躁。

对军机大臣们来说，如何立载湉为帝，也是一个不好解决的难题，自打清朝开国以来，皇位传承还是头一遭变成了这样一个复杂的局面，军机处对上谕措辞大费周折。经过几易其稿，军机大臣才拟好了上谕，确定载湉继承咸丰皇帝为嗣，入承大统。

但正要写旨时，同治帝的师傅翁同龢提出了个疑问：上谕明确了载湉此时的身份是文宗嗣子，但没有点明他是皇帝，在此必须明确，不可含糊。

大家顿时又迷茫起来，刚才会议开始的时候是"择君"，但慈禧话锋一转，改成了"择嗣"，虽说载湉进宫就是来做皇帝的，但此时此刻的身份是不是皇帝呢？大家又争执起来，最后采纳翁同龢的建议，明确载湉的身份是"嗣皇帝"。

当日发布的以载湉继帝位的懿旨是这样写的：钦奉慈安端裕康庆皇太后、慈禧端佑康颐皇太后懿旨：皇帝龙驭上宾，未有储君，不得已，以醇亲王奕譞之子载湉承继文宗显皇帝为子，入承大统为嗣皇帝。俟嗣皇帝生有皇子，即承继大行皇帝为继，特谕。

懿旨中说的"文宗显皇帝"，即同治帝的父亲，咸丰皇帝。

在这里，慈禧又作了巧妙的安排。她先将载湉嗣继给咸丰做儿子，然后再继承帝统，登皇帝位。

由此，载湉就是以咸丰皇帝的儿子、同治皇帝的弟弟的身份继皇帝位。在皇帝没有子嗣的情况下，"兄终弟及"，既不违背中国封建社会的宗法制度，又符合了满族的历史传统。当时慈禧已经执政13年，确立了威信，她提出立载湉嗣位后没有人反对，于是载湉成为了清朝第十一任皇帝。

另外，上面的懿旨中还称，如果"嗣皇帝"，即光绪皇帝有了皇子，仍然可以继承皇帝位。这样就使得反对立载湉为帝的人们，无法在同治后代的问题上做文章。

不但军机处犯难，小小的载湉成了嗣皇帝，这同时又给内务府出了个绝大的难题，清朝二百多年还从来没有从宫外迎进一位皇帝，所以，他们又得请示嗣皇帝进宫的礼仪。召礼部官员已经来不及了，更何况那些古板的礼臣们也未遇到过这一特例，估计三天三夜也研究不出个结果，而迎立新君又刻不容缓，于是，大家一同请见两宫皇太后。

此时慈禧在立嗣中已然胜出，高兴劲过后又想到其子之死，不由又悲从中来，开始大哭，礼臣们赶到时，两位太后已经哭得抬不起头来了，不可能做出任何指示，最后内务府官员只好自作主张，传轿夫、布置警卫、组织仪仗队，前赴醇亲王府迎立嗣皇帝载湉。

## 操纵光绪，扶植傀儡

四岁的爱新觉罗·载湉此时童蒙未解，这天晚上，小家伙早已吃饱睡下，却不知他的一生，已然被他的姨母就此掌控。

这日半夜时分，紫禁城寂静的氛围被一阵隆隆的闷响打破，紫禁城的全部正门——乾清门、太和门、午门、端门、天安门、大清门次第打开，一列灯火通明的仪仗队簇拥着一个十六人抬的大轿穿过每一道大门的中门，奔出紫禁城向西城急行，前往宣武门内太平湖东岸的醇王府，迎接刚刚确定下来的小小新君主进宫。

皇室的仪仗队抵达醇王府的时候，奕譞刚刚被抬回家，还在"昏迷"之中，由他的福晋、慈禧太后的胞妹叶赫那拉氏出面迎接。她刚知道自己的宝贝儿子已被其姐姐抢走，亲生儿子已经不属于自己，她顿时心如刀割，号啕大哭，一连串的泪珠洒在脚面上……

小载湉从温暖甜蜜的梦乡中被唤醒，然后黄袍加身。他哭喊着、抗争着，最终还是被抱上了大轿，在奶妈的怀抱中被抬进了宫中。当时在场的每一个人，谁又能想到皇帝头衔将带给这个又哭又闹的孩子以怎样的苦难呢？

慈禧太后为什么要千方百计立载湉做皇帝呢？应该说，这主要是出于她自己的私心和她对最高权力的欲望，因载湉是她亲妹妹所生，和她有一定的亲缘关系，再加上年龄小，容易控制，最适合她去垂帘听政了。

从时间上看，慈禧的这次垂帘听政，还在同治皇帝未死的时候就开始了。

同治十三年（1874年）十一月十日，同治皇帝还在病榻上，慈禧太后就以皇帝的名义，正式发布上谕，宣布皇太后第二次垂帘临政，其谕为：朕于本月遇有天花之喜，经惇亲王等合词吁恳，静心调摄。朕思万几至重，何敢稍涉安逸？惟朕躬现在尚难耐劳，自应俯从所请。但恐诸事无所秉承，深虞旷误，再三恳请两宫皇太后，俯念朕躬正资调养，所有内外各衙门陈奏事件，呈请披览裁定，仰荷慈怀曲体，俯允权宜办事，朕心实深感幸。将此通谕中外知之。

这道圣谕，意味着慈禧太后正式重新执掌权力开始了一生三次垂帘中的第二次垂帘。

此时同治皇帝生命垂危，在病床上苦苦挣扎。他的母亲慈禧太后却大赦天下，给王公大臣加官晋级，朝廷一片欢腾，人人喜气洋洋，都愚

昧地为慈禧能再次听政而兴高采烈。

慈禧第一次第二次垂帘，利用的是儿子同治帝载淳，第三次垂帘，则是因为操纵了外甥光绪帝载湉，当然也可以说是她的干儿子，毕竟她强行将载湉过继给自己了。

那么慈禧和光绪母子二人相处得怎样呢？与慈禧和同治有什么区别呢？在探寻慈禧太后与光绪帝之死之间的关系的时候，我们不能忘记，在历史上慈禧与光绪帝曾经有过一段相当长的关系相处得还可以的时期，这一时期也就是载湉的小时候。

据说，当小载湉刚一入宫，慈禧就让他叫自己为"亲爸爸"。"亲爸爸"这一称呼，具有双层含义。它既反映了称呼者与被称呼者之间的至亲关系，同时又体现被称呼者对称呼者的威严。因为"爸爸"一词是对男性的称谓，父亲在子女眼里，一般总是具有非常威严的形象。光绪皇帝一直到长大成人，也始终称慈禧为"亲爸爸"。

事实上，连光绪帝的名字，也是由慈禧太后给起的。光绪帝出生不久，醇亲王奕譞在朝堂上向垂帘听政的慈禧，启奏醇王府喜得贵子。慈禧太后闻听亲妹妹生子，当即给自己的亲外甥赐名，执笔在纸上书写一"湉"字。这位姨母，还赐给尚未见过面的外甥一把镶嵌着许多珠宝的小金锁。"湉"字及金锁，都是吉祥的象征。意为祝小载湉健康长寿，当时她自己应该不会想到，有一天她将会亲手毒杀这个孩子。

据《清德宗实录》记载，小载湉进宫的第二天，满朝王公大臣联名上疏，"恳请"两宫太后垂帘听政。次日，两宫太后颁发懿旨，宣布："垂帘之举，本属一时权宜，唯念嗣皇帝此时尚在冲龄，且时事多艰，王大臣等不能无所秉承，不得已姑如所请，一俟嗣皇帝典学有成，即行归政。"这就是慈禧太后的"第二次垂帘听政"。

慈禧将不足四岁的载湉扶上了皇帝的宝座，并非因为慈禧觉得他是一个可造之材，具有成为一代明君的潜质，而是因为只有载湉继承皇位，她才能够继续操控皇权。载湉只不过是她御案上不可缺少的摆设罢了。

至此，慈禧精心设计、苦苦经营的第二次垂帘听政徐徐拉开了大幕。相比第一次垂帘听政初期的不谙朝政、处处摸索而言，慈禧的第二次垂帘可谓强硬得多，她不再学习帝王治国之道，她要考虑的就是怎样把小皇帝打造成处处唯命是听的傀儡，确保她久居权力金字塔的顶尖上。

载湉即位年仅四岁，是清朝截至此时为止年纪最小的皇帝，正是好动的年龄，根本就坐不住，更何况两宫太后在帘子后跟大臣商议军国大事，小载湉一点儿也听不懂，人也好动，不是跳下宝座，就是在宝座上翻跟头，有时还在宝座上睡着了。或者有人会这样想，慈禧太后如果跟光绪坐到一起，或者抱着光绪召见大臣，问题不就迎刃而解了？但在清代，朝中规矩比较严苛，"朝会"是国家典礼的一种，皇帝年龄再小也是一国之君，慈禧权势再大也毕竟是太后，她没有资格坐皇帝的宝座，更何况两位太后挤在一个宝座上抱着孩子处理国政更是不成体统，于是就出现了这样的尴尬局面。

光绪元年正月初九，内阁呈上了为新君主拟定的年号——光绪。经小载湉象征性地批准，慈禧命诏告天下，这是个响亮的年号，所谓"绪"，指的是道光之绪，表明新君主统治合法，将光前裕后，重开天下大治的新局面。二十日（1875 年 2 月 25 日），光绪帝的登基大典在太和殿举行，小载湉正式成了大清朝的小皇帝。

一个四岁的孩子大多有自己幸福的童年，在父母亲的怀抱里享尽关爱、呵护，但是，小载湉入宫继承帝位，就意味着失去了自己的童年、自己的父母。从慈禧选他当皇帝开始，他就成了咸丰皇帝的儿子、两宫皇太后的儿子。当然，咸丰帝已经死去十多年了，所以，小载湉等于没有爸爸。

慈禧太后为了让光绪帝听她的话，对光绪要求极为严格。光绪帝若不能稳坐宝座，慈禧轻者呵斥，重者责罚。慈禧责罚的办法有二：一是罚跪，二是不让吃饭。小光绪三天两头受到"亲爸爸"的处罚，平日里也看不到慈禧的好脸色，时间一长，小光绪被慈禧吓破了胆。据梁启超的《戊戌政变记》记载："积威既久，皇上见西后如对狮虎，战战兢兢，因此胆为之破。"这类记载很多，总之，慈禧恶魔般的阴影从此笼罩了光绪皇帝的一生。

光绪登基大典刚过了没几天，慈禧就下令将光绪的乳母撵走了，光绪帝自小在奶妈的怀抱中成长，感情非同寻常，进宫之后简直就是相依为命，奶妈走了，小光绪帝成天哭喊着要她，但没有人理会他。

自从四岁的载湉在太和殿正式即位这一天起，光绪帝就被慈禧抓在手里，或当作争夺权利的工具，或作为显示威严的权杖；更多的情况下，则当作她御案上不可缺少的摆设，或是任意玩弄的木偶。这是慈禧专权的政治需要。

为切断光绪帝同生身父母的情感纽带，在光绪心中树起慈禧是母亲和绝对权威的形象，慈禧软硬兼施地控制光绪，多年不让他回家，不让他与亲生父母见面。直到多年后其母病危之时，光绪才获准回家探望。

慈禧还每日通过跪安向光绪显示威严。无论光绪从课堂里回来还是从温和亲切的东太后那过来，无论他兴高采烈还是踌躇满志，每天都有一个重要节目，就是战战兢兢来到慈禧的处所，下跪请安，面对一张死板又带着恫吓的面孔听候发落。慈禧以为自己无所不能，却没料到她越是性急粗暴地想制服光绪，光绪就逃得越快。

光绪首先感到的是恐惧，被每日必有的惩罚吓破了胆。跪安时自然流露出来，慈禧见了更气，更要发泄她的虐待欲，少不得讽刺、呵斥，甚至责打。太监也落井下石，对之进行恶作剧般的刁难。小孩恐惧感本来就强，对温和与凶恶的分辨既清晰又敏锐。光绪自幼瘦弱，又有些神经质，眼前这个凶恶的女人，使他产生毛骨悚然的强烈恐惧感，天天必见的强化，又发展成了抽象的恐惧亦即恐惧症。据载，后来光绪不但到慈禧处跪安时浑身发抖，甚至听到锣鼓、物体碰撞声、吆喝声也心惊肉跳，被称为"小胆天子"。

入宫后的光绪，是在孤独中长大的，繁琐的宫中礼节，慈禧经常不断的严厉训斥，没有母爱，饮食寒暖没有人真心去细心照料，应倡导

慈禧太后身世之谜

应禁忌之事，无人去指点揭示。没有童年的欢乐，致使他从小就心情抑郁，精神不快，造成身体积弱，难以抵挡疾病的侵袭，留下了难以治愈的病根。

民国时出版的《满清野史》一书中称：人在幼年的时候，都受到父母的呵护，照顾其出行，料理其饮食，体慰其寒暖，即使是孤儿，也会得到亲朋好友的照顾。只有光绪皇上无人敢亲近……皇上每日三餐，其饭食有数十种，摆满桌案，可离皇上稍远的饭食，大都已臭腐，接连数日不换。靠近皇上的饭食虽然并未臭腐，可经多次加热，已不能可口……载湉自十余岁后，虽为天子，可还不如一个孤儿，以后身患痼疾，即是由于少年时衣食不节造成的。

此书虽为野史，可内容与恽毓鼎的《崇陵传信录》所述大致相近，该书中说："缅怀先帝御宇不惟不久，幼而提携，长而禁制，终于损其天年。无母子之亲，无夫妇昆季之爱，无臣下侍从宴游暇豫之乐。平世齐民之福，且有胜于一人之尊者。"说明光绪帝体弱多病之原因，实与自幼在慈禧太后淫威之下，失于调养照料有关。

光绪皇帝幼年被强迫学骑马时的情景

载湉刚即位的时候，慈禧太后对他还可以，因为小光绪此时还是慈禧得以专权的傀儡，又是她亲妹妹的儿子，她也不能对个小孩子太差，所以直到光绪皇帝亲政之前，慈禧虽谈不上爱，但对他还算不太苛刻，二人关系还算融洽。这一段时光，也可以称为二人的"亲密时期"。

光绪帝学习之时，每天，皇帝的两位师傅翁同龢、夏同善首先在上书房恭迎载湉的到来。随后，载湉来到圣人堂，也就是宫内供奉孔子的殿堂，在孔子的神像前行礼。礼毕，众人至毓庆宫。两位帝师及随侍大臣，向小皇帝行三跪九拜大礼。光绪赐座，然后老师开始授课，学生开始学习。

小时候的光绪皇帝天性善良而听话，在这点上他远比被慈禧骄纵坏的同治皇帝强得多，不过也许是他从小迫于慈禧的淫威才不得不如此。不管怎样，光绪皇帝小时候聪颖好学，记忆力很好，天性喜欢读书，学习很用功，人也比较聪明，不像同治那么顽皮，字写得也可以，也能做诗，后来写的文章也很好，可以说没有辜负老师的教导，无论是答复翁同龢提出的问题，或者是背诵已经念过的课文，都能应付自如。

随着年龄的增长，小光绪学习的课程也在不断增加。11岁时，开始授读《开国方略》。12岁，即讲读《左传》。后来又请来两位同文馆的先生，教习英文。

光绪皇帝每天要不断地朗读文章，不停地书写楷书，课程非常繁重。但光绪对慈禧太后一直很尊敬，不管功课多么忙，每日必要到太后宫里请安。这个做法，以后始终没有改变。及至长成，光绪仍然对慈禧太后非常敬重，做事也非常谨慎。

总的来说，师傅们评价光绪帝的综合素质要远远好于同治皇帝，虽然对光绪帝的教育也不乏波折，但他不时有令人惊喜的进步。比如，光绪三年（1877年）冬，北方大旱，小光绪每天临睡前按师傅的教诲，在心中默默祷告，祈请上天降下瑞雪。腊月二十七的这天早晨，刚刚起床的光绪帝突然发现天空纷纷扬扬地飘起了雪花，他高兴极了，不料却

因此惹来了一系列的不愉快。

先是光绪帝决定冒雪前往上课，太监担心皇帝受凉得病，一定要给他打伞，双方拉拉扯扯，闹得较为扫兴；再者这场雪到中午就停了，一共才下了一寸厚，光绪帝放学出门一看，院子里的雪又让太监给打扫干净了，因此十分伤心。在光绪帝看来，这是上天为我降下的瑞雪，你们凭什么给扫了呢？他生气地说："这些人真不懂我的心思，就像长沮、桀溺不理解孔子一样。"这事儿记载在《翁同龢日记》里面，光绪自比孔子，把太监们比作不理解孔子的长沮、桀溺，既体现了帝王的身份，也能灵活运用古籍里的典故，还反映出忧国忧民的赤诚之心。这年光绪才七岁，京城士大夫传诵一时，认为他将来肯定是一位贤明的君主。

像所有的男孩子一样，光绪帝从小就充满了好奇心，他一度对钟表产生了兴趣，拆坏了不少钟表。后来翁同龢一再劝告皇帝不要玩物丧志，并让太监藏起了很多钟表，光绪帝才罢休。

因为光绪皇帝接受了翁同龢等人对他的儒家思想教育，所以他文章中特别强调"仁爱"之心。光绪十一年，15岁的光绪写了一篇御制文，里面有几句话说："必先有爱民之心，而后有忧民之意，爱之深，故忧之切，忧之切，故一民饥，曰我饥之，一民寒，曰我寒之"。15岁的少年能有如此心境，实为难能可贵。他还写了一首叫《围炉》的诗："西北明积雪，万户凛寒飞，唯有深宫里，金炉兽炭红。"小诗虽然只有四句话，却饱含着对穷苦百姓的生活情况的同情，并体现出了自己身为一国之君对百姓们的关爱之心。

## 灌输忠孝思想，树威严控光绪

慈禧为人心机叵测，她知道载湉终究有长大的那一天，终究会有把皇权部分或全部交还给他的时刻。只有将载湉塑造为唯命是听的"儿皇帝"，才能使自己长长久久地掌握权力，为此，她在让翁同龢和夏同善等老师们教导载湉文化课程的同时，自己也在对他施加着影响，让他长久地听命于自己。

其实，慈禧按照自己的意志选择醇亲王奕譞之子载湉做新皇帝，实在是一石数鸟之举，这不仅可以保证自己稳操皇权，而且还检验了自己的权威。虽然归政同治帝一年有余，但在整个立嗣过程中，诸亲王权贵还算忠诚无违，招之即来，挥之即去，言听计从，自己的权威依旧。再次听政后，她不必为排除异己而费尽心机，对于一切朝政的操作犹如归政同治之前那样得心应手，这使慈禧颇为得意。但在得意之余，慈禧也有隐忧，那就是载湉不是自己和先帝的儿子，虽然已经颁布懿旨，晓谕天下，载湉生有皇子以后，承继载淳皇嗣，也就是说载湉必须以咸丰帝为父，才能继承同治帝的大统。

然而慈禧也清楚，现实生活中醇亲王奕譞夫妇就是载湉的亲生父母，这是不容抹杀的事实。要想让载湉心悦诚服地认自己为母亲，成为自己可操可控的政治提线木偶，就必须割断他与醇亲王奕譞夫妇之间的一切联系，让自己的威严深深地烙印在小载湉的心上，以便于实现对皇帝的长期控制。为了达到这样的目的，慈禧决定从载湉入宫那一天开始就对他实施"威严"教育。为此，她专门制定了断亲情、立威严、传孝道的生活准则和教育方针，她要以强制性的手段，用灌输的方法实现这一目标。

首先，慈禧要斩断载湉和父母的亲情。载湉进宫以后，慈禧不顾骨肉之情，强行切断了载湉与亲生母亲之间的一切联系，甚至中断了

少年光绪与父亲奕譞

原来在醇王府那些照顾载湉的保姆、丫环、太监的联系。

据信修明《老太监的回忆》一书中记载："他（光绪帝）自三岁被抱进宫中，身体本不强壮，时常闹病。在府（醇王府）中虽有奶嬷，太后不允许奶嬷进宫。摘下奶来就交范督（总管太监范长禄），范总管性子温和，有婆子气，能哄小孩，然而究竟不及女人。"

幼童对于熟知的环境和亲人有着一种本能的依赖，但慈禧为了使载湉忘记这一切，不顾孩子的心理，粗暴地终止了这一切，致使"他的父母都不敢给他东西吃"（德龄《清宫禁二年记》）。载湉入宫十八天，慈禧便以两宫太后的名义颁布懿旨，规定今后光绪帝"所有左右近侍，止宜老成质朴数人，凡年少轻佻者，概不准其服役（《德宗实录》）"。所谓"老成质朴之人"，无非是能顺从慈禧的旨意行事的宫中太监，而这些老成质朴的人也确实不折不扣地贯彻慈禧的指示。据德龄《瀛台泣血记》说："当光绪初进宫的时候，太后就嘱咐那一班服侍他的人，像灌输什么知识一样地天天跟他说，使他明白了自己已经不是醇亲王福晋的儿子了，他应该永远承认太后是他的母亲，除这个母亲之外，便没有旁的母亲了。"

慈禧希望通过这种潜移默化的方法，在光绪帝小小的心灵中，逐渐树立起她与孩子之间这种所谓的母子关系。

在断绝了载湉和父母的亲情之后，慈禧也开始在载湉面前立威严。慈禧想方设法在光绪帝幼小的心中树立威严的形象，强化她的绝对权威。为了能够使光绪帝时时依从自己的主张，光绪帝入宫不久，慈禧就不断地折杀光绪帝心中天子至尊的形象。

《戊戌变法资料》记载："西太后待皇上无不疾声厉色，少年时每日呵斥之声不断，稍不如意，常加鞭挞，或罚令长跪；故积威既久，皇上见西太后如对狮虎，战战兢兢，因此胆为之破。至今每闻锣鼓之声，或闻吆喝之声，或闻雷辄变色云。皇上每日必至西后前跪而请安，惟西后与皇上接洽甚少，不命之起，则不敢起。"

难道还有人胆敢鞭挞或惩罚至高无上的天子？然而这并非耸人听

闻。从1903年开始随侍慈禧身边的女官德龄亲眼见证了类似的事情。德龄在《清宫禁二年记》中记载道：光绪帝"一至太后前，则立严肃，若甚惧其将死者然。有时似甚愚蒙。""其母子间，严厉之甚，岂若吾徒对于父母者耶？"

光绪帝在成长过程根本体会不到至高无上的帝王、天子所拥有的独断乾坤的尊严和君临天下的霸气。入宫后，每逢太后在养心殿召见或引见臣公时，他都必须到场，正襟危坐。前有群臣跪对，后有皇太后垂帘，对于臣下来说，他是至尊天子，而对于慈禧来说，他只是奉命唯唯的"儿皇帝"，在他的心里永远都有一个挥之不去的绝对权威、绝对的君主——慈禧，自己的"皇爸爸"。

在断亲情、立威严的同时，慈禧还借助传统伦理道德约束光绪帝，对他反复强化孝道教育。

据《翁同龢日记》所载，有时小光绪完不成学习任务，翁同龢一不能骂，二不能打，就用"怒目而视"的办法，他放下书本，不讲课了，光拿眼睛瞪着小光绪。师徒对视，谁也不说话，翁同龢的用意是以此向天子门生施加压力。这种"对视"一般历时十五分钟。有一次翁同龢的目光和缓了，没想到他刚要开口讲课，却发现小光绪依然在"怒目而视"，翁同龢慌了手脚，于是，换了个办法，他自己动手装订了一个"内省录"。次日上课，开讲之前，翁同龢拿出空白的"内省录"置于案头，

德龄像

慈禧太后身世之谜

并告诉小光绪：如果犯了错误，将把错误登记到这本"内省录"上，然后呈给两宫皇太后。

拿今天的话说，就是通知家长。没想到翁同龢话音刚落，小光绪就浑身颤抖，五官抽搐。翁同龢目瞪口呆。后来翁同龢听太监说，慈禧平日里对光绪不大过问，但一旦管教起来就疾言厉色，不是罚跪就是不让吃饭。一次光绪被罚挨饿，他流着眼泪回到寝宫，饿得难以忍耐，居然溜到太监的住处翻找食物，找到食物后撒腿就跑。太监连忙追赶，待捉住小光绪的时候，馍馍已经被吞咽了一半儿。太监禀报慈禧，慈禧气得不得了，把光绪骂了个狗血喷头，然后罚他跪一个时辰。小光绪两眼垂泪，浑身发抖，跪都跪不成个样子，趴在地上直哆嗦。

听到这里，翁同龢十分意外，也后悔不迭，他为不了解自己的学生而感到愧疚，便改变了自己的教育方式。

另据曾在宫中任职的女作家德龄在其所著的《瀛台泣血记》中说：慈禧为了让光绪帝长大成人后仍然能够顺从她，"特地再三教人去传翁同龢，要他格外侧重孝的教育。除掉把启蒙时所读的《二十四孝》不断地继续讲解之外，《孝经》那部书，也是最注意的。"

慈禧有着无可比拟的权力欲，她不停地强调载湉及其家人必须对她感恩戴德。可是她不明白，感恩是由爱激发个体心灵而产生的共鸣，促使受体产生更深刻的情感体验，萌发他们的感恩心理，增强他们的感恩意识的一种行为，所以她无法意识到自己对别人的所谓恩赐，无情地拆散了人世间最真挚的情感——骨肉亲情，慈禧强行实现的与载湉之间的母子关系是建立在幼儿从小失去家庭的保护与温暖、父母失去骨肉亲情的极度痛苦之上的霸道行为，而不是慈禧所理解的恩惠！但她的信条是别人都得无条件听命于她、无条件服从她，她觉得这是理所当然的，她不知道这就是专制，这就是霸道，即便她知道，她也觉得那是应该的，对于亲人也绝不例外。

依靠着断绝亲情、树立威严和灌输孝道的办法，慈禧霸道地剥夺了本属于载湉及其家人的家庭温暖，她把小载湉带入宫中，强制地带离了父母，离开温暖幸福的家，走进了陌生的深宫，建立了所谓的母子关系，但她却疏于对小载湉的关心与照顾，她只顾着自己的利益和欲望，而不顾其他人的感受。

慈禧对儿子，无论是前期的同治帝，还是后期的光绪帝，都是威严有余而关爱不足。慈禧奉行威严教育，她完全不考虑一个孩子有什么感情需要，更不考虑一个还处于幼童期的光绪帝需要什么样的特殊的生理与心理的照顾和关心。总之，她是一个不称职的母亲，根本不理解孩子在成长过程中最需要的就是"母爱"，在正常"母爱"的滋润下，让成长中的孩子感到生活的美好和人间的温暖。

小载湉入宫前，在醇王府曾经得过重症痢疾，险些丧命。幸亏采用针灸治疗，才得以不死，但身体一直很弱。入宫以后，慈禧把他交给太监全权管理。由于小载湉常常受到慈禧的严斥和惩罚，年龄又太小，照顾他的太监也未免对他心存不敬。

从《翁同龢日记》中所记载的内容看，光绪帝入宫时身体确实很差，瘦弱多病，经常感冒，腹痛头疼。说话结结巴巴，且胆小怕声，雨天打雷，会吓得大喊大叫。一次光绪帝"读（书）时正雷电，以一手拥护，左右而大声，以雨声相乱"。

这样一个性情敏感、体弱多病的小皇帝，他所需要的是母亲般的体贴与关爱、父亲般的依靠和支持。然而，他既没有皇帝应有的尊崇，也没有一个属于幼童所应得到的关心与照顾。

《戊戌政变记》中引述太监寇连材的笔记说道："中国四百兆人中境遇最苦者莫如我皇上（指光绪帝）。盖凡人当孩童时无不有父母以亲爱之，顾复其人，料理其饮食，体慰其寒暖，虽在孤儿，亦必有亲友以抚之也。独皇上五岁（实为不足四岁）登极（基），登极（基）以后，无人敢亲爱之，虽醇邸之福晋，亦不许亲近，盖限于名分也。名分可以亲爱皇上者，惟西后（慈禧）一人。然西后骄侈淫佚，绝不以为念。故皇上伶仃异常，醇邸福晋每言辄涕泣云。"

由此也可知，慈禧的确是心地狠辣，只为攫取权力而不择手段的女人。

## 光绪亲政，帝后相争

### 大清危机不断，光绪励志抗争

不管慈禧怎么打压，小光绪载湉都在渐渐长大，与曾经的表哥同治帝载淳当年相比，载湉是完全不同的人，同治帝性格极为叛逆和自私，

养心殿殿门

但光绪却非常的顺从和无私。这也许是慈禧在吸取教育同治帝的失败经验后，以及在她要完全控制光绪帝的考虑上做出的教育手段。

小光绪努力学习和被慈禧灌输奴隶思想的时候，也正是慈禧太后垂帘听政专政跋扈的时候，这时大清国已经病入膏肓。首先是灾荒不断，破坏程度大、涉及范围广的旱灾、水灾、蝗灾，在全国连年发生，特大灾害也时有所现。但最严重的危机，莫过于外国侵略势力的不断袭来。

缘于道光二十年（1840 年）的中英鸦片战争，猛烈的炮火从南海之滨的广州蔓延到了人杰地灵的江苏省会南京。清军惨败，订下耻辱的城下之盟：清朝政府被迫支付巨额赔款；割让香港；开放五口；降低关税；并给予外国人以侵犯中国主权的"领事裁判权"。

咸丰六年（1856 年），在第二次鸦片战争中，清军又是一败涂地。仅几天的时间，英法联军即攻占了广州城。随后移师北上，克京畿门户大沽炮台，直逼天津城下。清政府再一次向侵略者妥协投降，签订了卖国的《天津条约》，满足列强的贪婪索求。与此同时，沙俄乘机迫使清政府在东北就范，承认了不平等的《瑷珲条约》，吞占了中国 60 多万平方公里的土地。

此时的大清帝国正在步步走向殖民地的深渊。自建立之始，还从未落到过如此衰败的地步。对于大清国内外交困的严峻形势，居处深宫之中的少年光绪，已经有所了解，并且痛在心里。

光绪自幼即以皇帝的身份，时常随同慈禧太后上朝，听取朝臣们议事。稍大的时候，甚至还发表一些意见。从 13 岁开始，光绪已能披阅奏章。那时，人们将一部分已经慈禧太后审阅过的大臣奏本，送到小皇帝面前。光绪看完后，按照懿旨的意思，用朱笔在奏本上进行圈批。

这完全是慈禧太后的安排，目的是要小皇帝熟悉朝政，逐步掌握处理政务的本领。据翁同龢讲，光绪虽然当时年龄还很小，但是每次阅看奏章都非常认真。翁同龢在日记中曾经记叙了这样一件事情：

光绪九年正月初八日，翁同龢来到紫禁城养心殿西暖阁，向慈禧太后奏事。他看到光绪皇帝也在里面坐着。当时，军机大臣宝鋆正在将几

份奏折呈给皇上。皇帝披阅非常认真，从头至尾，每一页都仔细读过。

光绪每看完一份奏折，就由太后降旨，军机大臣将慈禧太后的旨意，在光绪面前复述一遍。然后，太后把蘸有朱墨的毛笔，递给旁边的光绪，由小皇帝在奏折上圈划。

正月十二日，翁同龢又来到养心殿西暖阁，看到光绪正在那里批阅奏章。这次奏折较多。小皇帝很细致地阅读了御史刘瑞祺的条陈。

十三四岁的孩子，能够整日阅看官员们用类似于八股式的固定文体，写成的枯燥无味的政治性文章，确实非常不容易。不过正是从这大量的奏折中，光绪渐渐了解到了宫墙以外发生的事情，从中看到了朝廷政治的腐败，外国侵略势力的步步逼近。奏折中反映的社会现实，也进一步激发出光绪拯救清朝、御抗外辱的雄心。

光绪十年三月的一天，在早朝时，14岁的皇帝，面对大臣们叹息道："现在边防不宁静，封疆大臣敷衍，国库空虚，海防不实，我辈将无颜面对祖宗。"

不久后的中法战争，中国不败而败，法国不胜而胜。这充分体现了慈禧太后妥协投降的对外政策，但这却不是年轻气盛、血气方刚、视国家荣誉为生命的光绪皇帝所认同的，于是二人之间的矛盾就此引发，光绪同慈禧之间相对平安无事的时代，也将由于光绪皇帝的亲政开始而结束。

## 慈禧实行训政，光绪难逃被控

光绪皇帝是在慈禧的眼皮底下逐渐长大的，但慈禧是个权力狂，一直不舍得放下权力。顺治是14岁亲政，康熙也是14岁亲政，光绪皇帝到了14岁了，按说应该亲政了，但慈禧说再等一等。

在归政光绪之前，慈禧不遗余力地笼络自己的朝中势力，逐渐构建起后党作为自己的力量，这就使得清王朝政治更加黑暗。

同治十年，同治帝十三岁，慈禧以其"典学未成"为由，迟迟不肯归政；光绪十二年，光绪帝 13 岁，慈禧又将以怎样的借口与形式阻挠光绪帝的亲政呢？

中法战争后的光绪十二年（1886 年），光绪帝已经 16 岁。屡经蹉跎的他，不仅学已有成，而且在"批阅奏章，论断古今，剖决是非"等方面，也具备了一定的能力。

时间在一天天地无情流逝着，可光绪帝的亲政与慈禧的归政却不见任何动静。养心殿里，每日无论是召见还是引见，光绪帝依然如泥塑的菩萨一样端坐在前，而慈禧依旧神采奕奕地垂帘于后，听政问政，发号施令。即使光绪帝偶尔对国家军国大事发表意见，也很难引起群臣的注意和重视。此时慈禧的威严仍像一道无形的枷锁，成长中的皇帝无论在治国的韬略上，还是在个人的心智上，都无法自由地发挥。

慈禧正以她对权力极度的贪婪欲望，分分秒秒地挑战光绪帝渴望亲政的耐心。朝臣们慑于慈禧的淫威，无法预知这位翻手为云、覆手为雨的"老佛爷"还会有怎样的表演。

直到光绪十二年六月十日（1886 年 7 月 11 日），慈禧与光绪帝召见醇亲王奕譞等人，并发出一道懿旨："前因皇帝冲龄践阼，一切用人行政，王大臣等不能无所秉承，因准廷臣之请，垂帘听政。并谕自皇帝典学有成，即行亲政。十余年来，皇帝孜孜念典，德业日新，近来批阅奏章，论断古今，剖决是非，权衡允当。本日召见醇亲王及军机大臣礼亲王世铎等，谕以自本年冬至大祀圜丘为始，皇帝亲诣行礼。并着钦天监选择吉日，于明年举行亲政大典。"

在这份懿旨中，慈禧表达了三个观点：一是自己有言在先，待"皇帝典学有成，即行亲政"；二是皇帝现在典学有成，表现在"近来批阅奏章，论断古今，剖决是非，权衡允当"，已具备了亲政的条件，我应该践约了；三是确立了皇帝亲政的时间，从今年"冬至大祀圜丘为始，皇帝亲诣行礼"，明年即行亲政。

那么慈禧归政光绪的诚意到底有几分呢？慈禧的懿旨一经颁布，可谓"一石激起千层浪"，满朝文武纷纷猜测，这真的是"老佛爷"的本意吗？醇亲王奕譞更是心事重重。那么，慈禧的本意究竟是什么呢？

慈禧此时归政的真正用意，历史没有明确记载。但今天回顾这段历史，鉴于慈禧一生的所作所为，对其真正用意做一个符合人性的推断就是：她并不情愿归政，但形势摆在面前，她又不得不做出归政的姿态来。

慈禧是一个嗜权如命的女人，对她来说，放弃权力就等于放弃生命。无论是在热河与八大臣进行殊死的斗争，还是屡次打压奕訢，还是立不到四岁的载湉继皇帝位等行为背后，自始至终无不贯穿着她对权力的追逐，她的生命是由权力铸成的，别人不能对她构成任何威胁，即便是想一想也不行，她也会集聚所有的力量拼死反击，以维护自己权力的完整并证明权力的强大。

光绪十二年，慈禧已掌握大清朝政 25 年，可这一年她才 52 岁。30 多年的宫廷斗争，慈禧积累了丰富的政治经验与游刃有余的驾驭能力，她能够从容应付繁重的朝政而没有丝毫的倦怠和不适。这时的她怎能甘愿放弃手中的权力，将其拱手让给光绪帝？

然而，严峻的客观形势迫使她不得不摆出一副归政的姿态来。光绪帝已经成年，这是慈禧无法回避的事实。第一，按照清朝祖制，光绪帝早已过了亲政的年龄；第二，光绪帝典学勤勉，成绩显著，为臣子所熟知；第三，慈禧原本就有承诺：俟皇帝典学有成即刻归政。如果她继续把持权力，无视光绪帝的存在，于情于理都无法交代，势必陷入被动而不能自拔，这不是慈禧处世的原则和做事的方式。

慈禧的思维是相当缜密的，她可能做过这样的考虑，一旦自己发布归政的懿旨，众臣都同意，公然表示"皇太后圣明"，她将怎样应对？毫无疑问，慈禧一定预料到有这种可能。但三十余年的宫中历练，慈禧早已成为谙熟政治权术的老手，对于审时度势、欲擒故纵的政治谋略，她自然是驾轻就熟。慈禧已经更换了枢臣，她十分清楚，论治国的韬略与才干，他们远逊于上届军机大臣们，然而论对自己的忠诚，她却深信不疑。在国家与自己的利益之间，慈禧选择了牺牲国家的利益来满足一

己之私欲。

俗话说："养兵千日，用兵一时"。慈禧费尽心机地把他们扶上正位，现在正是自己需要他们发挥作用的时候。在这盘政治赌局中，她坚信：在她与光绪帝的政治天平上，这些亲信枢臣们一定会将政治的砝码加在自己的一边。所以，她在摆出归政姿态的同时，她也有控制局面发展的把握。

情况不出慈禧所料，懿旨发布的第三天，也就是六月十三日，请求皇太后收回成命的折子纷纷呈到了慈禧的手里，主旨只有一个，那就是希望皇太后继续掌权。其中，以军机处领班大臣礼王世铎为首的诸臣工奏折和醇亲王奕譞的奏折颇具代表性。

礼亲王世铎折中主张：伏请皇太后"训政数年，于明年皇上亲政后，仍每日召见臣工，披览奏章，俾皇上随时随事亲承指示"。皇帝虽然亲政了，但皇太后也要依然每日进行召见，继续批阅奏章，皇上无论有大事、小事都要随时请示。毫无疑问，这种主张就是要慈禧归政不归权，光绪帝即使亲政也不过是一个傀儡罢了。

醇亲王奕譞的折请就更加过分了，用翁同龢的评价来解释就是："含意深远！""王大臣审时度势，合词吁恳皇太后训政。敬请体念时艰，俯允所请，俾皇帝有所秉承。日就月将，见闻密迩，俟及二旬，再议亲理庶务。……臣愚以为归政以后，必须永照现在规制，一切事件，先请懿旨，再于皇帝前奏闻"。按照醇亲王奕譞的主张，连皇帝现在亲政都不合适，即使要亲政也要等到 20 岁，亲政后皇帝也务必按照现在的规制，每日请示，再做决断。

如果说礼亲王世铎的主张代表了慈禧的亲信大臣们对慈禧的忠心的话，醇亲王奕譞的话就近乎于虚伪了，如此表白肯定不是奕譞的心里话。慈禧归政，对奕譞来说是一件高兴的事情，应该说他早就盼着自己的儿子能够亲政了。然而，他心里非常清楚，慈禧是不会轻易放下权力的，他必须要向慈禧与众人传达一个信息：我永远不会以皇帝生父自居；我永远没有任何非分的妄想。

对这样的结果，慈禧自是欣喜不已：事态正按照自己预定的轨道向前进展。就这样，一向独断专行的慈禧，此时却从谏如流，痛快地接受了醇亲王奕譞——皇帝生父的建议：即使确定了皇帝亲政，也要以皇太后绝对的权威为永远不变的原则。

　　在这场政治游戏中，每个人都在打着自己的算盘，却未为国家着想，而慈禧成为最大

光绪帝像

的赢家，她既躲开自己迟迟不归政的舆论责难，又可以名正言顺地继续保持至高无上的尊严，继续操持中国国政。于是在大臣们再次进言以后，慈禧正式发布懿旨："皇帝初亲大政，决疑定策……既据该王大臣等再三沥恳，何敢固守一己守经之义，致违天下公论之公也。勉允所请，于皇帝亲政后再行训政数年。"

　　就这样，慈禧以大臣屡次恳请作为前提，将光绪亲政后自己将进行训政的提议确定下来，此一结果虽然是慈禧事先设计好的，但她却又落得个"不得已而为"的美名。由此可见，慈禧将群臣和权力玩弄于股掌之间的手段已近乎出神入化。

　　不仅如此，为了使训政制度化，慈禧责成礼亲王世铎起草《训政细则》，经过一番筹划，终于在十月二十六日出笼。这个细则其实也为光绪帝亲政设定了范围，使光绪帝自行处理政事的权力极少，他几乎没有任何可以自行决定和独立施政的空间，所以即便他亲政，他也完全被置于慈禧的控制之下。如，从中我们可以看出，光绪亲政之后，朝廷用人权由慈禧裁夺；处理日常事务必须考虑慈禧的意见；召见引见臣工依原仪；批览奏章只有经慈禧阅览后才能下发。

　　显而易见，由垂帘听政到训政，慈禧只不过是换了一个名称罢了，而操控皇权的实质不仅没有任何改变，反而更加名正言顺。

　　而这样一来，慈禧可以充分利用训政统治模式来搪塞视听、平息舆论。她可以向天下堂而皇之地表白：我已经归政光绪帝了，至于我继续为王朝操劳，那是群臣的恳请，不是我的本意。这使慈禧在制度上为自己确立了主宰的地位。

　　有了《训政细则》作为保障，慈禧可以放心大胆地为光绪帝举行亲政大典了，于是光绪十三年的正月十五日（1887年2月7日），是大臣们按照慈禧的授意为光绪帝的亲政所择的大吉之日。是日慈禧"归政"于光绪帝。

## 慈禧选皇后，外甥娶侄女

　　光绪十四年（1888年），光绪帝18岁，对于入关后的清朝皇帝来说，这无疑是一个晚婚的年龄。慈禧迟迟不给光绪帝举行大婚，其目的就是要在权力的巅峰多待一些时日。因为皇帝只要大婚，就应该亲政，况且民间也有"成家立业"之说，所以为了不让光绪亲政，慈禧将光绪的婚姻大事也一拖再拖。然而，慈禧蒙蔽视听的举措或许连她自己都不知道漏洞百出、难以服众。人们不禁要问：慈禧究竟要在何时给光绪帝择后选妃呢？

　　光绪十四年六月十九日（1888年7月27日），慈禧终于颁发了给光绪帝举行大婚及亲政的懿旨："前因皇帝甫经亲政，决疑定策，不能不遇事提撕，勉允臣工之请训政数年。两年以来，皇帝几余典学，益臻精进，于军国大小事务，均能随时剖决，措置合宜，深宫甚为欣慰。明年正月，大婚礼成，应即亲裁大政，以慰天下臣民之望。"

　　这一懿旨的发布昭示世人：慈禧终于允许早已长大的光绪帝大婚了。目前没有更翔实的资料来记述慈禧此时的真实想法，但是可以想见慈禧一定是万般无奈。对于慈禧来说，两年前，也就是光绪十二年，在所谓的光绪帝亲政以后，她获得了"训政数年"的机会，实质上就是慈禧继续临朝称制。可是光绪帝日渐长大的年龄并没有给慈禧提供充分的训政时间，因为光绪帝的"晚婚"已经成为慈禧不容回避的事实。虽然，没有关于光绪帝晚婚因而招来朝臣们颇多议论的记载，但是对于这件事情朝臣以及后宫中不会没有看法和议论。光绪帝的婚姻大事已经到了无法继续拖延的境地。

从顺治朝开始，皇帝的后妃主要从来自八旗13岁至17岁的秀女中选择。但在慈禧确定光绪帝婚期的时候，尚未给皇帝选皇后，那么光绪跟哪个女孩子结婚呢？其实，这个问题大可不必挂心，皇帝想跟谁结婚就跟谁结婚，不用征询女方及其家长的意见，不过，这个时候不是光绪想跟谁结婚，而是慈禧让他跟谁结婚的问题。那么，慈禧是什么意思呢？

按皇家传统，程序还是要走。慈禧决定为光绪帝准备大婚后，选秀工作便紧锣密鼓地开始了，但慈禧早就胸有成竹，所以在接下来的时间里，她一面布置婚礼的各项程序，规划预算，一面以极大的热情着手选秀。有条件入选的女孩子被分批领进宫中，慈禧率领亲信女眷，集思广益，认真地品头论足。几经淘汰，到光绪十四年初冬，只剩下了五个女孩子，未来的皇后将在这五人中产生，即：慈禧的内侄女、其弟桂祥之女；江西巡抚德馨的一双女儿；侍郎长叙之的一对千金。

中国人把婚姻视为终身大事，确实，将哪个女孩子立为皇后，不仅关系着皇室的血脉繁衍，也影响着皇室的和谐和睦。为了保证自己影响力的长盛不衰，慈禧一定要选

光绪帝的表姐兼妻子隆裕皇后

一个中意的儿媳妇。当年同治皇帝选皇后的时候，慈禧还不能一手遮天，结果亲生儿子跟慈安太后一条心，把不合自己心意的阿鲁特氏立为皇后，现在不同过去，慈禧大权在握，信心满满。

光绪十四年十月初五，最后拍板的时刻到来了。在体和殿，慈禧太后稳坐宝座，光绪帝第一次被叫来参与，很不自在地站在慈禧的身旁。后面站着慈禧的养女荣寿公主以及福晋命妇等人，气氛严肃，鸦雀无声。室外雨雪交加，寒风凛冽，说是为皇帝选皇后，但没有一点儿喜庆的气氛。

在慈禧面前的桌子上，放着一柄白玉如意、两个绣花荷包，得到玉如意的女孩子就是未来的皇后，两个荷包则送给未来的嫔妃。可见，在这最后一轮的选拔中，五个女孩子中将有一人成为皇后，两人成为嫔妃，其余二人淘汰出局。

选拔开始，慈禧指着玉如意，对光绪帝说："这五个女孩子个个百里挑一，但毕竟是你自己的终身大事，一会儿皇帝看谁中意，把玉如意递给她就是了。"

光绪帝一半儿是客气，一半儿也确实是六神无主，赶紧回答："此大事当由皇爸爸主之，子臣不能自主。"慈禧做出开明的样子，一定要光绪帝自己挑选，光绪帝没有再客气，应承下来了。

五个衣着朴素、不染铅华的女孩子应召而至，依次行礼，自报履历，然后低头站在那里，任凭众多目光反复审视。光绪帝定睛一瞧，十分惊讶，原来，排在候选者第一位的就是慈禧的亲侄女！难道光绪帝认识慈禧的侄女？其实，何止认识，光绪帝的生母是慈禧的亲妹妹，所以慈禧的侄女跟光绪帝是表亲关系，比光绪帝大三岁，是嫡亲的大表姐，小时候经常进宫跟光绪帝做过游戏，算是童年的玩伴之一，但光绪并不喜欢她这个大表姐。

光绪帝做梦都想不到表姐会成为皇后的候选人，而且，自己现在是"大龄剩男"，但其表姐更"剩"，21岁还没有找婆家，如果不是慈禧有意将她留给光绪，那就实在说不过去。此女并不漂亮，身高不矮但有些

驼背，脸型不短却时常哭丧着脸，没有一点儿讨人喜欢的地方，但因为生在权贵之家，她不可能是没人愿意要才等这么晚未嫁，实是因为慈禧早就预定了她和光绪帝的婚姻，而自己又握着权力不想放手，所以就让侄女也一直等着，直等到21岁。

光绪帝一看就明白了，大表姐虽然姿色全无，但仍然在选秀中"过五关斩六将"，经过一轮又一轮的淘汰走到今天，就是慈禧在暗箱操作，都是她事先安排好的，看来终身大事已成定局，却口口声声让自己挑选，真是虚伪到了顶点，于是胸中顿时升腾起一股无名的怒火。

光绪帝天生犟脾气，一方面不满慈禧的安排，另一方面实在是看不上表姐，他拿起玉如意，看也没看表姐，开始审视起其他四位佳丽，只见她们姿色风韵各有所长，一时不知该把玉如意递给谁了。

光绪帝踌躇了一会儿，拿着玉如意来到一个容貌秀美的女孩子跟前。这个女孩子是江西巡抚德馨的女儿。眼看自己的侄女即将落选，慈禧顾不上刚刚作出的承诺，厉咳一声，光绪帝吓得一回头，看到慈禧严厉的目光和示意的眼神，不由懊丧到了极点。但经过短暂的思想斗争，他知道拗不过慈禧，只好步履沉重地走到表姐跟前，递过玉如意，然后掉头返回。表姐叩头谢恩，光绪帝理都没理。

场面十分尴尬，桌子上还放着两个绣花荷包，那是给未来的嫔妃准备的，可光绪帝却不选了，他撅着嘴站在一边儿，眼睛看着天花板。慈禧索性包办到底，她让荣寿公主将荷包递给排在队尾的两个女孩子，结束了选秀。

既然光绪帝已经屈服，按说慈禧也应考虑一下光绪帝的感受，将他相中的江西巡抚德馨的女儿选为嫔妃，可慈禧怕这个貌美如花的女孩子对其貌不扬的侄女构成威胁，居然把她淘汰出局。可见，慈禧除了个人私利以外，一点儿也不考虑光绪帝的幸福，不能不说做得过分了。

然后慈禧下发谕旨，向天下宣布：兹选得副都统桂祥之女叶赫那拉氏，端庄贤淑，着立为皇后……原任侍郎长叙之十五岁女他他喇氏，着封为瑾嫔。原任侍郎长叙之十三岁女他他喇氏，着封为珍嫔。

光绪帝大婚时的情景

　　这道谕旨真是"别致"，它交代了瑾嫔和珍嫔的年纪——15 岁和 13 岁，偏偏回避了皇后的年纪。显然，这是不想让天下人知道皇帝娶了一个"大龄剩女"。

　　光绪选后之事，反映出慈禧极为自私的心理。在清朝的历史上，对皇后的选择大多并不是出于皇帝个人感情的取舍，为了国家的利益，皇帝往往要作出牺牲。比如，清朝皇后中蒙古女子不少，因此跟蒙古各部落建立了血肉相连的亲密关系，保证了国家北部边疆的稳定。然而，此次光绪帝虽然作出了牺牲，但并不是为了国家的利益，而是为了慈禧太后及其家族的权欲和私利。

## 光绪抗争，慈禧打击

光绪十五年正月二十四日，举行了光绪帝的大婚典礼。二月初四，又在天安门举行了光绪帝的亲政仪式。这样，光绪皇帝已算成家立业，按说他也应该像列祖列宗那样执掌国政，成为大权在握、乾纲独断的一国之君。然而，他心中明白，慈禧的训政虽然结束，但她依然操纵着国家政权，因为在此之前慈禧做出决定：今后"各衙门引见人员，皇上阅看后拟请仍照现章，于召见臣等时请旨遵行"。

这也就是说，在任命官员的时候，皇帝接见后，仍须向太后请旨，太后批准后才算数。可见，慈禧仍然把持着高级官员的任命权，而且，这跟以前的"垂帘听政"和"训政"不同，根本没有期限。这也说明，只要慈禧活着，光绪就只能一直是个傀儡。

光绪帝不甘心永为傀儡，加上婚姻不如意，爱情不自主，所以沮丧到了极点。按例，大婚典礼之后皇帝要出面宴请皇后娘家的全体成员，以示谢意，届时朝廷重臣、王公贵族都要出席作陪，场面也很隆重。但光绪拒绝出席，理由是"身体不适"。如此不给皇后娘家面子，引得京城传言纷纷，最后由皇后出面主持宴会。

慈禧对此稍感不快，但总的来说还是喜大于忧。虽然已向皇帝归政，但各方面都按自己的意思安排，实际权力并没有太大的损失。

光绪帝大婚之后，宠爱珍妃，冷落皇后，妻妾争风，矛盾升级。慈禧当然不会袖手旁观，她的介入使问题更为复杂，各方的关系越来越僵，这深深地影响了清王朝的命运。

在光绪的无言抗争、慈禧的强势干预下，光绪帝身边还是形成了一个帝党集团，这是怎么回事儿呢？众所周知，光绪跟慈禧的矛盾是晚清王朝最后 20 年间朝野皆知的"秘密"，母子二人从小的纠葛开始，关系越闹越僵，最终成为势不两立的死对头，这严重地影响了清王朝的命运

天坛祈年殿

和中国历史的走向。

　　光绪帝十八岁了，有一次他随慈禧皇太后到东陵祭祖，离开了封闭的紫禁城，看到青山绿水和广袤的原野，光绪帝心情十分开朗。突然，光绪帝眼睛一亮，只见路旁草丛中有一群白白的毛茸茸的动物，这些动物低头吃草，个头不大不小，温顺可爱，见到人咩咩直叫，一点儿也不害怕。

　　光绪帝十分好奇，询问这是什么动物。太监不屑地回答说是羊。光绪吃过羊肉，对羊并不陌生，这回才知道羊是什么样子，他顿时喜欢上了这种动物，想拥有几只羊养着。

　　光绪帝怎么说也是皇上，别说几只羊，几万只羊也不难弄到。谒陵完毕回到紫禁城，太监给皇帝买回了几十只羊。光绪帝十分喜爱，然而，难题也接踵而至。大家知道，紫禁城是国家的政治中心，是神圣的殿堂，里面无处养羊，该把这些羊放到哪里呢？太监建议放到御花园，光绪帝同意了。但御花园里到处都是花花草草，几天下来，羊糟蹋了不

少花草。御花园的管理者十分反感，就反映到慈禧太后那里。慈禧不耐烦地下令把这些羊统统处理掉，紫禁城里不准养羊。

该把这些羊弄到哪里去呢？光绪帝一筹莫展。太监又来献计，建议到天坛放养。这倒是个好主意，光绪帝去过几次天坛，知道那里地面开阔，有大片的草地适合放羊，于是批准了这个建议。然而太监赶羊过去之后，天坛的官员无论如何不允许进门，说这里是皇帝祭天的神圣之所，不是牧场，他们更不相信皇帝能作出这样的决定，反而怀疑太监是不是吃错了药。但太监奉旨放羊，一点儿也不把官员放在眼里，于是双方起了纠纷。狐假虎威的太监仗着皇帝的权威把天坛官员骂了一遍，而天坛官员乃神圣的祭天之地守护者，脾气也大得很，双方情绪激动，还动了手。

天坛的官员忠于职守，却受到太监的羞辱，自然不能善罢甘休，他们上奏皇帝，要讨个公道。没想到光绪一口应承说是朕的旨意。这下子天坛官员哑巴吃黄连有苦说不出了，一想到太监那副小人得志的嘴脸，想到自己无辜受辱、无处申冤的处境，回到天坛之后，索性在一棵树上吊死了。

这样一来事情闹大了，慈禧得知真相大怒，立即命令将这几十只羊赶到御膳房杀掉，并把惹事儿的太监重打几十大板之后，发往"打扫处"从事保洁工作。由于光绪已经18岁了，慈禧不便再使用原来罚跪之类的处罚办法，踌躇了半天，没想出办法，结果放过了光绪帝。

按说这事儿本来不值一提，处理完了就算完了，但光绪帝心疼那几十只羊，因此憋了一肚子气。一天傍晚，光绪在宫里散步，突然发现宫女牵着上百条各色各样的狗，原来，这都是慈禧的爱犬，定期放出来遛。光绪立即找到了报复慈禧的办法，他领着一群太监迎上前去，拦住了宫女的去路。

光绪帝阴沉着脸，故作不知地质问："这是谁的狗？"宫女跪在地上告知是太后的爱犬。光绪怒气冲冲地说："不许牧羊，而独蓄犬，何耶？"他执意要将这些狗逐出紫禁城。宫女急得直哭，这些狗是慈禧的命根子，而皇帝的命令又不敢违抗，于是现场乱成了一团。最后光绪领着太监们追打这群狗，紫禁城里顿时狗叫连天。

上面这些事也可见，光绪跟他那个逆来顺受的爸爸奕譞不同，个性十足，而且孩子气十足，这说明他在亲政之后，觉得翅膀硬了，敢与慈禧针尖对麦芒，于是"母子"之间"冲突之事，不一而足"，处于青春逆反期的光绪时常跟慈禧顶牛，"虽琐屑细故，亦必反对而后快"。

光绪结婚之后，情势又有变化，原来母子一对一的"单挑"变成了母子婆媳"三足鼎立"的局面，这样一来，问题就复杂得多了。前面提到过，光绪帝在1889年正月举行了大婚典礼，在皇后的选择上，慈禧确实是私心太重，她一点儿也不考虑光绪的感受，为了自己的权势地位和娘家的利益，把侄女指婚给光绪，造成了光绪皇帝一生婚姻上的悲剧。

慈禧的侄女也是光绪帝的大表姐，二人属于近亲通婚。作为表姐，光绪原先虽然不喜欢她，但对她并无恶感，现在更不能接受她从"表姐"到"爱人"的角色转变，更何况他这表姐也没什么可爱之处，模样也不好看，所以光绪帝一生没有跟她同居，二人仅是挂名夫妻，甚至成年累月不说一句话。

这里不得不说光绪帝在性格上有缺陷，不然也不能一生被慈禧玩弄于股掌之间。倘若他能对表姐皇后好一些，将她争取到自己这边来，两人一起对付慈禧，或许他不至于落得个被慈禧软禁一生，最终又被毒死的下场。

## 戊戌变法与戊戌政变

### 日本大举侵略，慈禧割地赔款

慈禧与光绪的矛盾不仅在后宫家庭生活中产生冲突，在政治和治国上，两人也是矛盾渐起。

读者大都知道戊戌变法这个历史名词，又叫百日维新。是指 1898

康有为和梁启超

年（农历戊戌年）以康有为为首的改良主义者通过光绪皇帝所进行的资产阶级政治改革，是发生在中国清朝光绪年间（1898 年）的一项政治改革运动，因此年旧历称戊戌，故称戊戌变法。变法的主要内容是：学习西方，提倡科学文化，改革政治、教育制度，发展农、工、商业等。但这次运动遭到以慈禧太后为首的守旧派的强烈反对，这年九月慈禧太后等发动政变，光绪被囚，维新派康有为梁启超分别逃往法国和日本。谭嗣同等 6 人（戊戌六君子）被杀害，历时仅一百零三天的变法终于失败。因此戊戌变法也叫百日维新。

戊戌变法的代表人物是康有为和梁启超。从它的领导者来看，康有为是此次运动的重要代表人物，他的思想变化，以及反映其思想的言论、奏折成为判断戊戌变法性质的重要依据。

戊戌变法的起因和中日两国的甲午战争有关。1867 年，日本明治天皇睦仁登基伊始，即在《天皇御笔信》中宣称"开拓万里波涛，宣布国威于四方"，蓄意向海外扩张。1868 年，日本通过明治维新，"脱亚入欧"，开始走上资本主义道路，国力日渐强盛。随后，日本就开始了侵略的步伐。

日本对侵略中国是蓄谋已久的，可以说是一项百年计划。其明治初期便开始策划，1887 年时，日本政府制定了所谓"清国征讨策略"，逐渐演化为以侵略中国为中心的"大陆政策"。其第一步是攻占琉球和台湾，第二步是吞并朝鲜，第三步是进军满蒙地区，第四步是全面侵华，第五步是征服亚洲，称霸世界，实现其所谓的"八纮一宇"。

1892 年，日本提前完成了自 1885 年起的十年扩军计划，到了甲午战争前夕，日本已经建立了一支拥有 63000 名常备兵和 23 万预备兵的陆军，包括 6 个野战师和 1 个近卫师。战前日本海军拥有军舰 32 艘、鱼雷艇 24 艘，总排水量 72000 吨，已超过了北洋海军。

不仅如此，为了给战争作准备，日本还出动乐善堂、玄洋社等间谍组织和人员潜入中国，加紧对中国各方面的情报搜集和渗透，攫取了对中国如何作战才有利的大量信息。

而当时的清政府自高自大，一直很轻视日本，又在与西方各国打交道的过程中，认为西方人"并不利我土地人民"，只是想在贸易上占些便宜而已，于是就更加放松了军备意识。北洋海军自1888年正式建军后，就再没有增添任何舰只，舰龄渐渐老化，与日本新添的战舰相比火力弱，射速慢，航速迟缓。当时北洋水师有舰艇25艘，官兵4000人。到甲午

日本明治天皇像

战争前，北洋舰队的大沽口、威海卫和旅顺三大基地建成。但清朝军事变革基本停留在改良武器装备的低级阶段，陆海军总兵力虽多达80余万人，但编制落后，管理混乱，训练废弛，战斗力低下。

1891年以后，北洋水师甚至连枪炮弹药都停止购买了。这是因为此时清朝最高统治者慈禧太后为了准备她在1894年的六十寿诞，将这些费用来修建颐和园，供自己"颐养天年"了。而日本明治天皇却节约一切可以节约的费用来发展海军，他甚至让自己一天只吃两顿饭，以此做出表率，让全国人民省出钱来发展军队和制造武器。中日两国的最高统治者——慈禧太后与明治天皇相比，对照何其鲜明。这在某种程度上也预示了中国失败的命运。

朝鲜问题是日本发动侵略战争的突破口。1890年，日本爆发经济危机，对开战的要求更加迫切，就在这一年，时任日本首相山县有朋在第一次帝国议会的施政演说中抛出了所谓"主权线"和"利益线"的理论，将日本本土作为主权线，中国和朝鲜半岛视为日本的"利

益线"，声称日本"人口不足"，必须武力"保卫"利益线，加紧扩军备战。

1894 年，朝鲜爆发东学党起义，朝鲜政府军节节败退，被迫向清政府乞援。日本认为发动战争的时机已至，向清廷表示"贵政府何不速代韩戡……我政府必无他意"，诱使清政府出兵朝鲜。清政府没有识破这是日本的阴谋，于是派直隶提督叶志超和太原镇总兵聂士成率淮军精锐 2500 人于 6 月 6 日左右在朝鲜牙山登陆，在此安营扎寨，准备镇压起义，同时根据 1885 年《中日天津条约》通知日本。6 月 11 日，朝鲜政府和起义军达成了全州和议，清军未经战斗，起义就平息下去。

日本得知清廷出兵朝鲜的消息后，欣喜若狂。当时的伊藤博文内阁正面临议会的不信任案弹劾，得到此消息后，便如同抓住救命稻草，全力着手挑起战争。日本政府立即设立有参谋总长、参谋次长、陆军大臣、海军军令部长等参加的"大本营"，作为指挥侵略战争的最高领导机关。从 1894 年 6 月 8 日起，日本一方面派先遣队 400 人以保护使馆和侨民为借口，在朝鲜仁川登陆；另一方面，日本外务大臣陆奥宗光训令驻朝公使大鸟圭介挑起衅端，找寻借口发动侵略战争。

邓世昌头像

1894 年 7 月期间，日本发动战争的阴谋已经愈发明显，中国国内舆论和清军驻朝将领纷纷请求清廷增兵备战，朝廷里也形成了以光绪帝载湉、户部尚书翁同龢为首的主战派（帝党），然而慈禧太后并不愿意其六十大寿为战争干扰，李鸿章为了保存自己嫡系的淮军和北洋水师的实力，也企图和解。这些人形成了清廷中的主和派（后党）。李鸿

章明知日本的狼子野心，却并未认真备战，而是一味寄希望于美、英、俄等欧美列强调停。由于前述的各国利害关系，美、英、俄只是对日本表示"谴责"而已，调停均告失败。

1894年7月23日（农历甲午年六月二十一日）凌晨，日本军队突袭汉城王宫，挟持朝鲜国王李熙（朝鲜高宗），控制了朝鲜政府，两天后，即7月25日，日本不宣而战，在朝鲜丰岛海面袭击了北洋水师的战舰"济远"、"广乙"，丰岛海战爆发，海战中日本联合舰队第一游击队的"浪速"舰悍然击沉了清军借来运兵的英国商轮"高升"号，制造了高升号事件。至此日本终于引爆了甲午中日战争。

1894年8月1日（光绪二十年七月初一），中日双方正式宣战。这时在清廷内部，以光绪帝为首的主战派占上风。时年慈禧太后六十岁，她盼望从速结束战争，以免耽误她大办庆典，因此倾向和议，但迫于清议，一时尚不敢公然主和。在此阶段中，战争是在中国境外的朝鲜半岛及黄海北部进行，陆战主要是平壤战役，海战主要是黄海海战。

平壤之战发生于9月7日—9月15日，是双方陆军首次大规模作战，双方兵力旗鼓相当。平壤城的地势也非常险要，易守难攻。而且清军还得到朝鲜人民的支持。可惜清军并未充分利用这些优势，由于其主帅叶志超指挥失误和临阵脱逃，导致清军失败，以至于影响了整个战局。平壤之战以清军大败告终，以后6天中，清军狂奔五百里，一路逃至鸭绿江边，于21日渡鸭绿江回国。日军一路高歌猛进，占领朝鲜全境。

黄海海战发生于1894年9月17日，这是甲午战争中继丰岛海战后第二次海战，也是中日双方海军一次主力

中日甲午海战情景

日本军队在中国旅顺进行大屠杀

决战。这场战役发生于鸭绿江口大东沟（今辽宁省东港市）附近海面。9月15日上午，北洋舰队的主力，计军舰10艘、附属舰8艘，在丁汝昌率领下到达大连湾，护送4000余名入朝援军到朝鲜。返航后在大东沟遭遇日军阻截，战斗由此爆发。日本海军在大同江外海面投入战斗军舰则有12艘，包括其全部精锐，几乎可以说是倾巢出动。海战爆发后，清军水师顽强抗敌，虽损失惨重，但也给敌军以重创。

黄海海战历时5个多小时，其规模之大，时间之长，为近代世界海战史上远东战区所罕见。海战的结果：北洋舰队损失"致远"、"经远"、"超勇"、"扬威"、"广甲"（"广甲"逃离战场后触礁，几天后被自毁）5艘军舰，死伤官兵千余人；日本舰队"松岛"、"吉野"、"比睿"、"赤城"、"西京丸"5舰受重创，死伤官兵600余人。此役北洋水师虽损失较大，但并未完全战败。然而李鸿章为了保存实力，命令北洋舰队躲入威海港内，不准巡海迎敌。日本随之夺取了黄海的制海权。

黄海海战进一步暴露出了慈禧太后主导下的清政府的腐败无能，北洋水师建立之初，舰队在火力和整体吨位上远超当时的日本海军；日本

海军制定扩充海军计划，为筹集经费，天皇甚至从后宫经费中拨款给海军，与此形成鲜明对比的是，慈禧太后反而从海军经费中抽钱建她的颐和园。大清水师军舰年久失修，海军训练差，不少水兵吸食鸦片，高级官员贪污成风，整支军队素质低下。日本海军则加紧训练，军舰保养好，在自主造舰的同时，向英国皇家海军购置新舰，学习经验。在海战开始前，北洋水师军舰老旧，锅炉破损，舰炮使用穿甲弹，射速慢，威力不足。日本海军训练有素，装备了大批的新式战舰，使用大口径火炮，并装备了速射炮，开发出了新型的炮弹，在总体吨位上也超过了北洋海军，在海战上有了极大的优势。

平壤战役和黄海海战战败之后，中日战争在辽东半岛进行，鸭绿江江防之战和金旅之战皆是由于清军调度不力、士气低落而惨败。

日本第一军进攻鸭绿江清军防线的同一天，就在旅顺后路上的花园口登陆，登陆活动历时十二天，清军竟坐视不问，只有当地的农民自发抗击日军，暂时拖住了日军的行动。11月6日，日军击溃清军连顺、徐邦道等部，进占金州（今辽宁大连市金州区）。7日，日军分三路向大连湾进攻，大连守将赵怀业闻风溃逃，日军不战而得大连湾，开始向旅顺进逼。18日，日军前锋进军土城子，徐邦道的拱卫军顽强抗击，次日，道员龚照玛竟置诸军于不顾，乘鱼雷艇逃往烟台。19日，黄仕林、赵怀业、卫汝成三统领也先后潜逃。21日，日军向旅顺口发起总攻，次日，号称"东亚第一要塞"的旅顺陷于日军手中。日军攻陷旅顺后，即制造了旅顺大屠杀惨案，4天之内连续屠杀中国居民两万余人。

丁汝昌像

随着清军节节败退，在清廷内部，主和派已占上风，大肆进行投降活动。旅顺口失陷后，日本海军在渤海湾获得重要的根据地，从此北洋门户洞开，北洋舰队深藏威海卫港内，战局更是急转直下。

威海卫之战是保卫北洋海军根据地的防御战，也是北洋舰队对日的最后一战。其时，威海卫港内尚有北洋海军各种舰艇二十六艘。1895年1月20日，两万五千日军在日舰掩护下开始在荣成龙须岛登陆，23日全部登陆完毕。30日，日军集中兵力进攻威海卫南帮炮台。驻守南帮炮台的清军仅六营三千人。营官周家恩守卫摩天岭阵地顽强抵抗，最后被歼灭。日军也死伤累累，其左翼司令官大寺安纯少将被清军炮弹打死，这是日本在战争中唯一阵亡的将军。由于兵力悬殊，南帮炮台终被日军攻占。2月3日，日军占领威海卫城。威海陆地悉数被日本占据，丁汝昌坐镇指挥的刘公岛成为孤岛。日本联合舰队司令伊东佑亨曾致书丁汝昌劝降，遭丁汝昌拒绝。5日凌晨，旗舰定远中雷搁浅，仍做"水炮台"使用。10日，定远弹药告罄，刘步蟾自杀。11日，丁汝昌在洋员和威海营务处提调牛昶昞等主降将领的胁迫下，拒降自杀。

洋员和牛昶昞等又推署镇远管带杨用霖，出面主持投降事宜，杨用

《马关条约》签订时的情景

霖也选择了自杀。

12日，由美国籍的洋员浩威起草投降书，委托丁汝昌的名义，派广丙管带程壁光送至日本旗舰。14日，牛昶昞与伊东佑亨签订《威海降约》，规定将威海卫港内舰只、刘公岛炮台及岛上所有军械物资，悉数交给日军。17日，日军在刘公岛登陆，威海卫海军基地陷落，北洋舰队全军覆没。

之后的辽东之战持续的时间很长，但结果也是清军全面溃败，至此，中日在这甲午年的战争以中国的全面战败而告结束。

面对这种形势，慈禧惊恐万状，决意乞和。美国为扩大它的侵略利益，乘机"出面调停"，单独操纵中日之间的和谈，在美国的示意下，清政府于年底派遣户部侍郎张荫桓和湖南巡抚邵友濂为全权大臣，前往日本广岛议和。日本方面认为张、邵两人官位太低，拒绝谈判，要求清政府派北洋大臣李鸿章去日本。1895年3月19日，李鸿章带着儿子李经方和美国顾问科士达等随员100多人，以"头等全权大臣"的名义抵达日本马关，与日本首相伊藤博文商订和约。马关议和从3月24日正式开始，在谈判桌上，日本在美国的支持下，对李鸿章进行讹诈、恐吓，威逼李鸿章在一份早已拟好的条约上签字。1895年4月17日，李鸿章在条约上画了押。

《马关条约》又称《春帆楼条约》，共11款，并附有"另约"和"议订专条"。主要内容是：朝鲜完全"自主"，清政府实际上承认日本对朝鲜的控制；割让我国辽东半岛、台湾省、澎湖列岛等地（后辽东半岛由中国以3000万两白银的代价"赎回"）；赔款白银2亿两；允许日本资本家在中国通商口岸设立各种工厂；开放沙市、重庆、苏州、杭州为通商口岸。

《马关条约》是继《南京条约》以来最严重的不平等条约，它给近代中国社会带来严重危害，是帝国主义变中国为半殖民地、半封建社会的一个重要的步骤。台湾等大片领土的割让，进一步破坏了中国主权的完整，刺激了列强瓜分中国的野心，民族危机进一步加深，其巨额赔款

光绪帝（中）和康有为（右）、梁启超（左）

加重了中国人民的负担。同时，加速了日本军国主义的发展。清政府因此大借外债，致使列强控制了中国的经济命脉。而通商口岸的开放，则使帝国主义侵略势力深入到中国内地。又因允许在华投资办厂，其他列强引用"利益均沾"的条款，争先恐后地在中国开设工厂，严重阻碍了中国民族资本主义的发展。《马关条约》的签订，反映了帝国主义资本输出、分割世界的侵略要求。外国资本主义对中国的侵略进入一个新的阶段，中国社会半殖民地化的程度大大加深了。

## 维新派公车上书，光绪帝变法求强

早在从 1840 年鸦片战争战败后，中国跟世界的关系出现前所未见的改变，因为堂堂大清帝国竟被远隔几万里的小小岛国派来的几艘军舰打败，实在是前所未有地打击了中国人的民族自尊心和自信心，之后接连不断的外忧内患，使清政府及一众知识分子逐渐醒悟到必须要改变以自强。于是从咸丰、同治年间开始，清政府进行洋务运动，希望能够"师夷长技以制夷"，改良生产技术。各地先后引入外国新科技，开设矿业、工厂，建设铁路、架设电报网，培训技术人才；在军事上亦建立了远东最具规模的北洋水师。1894 年至 1895 年发生甲午战争，清政府被日本打败，北洋水师全军覆没。这证明只靠经济上的洋务运动未能从根

本上改变中国的落后。于是出现了要求从更基本层面，包括政治体制上，进行变法维新的声音。

维新运动开始于1895年4月于北京发生的"公车上书"事件。当时齐集在北京参与科举会试的十八省举人，收到《马关条约》中，中国割去台湾及辽东，并向日本赔款两亿两白银的消息，一时间群情激动。康有为、梁启超作成上皇帝的万言书，痛陈民族危亡的严峻形势，提出拒和、练兵、迁都及变法的主张，得到在北京应试的1300多名参加科举考试的举人的联名支持。5月2日，康、梁二人，十八省举人及数千市民，集合在都察院门前要求代奏。因为外省举人到京是由朝廷的公车接送，事件亦被称为公车上书。这次上书对清政府触动不大，却轰动了全国，在当时虽然没有得到直接实质的后果，但却形成了国民问政的风气，之后亦催生了各式各样不同的议政团体。当中由康、梁二人发起的强学会最为声势浩大，更曾一度得到帝师翁同龢、南洋大臣张之洞等清朝高级官员的支持。

为了把维新变法推向高潮，1895年8月，康有为、梁启超等人在北京出版《万国公报》（后改名为《中外纪闻》），宣扬变法，组织"强学会"。1896年8月，《时务报》在上海创刊，成为维新派宣传变法的舆论中心。1897年冬，严复在天津主编《国闻报》，成为与《时务报》齐名的在北方宣传维新变法的重要阵地。1896年2月，唐才常等人在湖南成立了强学会，创办了《湘报》。在康、梁等维新志士的宣传、组织和影响下，全国议论时政的风气逐渐形成。到1897年底，各地已建立以变法自强为宗旨的学会33个，新式学堂17所，出版报刊19种。到1898年，学会、学堂和报馆达300多个。1897年11月，德国强占胶州湾，法国租借广州湾，英国租借后来被称为新界的地区和威海卫，全国人心激愤，维新运动从理论宣传转到政治实践。12月，康有为第五次上书，陈述列强瓜分中国，形势迫在眉睫。1898年1月29日，康有为上《应诏统筹全局折》；4月，康有为、梁启超在北京发起成立保国会，为变法维新作了直接准备。

在维新人士和帝党官员的积极推动下，1898年6月11日，光绪皇帝颁布"明定国是诏"诏书，宣布变法。新政从此日开始，到9月21日慈禧太后发动政变为止，历时103天，史称"百日维新"。

在此期间，光绪皇帝根据康有为等人的建议，颁布了一系列变法诏书和谕令。主要内容有：经济上，设立农工商局、路矿总局，提倡开办实业；修筑铁路，开采矿藏；组织商会；改革财政。政治上，广开言路，允许士民上书言事；裁汰绿营，编练新军。文化上，废八股，兴西学；创办京师大学堂；设译书局，派留学生；奖励科学著作和发明。这些革新政令，目的在于学习西方文化、科学技术和经营管理制度，发展资本主义，建立君主立宪政体，使国家富强。

袁世凯像

## 慈禧反对变法，发动戊戌政变

维新派新政措施虽未触及封建统治的基础，但是这些措施代表了新兴资产阶级的利益，为封建顽固势力所不容。"百日维新"开始后，清政府中的守旧派不能容忍维新运动的发展。一些权贵显宦、守旧官僚对新政措施阳奉阴违，托词抗命。有人上书慈禧太后，要求杀了康有为、梁启超；奕劻、李莲英跪请太后"垂帘听政"；御史杨崇伊多次到天津与荣禄密谋；甚至宫廷内外传言将废除光绪，另立皇帝。慈禧太后仅在光绪皇帝宣布变法的第五天，就迫使光绪连下三谕，控制了人事任免和京津地区的军政大权，准备发动政变。

慈禧太后身世之谜

9月中旬，光绪皇帝几次密诏维新派商议对策，但维新派既无实权，又束手无策，只得向光绪皇帝建议重用袁世凯，以对付变法的阻挠者、慈禧的亲信荣禄。16、17日，光绪皇帝两次召见袁世凯，授予侍郎；18日夜，谭嗣同密访袁世凯，劝袁杀荣禄，举兵救驾。事后，被袁世凯出卖。

戊戌变法失败的首要罪魁是袁世凯，变法之时，在康有为的举荐下，他曾受到光绪帝的重用。1898年9月16日，光绪帝在颐和园召见统率北洋新军的直隶按察使袁世凯，面谈后升任他为侍郎候补。另一方面，直隶总督荣禄以英俄开战为由，催袁急回天津。据袁世凯的日记所载，之后谭嗣同于9月18日夜访袁世凯住处，透露皇上希望袁世凯可以起兵勤王，诛杀荣禄及包围慈禧太后住的颐和园。两日后（9月20日），袁世凯回到天津，将谭嗣同的计划向荣禄报告。

1898年9月21日凌晨，慈禧太后突然从颐和园赶回紫禁城，直入光绪皇帝寝宫，将光绪皇帝囚禁于中南海瀛台；然后宣布戒严，即日临朝发布训政诏书，再次临朝"训政"，"戊戌变法"失败。戊戌政变后，慈禧太后下令捕杀在逃的康有为、梁启超，逮捕谭嗣同、杨深秀、林旭、杨锐、刘光第、康广仁、徐致靖、张荫桓等人。9月28日，在北京菜市口将谭嗣同、杨锐、刘光第、林旭、杨深秀、康广仁六人杀害；徐致靖处以永远监禁；张荫桓被遣戍新疆。所有新政措施，除7月开办的京师大学堂（今北京大学）外，全部都被废止。从6月11日至9月21日，进行了103天的变法维新，以戊戌政变宣告失败。

这样，慈禧太后又强行掌握了清朝权柄，开始了她一生中的第三次垂帘听政。经过这次政变，她便认定了无论怎样都要把握权力的想法，只要她慈禧活一天，她就不会把权力交给光绪帝，也就是说，维新运动的失败已注定了光绪帝一生当慈禧傀儡的命运。

## 三次垂帘，软禁光绪

### 谭嗣同横刀自笑，光绪帝遭禁瀛台

慈禧发动政变之后，她的铁杆亲信荣禄率亲兵来到京城，这样慈禧就更加有恃无恐了。在老情人的支持下，次日——八月初六，慈禧以光绪皇帝名义发布谕旨宣布：现在国事艰难，庶务待理，朕勤劳宵旰，日理万机，兢业之余，时虞丛脞。恭溯同治年间以来，慈禧端佑康颐昭豫庄诚寿恭钦献崇熙皇太后两次垂帘听政，办理朝政，宏济时艰，无不尽美尽善。因念宗社为重，再三吁恳慈恩训政，仰蒙俯如所请，此乃天下臣民之福。由今日始，在便殿办事。本月初八，朕率王大臣在勤政殿行礼，一切应行礼节，着各该衙门敬谨预备。

此谕一下，就等于慈禧开始了她一生中的第三次垂帘听政。

同时，慈禧命令步军统领衙门逮捕康有为和他的弟弟康广仁，罪名是"结党营私，莠言乱政"。至此，正式向天下公布了光绪帝及其维新派失势的消息，接着，慈禧又陆续取消了新政的各项措施。

这场变革从四月二十三日开始，至八月初六告终，历时一百零三天，史称"百日维新"。

然而，就在慈禧所代表的顽固派弹冠相庆，旧势力卷土重来之际，维新派欲刺杀慈禧的内幕被揭开了，慈禧惊讶得目瞪口呆，光绪帝也陷入了万劫不复的命运深渊。八月初九，清廷发布了捉拿康有为、梁启超、谭嗣同等人的上谕。

清政府虽然发布了捉拿康有为的命令，但由于他奉旨出京前往上海，所以，清军先到塘沽一带堵截，后又到上海的码头拦截，结果都扑了空。后来才知道康有为在吴淞口转乘

谭嗣同像

英国小艇，换乘英国商船潜往海外。梁启超虽然在北京，但他在慈禧宣布训政的当天就跑进了日本驻华公使馆，后来被日本人送出了中国。清军一路追杀，一直追到大沽口，眼巴巴地看着梁启超上了日本军舰。

梁启超在逃往日本使馆之际，曾力劝谭嗣同跟他一起避难。据梁启超回忆，谭嗣同含泪说："不有行者，无以图将来；不有死者，无以酬圣主。"也就是说，如果都在北京等死的话，中国维新就没有希望了；但全跑了，没有一个人站出来拿性命担当的话，又怎么对得起皇上？还说："各国变法，无不从流血而成，今日中国未闻有因变法而流血者，此国之所以不昌也，有之，请自嗣同始！"言罢，将一包手稿交给梁启超，托他带走，然后二人紧紧拥抱，洒泪告别。

谭嗣同是初九被捕的，此前他通过自己的社会关系，联系北京的一些侠士，力图营救光绪皇帝逃出瀛台，但终究无机可乘。八月十三日，未经审讯，慈禧下令将谭嗣同、康广仁、杨深秀、林旭、杨锐、刘光第等人斩杀于菜市口，众人英勇就义。

附带指出，谭嗣同还是中国近代史上著名的思想家，留下了《仁学》这部作品，号召人们冲破旧思想、旧势力的束缚，追求自由幸福的

图中中间的岛屿即中南海瀛台

生活。无论是目空一切的康有为，还是才华横溢的梁启超，提起谭嗣同无不赞叹有加。梁启超晚年回忆说："嗣同遇害，年仅三十三。使假以年，则其学将不能测其所至。仅留此区区一卷，吐万丈光芒，一瞥而逝，而扫荡廓清之力莫与京焉！"

　　谭嗣同等六人同时遇害，史称"戊戌六君子"。其实，这六人并非都是维新派骨干，其中杨锐本是湖广总督张之洞的得意门生和绝对亲信，政治立场介乎"洋务"和"维新"之间。千钧一发之际，张之洞一再致电北京，力保杨锐，请求务必刀下留人。但刚毅不懂洋务派跟维新派有什么区别，在他眼中，只要跟西方事物有关的任何人都罪该万死，所以，装聋作哑，未予理睬。至于康广仁，不过是康有为的弟弟而已，由于慈禧抓不着康有为，他只好给哥哥顶罪了，由此也可见慈禧惨无人道、穷凶极恶之心。

　　慈禧一出手，便让维新派人士死的死、跑的跑，北京又成了其所代表的顽固守旧派的天下。然而，戊戌变法的最大当事人光绪皇帝却无路可跑，他只能任凭慈禧迫害。

八国联军的一些将领

## 慈禧害死珍妃，签订《辛丑条约》

　　第三次垂帘听政，慈禧太后软禁光绪皇帝于中南海瀛台，甚而欲废帝改立，因遭各国强烈反对而不敢付诸行动，使她怀恨在心。

　　甲午战败后，列强纷纷在中国强租港湾、划分势力范围，也增长了慈禧太后的仇外情绪。这一时期，以与洋人抗争为目标的义和团在山东兴起，慈禧决定利用他们抗衡外国势力。义和团以血肉之躯，被慈禧利用来抗击列强的洋枪利炮。

　　结果列强于 1900 年 9 月组建了八国联军，由级别最高的英国军官西摩尔为统帅，美国军官麦卡加拉为副统帅，率军自天津向北京进发，未过三月，八国联军在清朝京畿地区横扫一切，并占领了北京全城。

　　在八国联军欲攻北京之时，慈禧太后挟持光绪帝和亲贵大臣逃往西安，派奕劻和李鸿章与联军谈和。慈禧太后再次置国家于不顾，只顾自己性命，选择了逃亡。

　　而在开始逃亡之前，慈禧太后还不忘处死光绪帝心爱的妃子珍妃。

慈禧为什么要处死珍妃呢？其原因和事情大致是这样，珍妃因年龄还小，不懂与人相处，得罪了皇后，这基本等于得罪了其姑姑慈禧，所以慈禧一直在等着处置她的借口。

新婚之后，光绪帝虽然讨厌他的表姐皇后，但毕竟一同进宫的还有两位丽人——瑾嫔和珍嫔，可以弥补感情上的空虚。尤其是珍嫔（即珍妃，妃号为后封），深得光绪的喜欢。珍嫔自小跟着担任广州将军的伯父生活，具备南方女子的灵秀聪慧，从年龄上看，才十三四岁的珍妃还是个天真烂漫的小女孩儿。她天生丽质、生性活泼、聪明伶俐，琴棋书画都懂得一些，所以，光绪帝在一段儿时间里经常召幸珍嫔，二人感情迅速升温，即使白天也形影不离。据宫中的太监回忆：珍嫔"不施脂粉，不喜女服，不挽发髻，不穿绣履，而以男子服装为尚。每侍皇上，大辫后垂，头戴头品顶花翎，身穿箭袖马褂，足登青缎朝靴，完全是一美少年的卫官打扮，帝甚喜欢。"

从此，光绪帝清晨向太后请安也不坐轿子，为的是跟珍嫔并肩而行；回到养心殿批阅奏章，珍嫔侍候笔墨；遇到疑难问题，二人一起讨论。光绪仿佛找到了感情的归依，跟珍嫔形影不离。这样一来，皇后自然醋劲儿大发，珍嫔就成了招忌的对象了。

根据《瀛台泣血记》记载，有一个戏子时常进宫唱戏，珍嫔对他多有赏赐，戏子也送给珍嫔一些戏装照片。拿今天话说，珍嫔可能是这位戏子的"粉丝"，但让人说起来，就有些暧昧。皇后感觉抓住了珍嫔的把柄，但这事儿光绪是知道的，皇帝都不在意，她到婆婆也是姑姑的慈禧那里搬弄是非，没想到慈禧也不以为然。因为慈禧也迷恋京剧，还利用皇太后的权势"追星捧角"，所以，她不认为珍嫔这一爱好有什么不好。但皇后并不死心，她到珍嫔那里旁敲侧击，但珍嫔装傻充愣，皇后也讨了个没趣。

光绪帝不理皇后，使她十分苦闷，自然迁怒受宠的珍嫔，多方找茬。作为皇后，她的身份对珍嫔应该是有威慑力的。不料珍嫔年少不更事，依仗光绪有恃无恐，根本不买皇后的账，彼此关系越闹越僵。有一

光绪皇帝与珍妃

次看戏，皇帝、皇后、瑾嫔、珍嫔都在场，轮到珍嫔喜爱的那位戏子登台的时候，皇后突然阴阳怪气地提醒皇帝看好了自己身边的美人，可别闹出什么笑话。说完，目光怪异地向台上一瞥。皇后话音刚落，珍嫔就委屈得放声大哭。光绪恼羞成怒，起身挥拳要打皇后，瑾嫔吓得瑟瑟发抖，太监赶紧前来拉架。现场一片混乱，一台大戏也草草收场。

此前，光绪帝反感皇后，充其量不理不睬而已；此后，双方的矛盾挑明了，光绪帝的孩子气上来了，开始想方设法报复皇后。据末代皇帝溥仪回忆，他年幼的时候，身边的太监时常向他谈起光绪朝的往事。据一位老太监说，光绪偶尔领着一帮太监前往皇后的寝宫，但不进门，而是命令太监们把狗放进去。这些宠物狗是太监豢养的，一旦冲进院子，便在台阶、甚至门帘上撒尿，光绪以此获得快感。

此外，光绪还经常带着一群太监到皇后的寝宫前跺脚。今天看来，光绪的做法实在是幼稚无礼，一副小孩子闹气的样子，他却以此向皇后示威，只是为了发泄心中的郁闷。从此皇后成了光绪的出气筒，他受了慈禧的窝囊气后就到皇后那里发泄。

应该承认，光绪跟皇后闹矛盾，慈禧不可能不介入，更何况这个儿媳妇是她亲自选的，又是娘家侄女，自然心存保护。而皇后受了委屈自然要向姑姑兼婆婆哭诉，慈禧知道后再训斥光绪，光绪受了气又去找皇后的麻烦，于是这对于光绪和慈禧及皇后三人来讲，其关系基本已陷入一种恶性循环之中了。

光绪自小入宫，孤苦伶仃，基本没体验过亲情的关爱，现在他从珍嫔的身上获得了这一点，所以他在贪婪地享受着这一关爱的同时，对珍嫔无话不谈，言听计从。珍嫔年纪虽小，但很有心计，她最初因厌恶皇后而反感慈禧，继而从帮助光绪掌权的出发点来算计慈禧。当时，珍嫔跟光绪形影不离，即使光绪处理政务，珍嫔也能发表一些意见。

光绪二十年（1894 年）正月，珍嫔晋封为珍妃。在光绪与珍妃无所顾忌地施展自己的抱负、憧憬美好前景的时候，危险也在临近。因为光绪除了一个皇帝的虚名以外，在政治经验、领导才干、阴谋手段、人脉基础等方面毫无优势，不仅不具备抗衡慈禧的资本，甚至不知道政治斗争的险恶。两个年轻人在热烈期待当家作主、大展才华的时候，根本没想过他们将为此付出彻底失败以及生命的代价。

此时慈禧已对珍妃十分反感，在她看来，珍妃作为儿媳妇居然挑唆儿子跟母亲作对，绝不能轻饶，但慈禧善于隐忍，她在等着珍妃犯错误。

而珍妃因为年纪小，不知如何为人处事，她人虽小花钱却大方，还常去打赏身边的人，以至用度不足，又不会节省，她遂想了一个办法，就串通太监，多次受贿卖官。因为有利可图，当时太监中最有势力的数人均染指其中。

珍妃井

慈禧知道后立即当面拷问珍妃，并让人从其住处搜获记有其卖官收入的一本账本，于是在光绪二十年甲午（1894 年）十月，慈禧将瑾妃、珍妃著降为贵人（第七等），"以示薄惩"。珍妃被幽闭于宫西二长街百子门内牢院（也就是常说的"冷宫"），从此与光绪隔绝，不能见面。

至于珍妃是如何被慈禧害死的，据《晚清宫廷生活见闻》中一位叫王祥的太监是这样描述的："王祥那个时候才二十几岁，他清楚地记得，庚子年七月二十日，宫里乱七八糟的，西太后和光绪皇上都改变了装束，就要逃出宫了。就在这当儿，她亲自率领瑾妃和御前首领太监崔玉贵、王德环到了宁寿宫，把珍妃从三所（囚禁珍妃的住所）里提了出来。珍妃在这里不知道已经受了多少折磨。她被提到西太后跟前，我们从门缝里看到她战战兢兢、憔悴的样子。西太后究竟和她说了些什么，王祥没有听见。后来在场的太监们传说，西太后对她说，现在太后同皇上就要离京了，本来想带她走，但是兵荒马乱的年月，万一洋人入宫，出了什么事，丢了皇家的体面，就对不住祖宗了，让她赶快自尽。还听太监们传说，珍妃对西太后说，皇上应该留在北京，但是还没等珍妃说明道理，西太后就冷笑了一声，抢白她说，"你死在眼前，还胡主张什么。"

这些传说是不是实情，王祥说不能判断。当时王祥从门缝里只看到珍妃跪在西太后面前，哀求留她一条活命，口里不断呼叫"皇爸爸，皇爸爸，饶恕奴才吧！以后不再做错事了！"

西太后气狠狠地呼喝："你死去吧！"

珍妃说："我没有应死的罪！"

西太后说："不管你有罪没罪，也得死！"

珍妃说："我要见皇上一面，皇上没让我死！"

太后说："皇上也救不了你，把她扔到井里头去。来人哪！"

在场的人，有的眼里流着泪，像木鸡似的呆站着，大概谁也不忍下手。

西太后怕时间耽搁久了，就接连着喊叫快点动手。崔玉贵走上前去，和王德环一起把珍妃扯过去，连挟带提地把她丢到了井里。

珍妃临危前，王祥还听到她呼唤"李安达，李安达！"安达是对太监的尊称。这是珍妃呼唤李莲英，求他救救她。但李莲英并没有动，西太后慈禧就这样残忍地把珍妃害死了。

慈禧害死珍妃时，八国联军进攻北京的形势非常危急，她顾不得许多，便弃国都而走，远遁西安去了，留下的烂摊子，则由大臣们和亲王们打理，怎么打理呢？无非认输投降罢了，于是又是一番割地赔款。

1901年9月7日（清光绪二十七年），清政府与八国联军签署了《辛丑条约》，之后八国联军除留一部常驻京津、津榆两线外，其余撤兵回国。

八国联军军事行动，以清政府与总共十一个国家签订辛丑条约为终，其中规定清政府赔款白银四亿五千万两（四亿五千万即当时中国总人口，以示每人一两，达羞辱中国人之意），分三十九年付清，加上利息共计九亿八千万两，为当时的中国的年总收入的十二倍，被称为"庚子赔款"，该条约签订之后，中国的半殖民地半封建社会的受迫害程度又大大加深了。

八国联军占领北京后，对北京皇城、衙门、官府大肆掠夺，从而造

八国联军监督清政府处死义和团战士时的情景

成大量中国文物和文化遗产（包括故宫，颐和园，西山以及圆明园）的失窃、破坏。在战争中，俄罗斯出兵侵占中国东北全境，这也为日后的日俄战争埋下了伏笔。从客观角度上来说，八国联军侵华事件加速了清王朝的灭亡，也促进了落后的中国向西方学习的进程。

《辛丑条约》签订之后，八国联军退出北京。光绪二十七年十一月二十八日（1902年1月7日）午后，逃到西安将近一年半的慈禧带着光绪帝回到了阔别已久的北京紫禁城。慈禧立即命令把光绪皇帝安排到中南海的瀛台居住，继续软禁。

光绪帝麻木不仁地过着逆来顺受、寂寞清苦的生活。他在中南海瀛台读书，记日记，写大字，在岸边散步。慈禧派来的太监们看贼似的跟着他，谁也不和他说话。逢年过节，光绪帝所在的瀛台十分冷清，他就自己动手打扫房间，手拿竹竿挑落大殿里的蜘蛛网，然后提笔写几副春联，领着太监贴在门上，自我欣赏一番之后，就傻呆呆地看着落霞满天，夜里静坐听着民间市井的爆竹声，一言不发。

光绪帝在瀛台一筹莫展，慈禧的日子也不好过，毕竟年近七旬，身体不好，来日无多，心情不佳。而且，继李鸿章去世之后，光绪二十九年三月，她的"宠臣"荣禄也去世了，这让慈禧悲伤不已，她痛哭流涕，并把弟弟桂祥骂得狗血喷头，因为荣禄临终之际一直由桂祥推荐的医生负责抢救，慈禧认为医生不称职，迁怒于桂祥。荣禄死后，慈禧伤感了很久，也苍老了很多，可见慈禧对荣禄的感情之深。

转眼到了光绪三十年（1904年），慈禧又蒙受了一场刺激。原来，她的七十大寿到了，本打算热热闹闹地祝贺一次，补上六十大寿未能大办的缺憾，谁想到在东北地区发生了日俄战争。这场战争发生在中国东北，却是日俄两国在争夺中国东北地区的国土，而清政府却宣布"局外中立"，真是丢人到家的一件事儿了。在这种情况下，慈禧还要做寿，以致被革命党人章太炎讥讽为"万寿疆无"，其对联是这样写的：

今日幸南苑，明日幸北海，几忘曾幸古长安，亿兆民膏血轻抛，只顾一人庆有！

五旬割云南，六旬割台湾，而今又割东三省，数千里版图尽弃，每逢万寿疆无！

# 慈禧私生活大揭秘

## 第六章

## 慈禧的喜好和习惯

作为女人，慈禧太后有着与普通人一样的七情六欲、喜怒哀乐，她也希望被人疼爱，希望永远年轻漂亮，希望锦衣玉食、荣华富贵。但她有着寻常女子所没有的权力欲，而且具备夺取权力的阴险和毒辣，因而她一步步地实现了自己的权力目标。当达到唯我独尊的地位时，她便用至高无上的权力来满足自己的欲望和要求，因而使普通人的正常需求出现了变异的状态，甚至发生了一些匪夷所思的事情。

爱美是女人的天性。慈禧太后深谙此道，当年她就是靠着自己的美貌获得了咸丰皇帝的宠爱，从而走上了权力之巅，因此当她大权在握的时候就更加注重保养，搜集各种方法使自己容颜不老、青春永在。

慈禧的一大嗜好是吃花、浴花。清宫医案表明，爱美如命的慈禧太后是一个最能"消费"鲜花的人。曾经在慈禧身边做过贴身女官的美籍华人德龄曾写过一本《清宫二年记》，其中写道："她（慈禧）像普通人一样，爱着各种生物，像花草、树木、狗、马等都是她所喜欢的。"慈禧尤其喜欢白龙须、紫金铃、雪球等名贵花草，命太监在颐和园中种植了上万种，并派专人加以护理照养，她一有空便在花丛中把玩欣赏。据说有一天深夜突降大雨，慈禧太后从梦中惊醒，大惊失色，以为自己的菊花被淋坏了，结果有太监告诉她已经用芦席把花草盖好了，她这才放下心来。

　　慈禧太后不仅喜欢赏花、嗅花，还喜欢吃花。她最喜欢吃的是白菊花和荷花。她命人将那些开得正盛的花朵采摘来，在温水里漂洗过后，放在竹篮里沥净，然后由御膳房拿来一个银制小锅，里面盛着炖好的鸡汤，外加一些生鱼片和酱油等调料，慈禧太后就取来花瓣蘸着汤料吃起来，据说一次能吃很多。她还喜欢将荷花瓣和玉兰花加入调料制成零食，留作消闲上品。此外，她在美容、沐浴时，也喜欢用花朵做原料。她在美容美肤时，经常使用由金银花做的花露水，将其涂在身体上轻轻拍干，而在洗澡时，又用大量的玫瑰花或茉莉花做香料，撒入水中，并在花团簇拥中，享受鲜花带来的艳丽和滋养。

　　慈禧太后还喜欢穿高跟鞋。本来满族女人穿的鞋就与汉族女子不同，满族女人穿的是木制平底鞋和高底平头鞋，人称旗鞋。平底鞋是方口的，与朝靴相似，前头高高翘起，高底鞋则是满族女人们最富民族特色的鞋子，鞋底中部足心的地方垫一个高约十厘米的高底，外面缝上纳好的数层白布。这种鞋跟，分马蹄形、花盆形和元宝形三种，鞋口镶

慈禧扮观音菩萨照

边，鞋面刺绣、堆绣各种花纹。慈禧身材娇小，极喜爱这种高底鞋，特别是花盆底和马蹄形女鞋。粉色花盆底鞋和湖色马蹄鞋，造型别致，花色清纯，是她的最爱。穿上这种高底鞋后，走起路来婀娜多姿、仪态万方，我们今天看到的当时慈禧的照片、画像上，她穿的最多的就是这种高跟鞋，可见她对这种鞋的痴迷程度。

慈禧还喜欢自比为佛教人物，在其七十大寿前的夏季，还自比为"大慈大悲救苦救难"的菩萨，打扮成观音模样拍照。她身穿团花纹清装或团形寿字纹袍，头戴毗卢帽，外加五佛冠，左手捧净水瓶或搁在膝上，右手执念珠一串或柳枝。李莲英扮善财童子或守护神韦驮站其身右，左边则是扮成龙女的宫女。

# 慈禧和她的情人们

慈禧的私生活方面，历来有不少传说，如说慈禧太后有男宠，就像武则天与薛怀义、张昌宗兄弟那样，慈禧虽然不如武则天有一百多个男宠供其寻欢，但只要她发现"猎物"，也是轻易不能罢手的。

慈禧曾和僧格林沁的孙子那尔苏相好，据康平县文史资料记载，慈禧发现年轻帅气的男子以后，不惜绯闻上身，非要把他拉上床不可，资料记载中慈禧看上的小伙子叫那尔苏。

那尔苏是"博多勒噶台亲王"僧格林沁的孙子、伯彦纳谟诂的长子。那尔苏不到 20 岁就担任了清廷乾清门侍卫，他聪明伶俐，深得光绪赏识，被提升为一等侍卫，专门保卫慈禧太后和光绪皇帝。

颐和园排云殿

　　慈禧太后的生日是正月十五。每年过生日，慈禧太后都到颐和园排云殿摆酒、设宴、赏戏。1888年正月十四卯时，慈禧太后銮驾出宫至西直门，路旁鞭炮骤响，离銮驾较近的那尔苏坐骑，突然惊跳狂奔、前后冲撞，竟撞到慈禧太后銮驾，那尔苏顿时吓得魂不附体，急忙跪在慈禧太后轿前，磕头如捣蒜。慈禧太后怒喝后命令他把头抬起来，但那尔苏一抬头，竟然让慈禧看呆了，心下赞道：真是个俊俏的男子啊。

　　那尔苏回到侍卫住处后，后宫太监突然前来传旨："老佛爷有旨，宣那尔苏进宫。"那尔苏来到颐和园排云殿门口，宫女把他领到慈禧太后殿内。那尔苏叩头，说："老佛爷饶命。只要老佛爷有旨，奴才不敢不遵从。"于是，慈禧让那尔苏上床服侍她。

　　从此，一有机会慈禧便叫那尔苏进宫，慈禧与那尔苏寻欢作乐，好不快活。俗话说：没有不透风的墙。天长日久，紫禁城内侍卫们背地里议论纷纷，也传到了那尔苏父亲伯王的耳朵里。当时，伯王担任北京城九门提督、领侍卫内大臣、御前大臣等数十个职务，位高权重，京城曾流传"伯半朝"之称呼。伯王得知那尔苏与慈禧太后"有染"消息后，顿如晴天霹雳：此事一旦泄漏，慈禧太后定会诛灭他家九族，他们祖祖

辈辈为朝廷立下的汗马功劳必将毁于一旦。

不久，王公们商量出一个妥当的办法。一天早朝，伯王向光绪皇帝奏请：带领儿子们回乡，祭扫父亲僧王墓。伯王回到科尔沁左翼后旗后，与两个孩子商定：诛灭那尔苏，以保全家族。为了家族未来，那尔苏也同意任凭父王发落，于是清明节前三天，伯王率领三个儿子，用马车拉着牛羊祭品，首先到公主陵、僧王陵扫墓祭祖，然后到岱王陵祭祀。之后，伯王亲自折断手上的金镏子，让那尔苏吞金自杀。

那尔苏死后，伯王立即派人上报朝廷。慈禧太后听到那尔苏的死讯，回到内宫连哭带嚎大骂伯王。

清光绪十六年（1890年），朝廷命："贝勒带骑领侍卫十员，往奠故科尔沁贝勒那尔苏茶酒，赏恤如例；子阿穆尔灵圭袭爵。那尔苏谥曰'诚慎'。"这命令无疑是慈禧下的。

为让朝廷大臣解除怀疑，伯王让他们验看了那尔苏尸体。大臣们既没发现刀伤，又没看出中毒迹象，只得同意入棺埋葬，然后回京向慈禧太后复命。按照伯王吩咐，科尔沁左翼后旗旗王府修建了这座陵园。由于那尔苏遵照父亲旨意而死，所以该陵园名为"孝节陵"，当地百姓俗称"孝家陵"、"孝子陵"。

那尔苏之外，慈禧还有其他面首。据清代文廷式《闻尘偶记》云：光绪八年的春天，琉璃厂有一位姓白的卖古董的商人，经李莲英介绍得幸于慈禧。当时慈禧46岁，白某在宫里住了一个多月以后被放出。不久，慈禧怀孕，慈安太后得知大怒，召礼部大臣，问废后之礼。礼部大臣说："此事不可为，愿我太后明哲保身。"当夜慈安猝死。

另有野史记载：慈禧好吃汤卧果，每日早晨派人去宫门口买四枚汤卧果，由金华饭馆的伙计派人送来。金华饭馆有一个姓史的年轻伙计，他长得玉树临风，仪容俊美。史某与李莲英混熟了，经常被李莲英带到宫里去玩。有一天，慈禧忽然发现李莲英旁边站着个俊美的少年，便问李莲英是谁。李莲英十分害怕，因为带外人入宫严重违反宫禁，但又不敢撒谎，只得如实禀告。慈禧没有表现出生气，反而有些兴奋，将史某

李莲英像

留在宫内"昼夜宣淫"，一年后生下光绪。慈禧不敢养在宫中，命醇亲王代为养育，接着将史某灭口。光绪帝与同治帝是一辈人，慈禧违反立子不立弟的常规，或许因为光绪是她的亲生儿子。

慈禧太后喜欢看戏，特别是淫戏。李莲英深知慈禧太后的意思，时常会留下男戏子，带到慈禧宫内"听赏"，让他到太后的床上"演戏"。

还有一说是当时都门有位唱戏的武生叫杨月楼，得到慈禧的专宠，随意出入宫禁，每次进宫即恒久不出。一日，慈安有事欲告知慈禧，突然前往慈禧居所，适逢慈禧不在，却见杨月楼袒卧于慈禧的床上，慈安惊惧，叫来宫中婢奴，授意此事不得张扬。后慈禧处死杨月楼，慈安虽久惊怒，实际并未追究，慈禧更加疑惧，遣宫婢多次进献慈安食盒，慈安渐不疑，后受而食之，不久即死去。所以，很多传说都说慈禧欲害慈安的念头始于慈安亲见了慈禧的不轨行为。

影响较大的，还有薛福辰为慈禧太后打胎一事。有日慈禧身体不适，太医给她诊脉后，一个个都不敢说话，最后李莲英只好找来名医薛福辰。早先，薛福辰曾为慈禧看过病。当时，慈禧臀部生疖疮，这原是小病，太医们却束手无策，因为没人敢去摸皇太后的屁股，李鸿章推荐薛福辰去治疗。薛福辰从慈禧座垫上的小点血迹判断出疖疮的位置。诊脉时，他在那个地方安个尖钉，慈禧坐下，尖钉恰巧将疖疮刺破，使恶脓流出。所以，薛福辰深得慈禧的厚爱。

这时，薛福辰为慈禧搭过脉，发现有怀孕之兆，心中就明白了八九分。慈禧的丈夫咸丰皇帝早已死了，怎能说她有喜呢？于是薛福辰斟酌

再三，编了一套说辞："太后为国操劳、心力交瘁，气血阻滞，积于腹中，治宜行气通络，清瘀活血。气血一旦通顺，凤体自然康健。"慈禧心想，这个医生真是能说会道，便说："请爱卿开方。"

薛福辰知道他开的处方定会叫太医过目，太医们若说开了一服打胎药，岂不定他一个死罪。于是又叫人传达上去，说："太后体贵，一般药难以速效。微臣家有祖传秘制药丸，刚柔相济，熬成汤汁服下，定能药到病除。"按规矩，宫中备有药房，宫里人是不能吃外边药的。但慈禧也知道她的药方见不得人，还是依薛福辰的话好，于是传下懿旨："准奏。"

薛福辰哪有什么秘制丸药，他连忙去药店配了一服打胎药，叫仆人煎好，次日带到宫中，让慈禧服下。又叫宫中设"千层布"遮人耳目，设"泻淤井"备产下胎儿后毁尸灭迹。过了几个时辰，懿旨传下："太后淤血已下，薛爱卿可以出宫了。"薛福辰这才松了一口气，他出了官门，也不敢再回寓所，到朋友处借了一匹快马，一路飞驰，直奔老家无锡。

慈禧打了胎，回过神来，心想这事要是传扬出去，岂不无脸见人，于是秘密派几个大内高手，叫他们赶快追上薛福辰，结果他的性命。薛福辰一到家，就假装已经死亡，叫家里大办丧事。几个大内高手一路紧追到无锡，看见一支出殡队伍，队伍中披麻戴孝，举幡扬幢，浩浩荡荡，从南门到东门，再到北门、西门，然后折向惠山，远兜远转，好像怕哪个无锡人不知道似的。路旁看热闹的人都在指指点点，议论纷纷，说薛福辰如何如何。几个杀手心知肚明，相视而笑，便回京交差去了。由于薛福辰的老谋深算，总算逃过一劫。据说无锡谚语"城头上出棺材——远兜远转"，就出自这件事。

另外也有慈禧和太监安德海、李莲英有私的传闻，据宫人回忆，平时慈禧与安德海在皇宫内成双出入，俨然夫妻。他俩散步时，其他人只能不远不近地跟着，靠近不得的。安德海最后被斩于山东，与慈禧的放纵有直接关系。

慈禧的火车

　　安德海死后，慈禧一度情绪低落，这时李莲英又出现了。李莲英在入宫前，因为生活落魄，曾私贩硝磺，外号皮硝李。后贩硝磺被抓入狱，出狱后以补鞋为生。好友沈兰玉见他可怜，将他引进宫里当了太监。李莲英素有"篦小李"之美誉，以一手漂亮的梳头功夫得到那拉氏的赏识。他的值班房离西太后住所不远，有时太后到他屋里看一下，李便把慈禧坐过的八张椅子全部包上黄布，西太后果然称许他忠诚细心，对他愈加信任。

　　康熙末年规定太监品秩最高为五品，最低者八品；乾隆七年改为"不得超过四品，永为定例"。慈禧执政时，打破祖制，赏李莲英为二品。多年来，慈禧对李莲英恩宠不衰，二人常在一起并坐听戏，凡李莲英喜欢吃的东西，慈禧多在膳食中为他留下来。李莲英为人极为聪敏，善解人意，对待其他人也比较和善，不如安德海那样气焰嚣张，所以能够得到善终。

　　但安德海、李莲英与慈禧之间的暧昧即使有，也不可能发生切实的性关系。因为若他俩没净身干净，就是假太监，这事是瞒不了所有人的。清朝对太监的检查尤其严格，当太监后隔年还得接受慎刑司验身。不过尽管太监没有生育能力，但是他们可以给慈禧太后带来心理上的安慰和刺激，由于这两人很会在这个方面迎合慈禧太后，因此他们得到了慈禧太后的万般宠爱，这从慈禧太后对李莲英一再的封官和赏赐之中便可以看出一点端倪。

但李莲英因得慈禧太后宠幸，仗势胡为，很不为慈安所喜，一日慈安太后乘辇车过某殿，李莲英与小太监角力，对慈安置若罔闻，慈安怒以杖责之，并到慈禧住处教训了慈禧一顿。慈禧不服，欲为李莲英报仇，两人闹翻。不几日，即传慈安暴崩一事。

以上关于慈禧太后的这些风流韵事绝大多数出自于一些野史的记载，因此其可靠性究竟几何还难以得出一个明确的结论。但实际上，即便真有其事，正史中记载的可能性也很小，因为这些正史在流传之前，一般都会经过统治阶级事先的核准。从另外一个角度来说，慈禧太后有这种风流韵事也是很正常的，毕竟，一个从 26 岁便开始守寡的年轻貌美的女性，要说没有一点出轨的迹象，是难以令人相信的。

慈禧与荣禄，兄妹还是情人？

第七章

## 青梅竹马，相知相恋

慈禧身边的男人中，荣禄可以说是极特殊的一位，无论正史野史，都说他与慈禧有着非同一般的关系，有的说他们是干兄妹，有的说是表兄妹，更多的则说他们是一对情人。真相到底如何呢？

荣禄，字仲华，号略园，别号田舍主人。苏完瓜尔佳氏，满洲正白旗人。生于道光十六年（1836年），卒于光绪二十九年（1903年），终年67岁。

荣禄出身于世代军官家庭，祖父塔斯哈官至新疆喀什噶尔帮办大臣，他的父亲长寿曾任甘肃凉州镇总兵官。咸丰二年（1852后）十一月，荣禄以荫生赏主事，时年16岁。十二月，承袭骑都尉兼一等云骑尉。第二年，他开始在工部任职，长达4年，因为他工作一直兢兢业业，办事认真负责，获得了上司的信任和肯定。咸丰七年（1857年），他奉命办理恭亲王生母孝静康慈皇太后下葬事宜，因为办事谨慎，思虑周全，深得皇帝嘉许，奉旨补主事，后以工部员外郎升用，随后由工部员外郎调户部银库员外郎。银库管理较混乱，荣禄乘机贪污银子，却被权臣肃顺查获，差点被处死。咸丰皇帝前往热河避难，特别设立巡防处，慈禧太后说动皇帝，任命荣禄总其事。这是荣禄正式走向仕途的开始，也是荣禄与慈禧太后一生心照不宣共谋帝业的开始。后任内务府大臣，工部尚书，出为西安将军。因为受到慈禧太后的青睐，留京任步军

荣禄像

统领、总理衙门大臣、兵部尚书，辛酉政变前后为慈禧太后和恭亲王奕䜣所赏识，官至总管内务府大臣。1903年病死，谥"文忠"。编有《武毅公事略》，著有《荣文忠公集》、《荣禄存札》。

荣禄小慈禧太后一岁，属猴，史载其为人精明干练，长于权谋，临事深思熟虑，办事雷厉风行，深得慈禧太后的信任和宠爱，成为慈禧太后一生的至交。

因家庭关系，两人自小相知，常在一起玩耍，慈禧年少时，荣禄曾救她免于被恶少强奸，稍大些后二人情窦初开，互生好感，此后便一直保持暧昧关系，不少小说提到慈禧巩固了大权之后，还经常找荣禄私通，基本上一生专心宠爱荣禄。

有很多史学家都认为慈禧与荣禄二人是情人关系，当时的一些人对此也有证明，最早提到慈禧和荣禄这层恋爱关系的是德龄公主，德龄是慈禧晚年比较宠信的一个宫廷女官，长期陪伴慈禧左右。她的小说体回忆录《爱恋紫禁城》里就说荣禄是慈禧的初恋情人，并对慈禧的心路历程进行了大肆渲染，如她在书中写道：

（清宫选秀女）这对十七个满洲姑娘来说也是值得纪念的日子，她们都是有权戴红珊瑚顶珠的大臣的女儿。整个北京城的人都知道，咸丰要选妃子了。这十七个姑娘的父母情绪十分激动，因为如果他们的女儿被选中了，这对母亲来说将是极大的光荣，而对这个幸运姑娘的父亲来说，则意味着权力和威望。对姑娘本身，则可能意味着幸福。所以圣旨中点名的十七名女孩，她们心情的激动程度与日俱增，每一个姑娘都在

慈禧太后身世之谜

猜度着自己会不会被选中。

　　只有兰儿（慈禧）没有怀疑。她有信心，在她心灵深处早就埋下了这种信心。为什么她会有这种信心？她把理由告诉了她父亲，但是没有对其他任何人说，一直到光阴在无尽的时间长河中流逝了好几十年以后。她是一个虔诚的佛教徒，当她一听到她的名字列入第一道诏书后，她就祈祷菩萨保佑她交好运。在她父亲的花园一角，有个祠堂，她点上香，跪下祈求祖宗保佑她成功，坚定她的志向，这种志向荣禄是不会想到的，因为她亲口对他说过她爱他。

　　后来慈禧的曾孙辈叶赫那拉·根正在他的回忆录里也有意无意地照应这个故事。根正说，慈禧出生后家里请过两个乳母，其中一位姓关的——关嬷嬷，也做过荣禄的乳母。可见慈禧家和荣禄家关系很好，住得也近，常有来往。

　　顺着初恋情人这条线往下说。后来慈禧在咸丰跟前得宠，并没有忘记老相好荣禄。本来荣禄一直都是个八品小官，但是慈禧得宠后他就跟着官运亨通了。慈禧掌权后荣禄更加得志，到晚年集军政大权于一身，权倾朝野。荣禄对慈禧也是忠心耿耿，屡立大功。辛酉政变期间，肃顺手握重权，这是慈禧一生最危险的时刻。慈禧带着儿子同治从热河赶回北京，在半路上，肃顺曾经动过杀机想除掉慈禧，就在这个节骨眼上，荣禄带着亲兵赶来护驾，终于保得慈禧母子平安回宫。政变过后，荣禄立刻被升了官。

　　正史记载中虽然找不到慈禧和荣禄之间的私情，但二人的关系也是非比寻常的。荣禄的女儿苏完瓜尔佳·幼兰，被慈禧收作养女。这便是末代皇帝溥仪的生母（所以荣禄是溥仪的外祖父）。慈禧对这位养女十分喜爱，并亲自指定其婚姻，指定的结婚对象是醇亲王载沣。光绪皇帝死后，慈禧再选小皇帝，还是从醇亲王这一家里选，选的是荣禄女儿、自己养女苏完瓜尔佳·幼兰的儿子。这足见慈禧与荣禄的关系有多么紧密。

　　溥仪的回忆录《我的前半生》是一份晚清重要史料。这本书里提及他外祖父荣禄，虽然没说他与慈禧有过罗曼史，但也可以看出其关系非同一般。

除掉八大臣后，恭亲王奕䜣权倾一时，但慈禧慢慢培植自己的亲信。她最为信赖的人之一就是荣禄。在同治年间，荣禄取代恭亲王奕䜣做了内务府大臣（管理皇宫内部事务的大臣），取得了西太后对奕䜣权力斗争的一次重大胜利；同治病死后，在议立光绪的过程中，是荣禄献计献策，帮太后解决了如何干政的头疼问题，光绪亲政后大搞维新，又是荣禄得袁世凯告密而及时察觉阴谋，帮助慈禧发动了戊戌政变，并帮助慈禧进行第三次垂帘听政。

自称是慈禧太后晚年情人的英国人爱德蒙·伯克豪斯在《慈禧外传》中说：关于叶赫那拉氏（慈禧）的童年，资料匮乏，只有一点可以确信，她少女时代的一个玩伴叫荣禄，两人是亲戚，此人后来在慈禧政治生涯的多个紧要关头起到了重要作用。据传闻，荣禄和叶赫那拉氏自小定有娃娃亲。

这个英国人未必是慈禧的情人，但他说的荣禄和慈禧是玩伴，并定有娃娃亲，这极有可能。北京城的旗人如果居住得比较近，是很有可能有一些定娃娃亲或认干亲的关系。因为旗人不太愿意和汉人通婚，汉人也不大愿意和他们通婚，所以旗人通婚的范围相对有限，祖上两三代是亲戚的可能性很大。并且慈禧和荣禄年龄相仿，两家住得可能又近，加上可能的亲戚关系，两人互生好感和情愫也是很有可能的。

现在已无法考证二人年少时的关系。但毫无疑问，荣禄对慈禧的影响之所以远远超过她的家人或其他臣子，原因就在于二人两小无猜的亲密关系。康有为和其他一些反对满族统治的汉族官员甚至断言，早在热河避难、咸丰帝还未驾崩之前，荣禄和慈禧就有了暧昧关系。

荣禄和慈禧太后，年龄相仿，性情相投，他们是一生的情人，也是一生心心相印的知心爱人，按当时的情况分析，两人青梅竹马，从小到大都在一起，产生感情也是很自然的，是水到渠成的事。

## 慈禧厚爱不断，荣禄官运亨通

　　咸丰十一年（1861年）八月，荣禄象征性地花了一些银子捐输军饷，朝廷奖励他，授予直隶候补道。十月，慈禧太后设立禁卫军神机营，授予荣禄神机营文案处翼长。荣禄的一切都是慈禧给的，士为知己者死，荣禄感念慈禧太后的知遇之恩，他以有这样一位知己太后为荣，决心将自己的一生全部奉献给这个聪慧美丽的女人。

　　在辛酉政变的过程中，荣禄立下了汗马功劳，慈禧常说没有荣禄就没有后来的大清，早叫乱臣贼子给抢去了。之后的同治年间，是荣禄一生中最为荣幸和荣耀的日子，也是他一生中最为幸福的岁月，官职扶摇直上。同治三年（1864年），慈禧太后任命荣禄为神机营全营翼长，统管这支装备精良、战斗力最强的禁卫军。这时荣禄年仅29岁，慈禧也只30岁。这时候的荣禄和慈禧都是青春焕发，年富力强，荣禄亲掌禁卫军，可以比较容易地出入皇宫大内，二人之间是否发生过什么，没有人知道。

　　同治七年（1868年）正月，荣禄奉旨随恭亲王襄办巡防处事务，授左翼总兵官。荣禄平定捻军有功，慈禧太后颁旨给予嘉奖：以随同筹划防剿事宜悉臻妥协，赏赐头品顶戴，旋充管理沟渠河道大臣。后来又在慈禧太后的授意下，荣禄由文祥正式举荐给朝廷，称荣禄是忠节之后，为人低调，爱惜名声，办事临事才能卓越，管理军务政绩斐然。

清朝内务府腰牌

如果格外重用，授予文职，也能胜任，一定能不负圣上厚望。慈禧太后批示部议，拟格外重用。

同治八年（1869年）三月，慈禧太后授予荣禄皇帝亲领的上三旗之一的镶黄旗满洲副都统。这项任命，意味着荣禄正式进入了参与王朝军政事务的核心领导层。从此，荣禄身兼多职，渐渐执掌各种大权，掌管着大清王朝最为重要的禁卫军、户部、工部和吏部以及钱粮事务，特别是执掌着管理整个皇宫事务的内务府，这正是最能接近慈禧太后的官职，说明慈禧对荣禄是极为交心的。

光绪元年（1875年）三月，慈禧太后任命荣禄兼署负责京城禁卫重任的步军统领，兼署镶蓝旗蒙古副都统。一年后，正式授予荣禄步军统领，旋调授镶黄旗护军统领。由于荣禄忠心耿耿，严于职守，慈禧太后特旨赏赐荣禄"紫禁城骑马"。紫禁城骑马是一种难得的皇家殊荣，只有满清亲王、郡王、贝勒、贝子才能享此殊荣。

有野史记载慈禧在四十多岁时还怀了孕，那么她怀的是谁的孩子呢？很多人说就是荣禄的，如果真有此事，那恐怕荣禄的嫌疑最大。因为禁宫之中，能够进出的男人不多，而可能与太后发生这种关系的男人更少，荣禄就是一个。慈禧太后的一生是寂寞的，对于爱情更是只是极短的日子，何况她对咸丰献媚只是争宠的一种必要，并没有爱情。慈禧太后也并不是天生强势，她也是一个女人，一个没有家族背景的女人，统治了整个中国，总有一个男人做她的精神支柱的，这个人当然就是荣禄。

荣禄一生为慈禧操劳，疲于奔命，身体日差。慈禧太后体谅他，特

地以其差务繁忙，着解除其工部尚书，开去总管内务府大臣差使。光绪五年（1879年）六月，慈禧太后任命荣禄为她承修普祥峪万年吉地工程大臣，负责全面修缮圣上百年之后的墓地。荣禄不负厚望，将万年吉地修建得深合圣意，慈禧太后龙颜大喜，下旨特别奖赏荣禄大卷巴丝缎二匹，着下部优议。养病数年后，慈禧太后依旧重用这位知心大臣，任命他为镶蓝旗蒙古都统，旋任命他为总领禁卫军的领侍卫内大臣，兼署镶蓝旗汉军都统。

光绪十五年（1889年），光绪皇帝大婚，慈禧太后任命荣禄为扈从凤舆大臣，负责迎娶皇后的一切安全事务。皇帝大婚，婚礼十分隆重，也办得非常成功，慈禧太后对荣禄十分满意，任命他为禁卫军专操大臣，旋授镶红旗汉军都统。光绪十七年（1891年），慈禧太后授予荣禄为西安将军，赏加尚书衔。荣禄到任后，立即奏请添练洋枪步队500人，组建西安威远队。慈禧太后认为荣禄很有远见，同意荣禄的奏请。不久，荣禄就练成了一支精干的洋枪队。这支特别的部队，很快就发挥了特别作用：荣禄利用这支部队，保护了逃亡西安的慈禧太后的安全。

光绪二十年（1894年）十月，慈禧太后将60大寿，荣禄入京为慈禧太后祝寿。慈禧太后十分高兴，详细了解了西安的情况，对荣禄对西安的全面安排以及洋枪队的组建感到满意，授予荣禄京城禁卫军步军统领。这时，大清国和日本正处于交战状态，日本侵略军入侵中国，陈兵榆关，大清内外防军全面失利，京城震动，慈禧太后非常忧虑。荣禄明白京城的危急，更知道太后的苦衷，他欣然接受了京城步军统领之职。

咸丰、同治年间，在慈禧太后的统治下，大清国内忧外患，困顿异常，但无论遇到什么样的事，荣禄都陪在慈禧身边，成为她最忠实的奴才。慈禧也常有厚报，命荣禄在总理各国事务大臣上行走，又授予兵部尚书，让荣禄全面执掌全国的兵权。

这样一来，荣禄已实际成为大清国除慈禧之外的最有实力的人物。

光绪二十四年（1898年），光绪皇帝实行维新变法，受到慈禧和荣禄等人的阻挠，这样，慈禧的势力和光绪的势力已然对立，八月，慈禧太后在时任直隶总督的荣禄的密切配合和全力支持下，成功地发动了一场宫廷政变，囚禁了光绪皇帝，彻底收拾了变法党人，将皇权再一次牢牢地控制在自己手中。

这次政变，荣禄获得首功，慈禧太后任命荣禄为军机大臣，仍节制北洋各军，随后奉旨管理兵部事务，旋赐西苑门内骑马，这是清朝官员的极大荣誉，有清一朝也并没多少人享有此荣。

## 荣禄因病离世，慈禧恩宠不绝

光绪二十五年（1899年）七月，八国联军以"拳民造反，祸乱京城，"为借口，悍然入侵北京。慈禧太后带着光绪皇帝和皇帝家眷匆忙西逃，懿旨荣禄为留京办事大臣，旋赴西安行在。光绪二十七年（1901年）六月，荣禄奉旨管理户部事务。八月，慈禧太后吩咐回銮北京，特旨赏荣禄黄马褂。十月，慈禧太后颁谕天下，赏荣禄双眼花翎：现在时局渐定，回京有期。荣禄保护使馆，力主剿匪，复能随时赞襄，匡扶大局，着赏戴双眼花翎，并加太子太保衔。十二月，授予荣禄文华殿大学士。65岁的荣禄上书慈禧太后，以自己年老多病，奏请开去各项重要差使，仅以散员供职。

慈禧太后能在清朝政治上为所欲为，离不开她心爱的男人荣禄的辅助，但天下没有不散的筵席，光绪二十九年（1903年）三月，荣禄终于病倒了。卧病的荣禄还想着他牵挂一生的女人，特地上书慈禧太后，请求解除枢务，选拔贤能。慈禧太后正在保定行宫，闻讯忧心如焚，特

地派遣御医前往荣府调治病情，并郑重发布上谕，抚慰荣禄：览奏，实深厪焉。该大学士翊赞枢机，公忠懋着。现在振兴庶政，倚畀方殷，着安心调理，毋庸开去军机大臣差使，并不必拘定假期，一俟病痊，即行入直。

此谕中字里行间可读到慈禧想见荣禄的急切之情，可是，慈禧太后等到的不是荣禄病愈的喜讯，而是她心爱男人去世的消息。慈禧太后呆呆地站在那里，许久没有反应。随后，慈禧太后潸然泪下，泣不成声。

平静下来后，慈禧太后吩咐大臣，为荣禄拟旨，表彰他的丰功伟绩。慈禧太后称赞荣禄是忠君爱国之士，具有非凡的远见卓识，不管是主事、员外郎等芝麻小官，还是官至内务府总管、统兵将军、封疆大吏的总督以至宰相身份的军机大臣，他都能倾其所有，为国效力，政绩斐然。特别是在数年前的十余年中，荣禄在促进大清与各国和平共处的事业中做出了杰出贡献。

对于一生的知己荣禄的去世，慈禧太后无法表达自己悲伤凄凉的心情。她静默致哀，泪流满面，感觉刻骨的思念在血液中流动。一日数道谕旨，依然不足以表达她内心无以复加的伤痛和无法排遣的相思情怀。她还吩咐年愈 70 高龄的恭亲王，亲率 10 位御前侍卫，代表太后，到荣禄的灵前致祭默哀。接着，慈禧太后亲拟谥号，吩咐给予这位在自己的一生任何一个关键时刻，能够不计较个人得失、赴汤蹈火、在所不惜的好男人以最高的尊敬，赏赐谥号文忠。甚至为荣禄官修坟墓，这不但在清朝历史上没有过，在整个中国历史上都是极少见的。

默默地做了这些，慈禧太后仍然感觉无论怎样做，都不足以表达自己对荣禄的感情。她特别下旨，赏荣禄之子优等，可承袭父亲职位。慈禧太后是位懂得分寸、遵守祖制、维护纲常、赏罚分明的人，她的这种推恩及子的恩宠，是前所未有之举，是完全突破了大清祖制的。因为，按照清制规定，只有立过赫赫战功、身为皇室后裔者，才可以享此殊荣。不仅如此，慈禧太后还郑重吩咐，为荣禄建造墓园，从内府库银中拨款 3000 两银子，将荣禄祖先的坟墓迁入荣禄的陵园。这等恩宠，不仅在大清的历史上，而且在中国数千年的历史之中也是绝无仅有的。

之后很长时间，慈禧太后极度伤心，饮食不思，夜不成眠，比她丈夫咸丰死了还难过。也许慈禧并不爱咸丰，她和咸丰的感情，可能完全是为了生存和权力。她没有机会爱上别人，也信不过别人。这样，她和荣禄的初恋就显得格外的美好，再加上，荣禄一生对她忠心耿耿，这段恋情就显得格外的美丽动人。

光绪皇帝没有孩子，那么谁当皇帝继承人呢？慈禧早想好了，那就是他心爱男人荣禄的后代，她把荣禄的女儿指婚给光绪之弟载沣，为的就是让荣禄的外孙当皇帝，而后来的宣统皇帝溥仪，正是荣禄的外孙。

# 慈禧与慈安，姐妹还是敌人？

## 第八章

# 慈安暴死，世人皆惊

慈安太后，钮祜禄氏，满洲镶黄旗人，广西右江道三等承恩公穆扬阿之女。比咸丰帝小6岁，比慈禧小两岁。于咸丰二年（1852年）与慈禧一起被选秀入宫，封贞嫔，五月晋贞贵妃，六月奉旨立为皇后，时年16岁。

慈禧与慈安关系表面看上去是时好时坏，且在常人看来，二人的关系还是很不错的，有时亲如姐妹一般，实际是那样吗？其实根本不是，因为在慈禧眼里，慈安不过是她可以利用的工具罢了。

慈安素以德行著称，她比慈禧小两岁，却能严守妇德，但不幸的是，她嫁的是咸丰这样的无德无才的浪荡皇帝，在咸丰帝看来，慈安的良好品德，只能是对他的束缚，让他不能自由自在地纵情声色、吃喝玩乐。所以慈安虽然被尊为皇后，却不为咸丰所喜，咸丰也极少和她在一起，这使得慈安未能为咸丰生下子女。

咸丰死后，慈禧因掌政需要，才联手身为皇后的慈安，成功地垂帘听政，她打的是和慈安"两宫同治"的旗号，所以不能把慈安怎么样。而在同治帝死后，在慈禧看来，她与慈安"两宫同治"的情况也不需要了，时过境迁，如今是她的外甥做皇帝，咸丰朝留下的东西已被慈禧踢得差不多了，慈安最好也靠边站吧，于是慈禧也打算让慈安在她眼前消失。

光绪七年三月初十戌时（1881年4月8日晚7时至9时），年仅45岁的慈安皇太后钮祜禄氏猝然崩逝于钟粹宫，让天下人惊诧不已。

而随着这位比慈禧还小两岁的仁爱忠厚皇太后突然暴毙宫中，清廷的垂帘听政也由两宫并列骤然变成慈禧一人独裁。因此，对于她的死因，朝野上下议论纷纷，人们自觉不自觉地将她的猝死与慈禧联系起来。

据史料记载，光绪七年（1881年）初，慈禧忽然患重病，久治不愈，卧床不起。于是，遍召天下名医入京诊治。朝政也只好由慈安一人打点。据史载，三月初九日晨，慈安依然召见军机大臣，处理军国大事，未见身体有任何大的异常之处，只是"两颊微赤"（《述庵秘录》）。然而，次日早，"东太后（慈安）感寒停饮，偶尔违和，未见军机"（《翁同龢日记》）。晚间即暴病身亡。病情如此之重、如此之急，令人难以接受。一时间，人们对于一向身体比较健康的慈安的死，大为不解。

左宗棠时任军机大臣，他听说慈安突然得病身亡，顿足大声说："昨早对时，上边（指慈安）清朗周密，何尝似有病者？即去暴疾，亦何至若是之速耶？"他的话是说昨天早上还与慈安太后一起议政，慈安身体十分健康，精神很好，思维也很周密，哪像有病的人啊？即便是急病，也不能死这样快啊？

于是，朝野上下种种猜测不胫而走。人们以所掌握少之又少的"线索"，对慈安的死进行着各种各样的推测，更有甚者，人们任想象的野马自由驰骋，不断地结构着关于她不幸去世的篇章，使得她的死变得疑云密布。

## 慈安善良温和，慈禧因妒而恨

慈安出身于世代官宦之家，从小就受到过良好教育。立为皇后时，慈禧当时不过为贵妃，位在慈安之下。咸丰帝死后，慈禧的儿子载淳继承皇位，母以子贵，慈禧也被封为皇太后。在等级森严的封建社会中，慈安的正宫皇后身份，与慈禧在名分上的差别，对慈禧的掌权形成一种威胁，使慈禧永远不可能凌驾于慈安之上。慈禧与慈安之间的矛盾，就由此而产生了，但当时慈禧并不惧怕慈安，或者说她一直都没怕过慈安，而在咸丰死后，慈禧的儿子同治帝载淳即位，慈安不过是过世的咸丰的正妻，于身为皇帝亲母的慈禧根本造不成威胁，所以慈禧此时倘能和慈安共处，二人虽有矛盾，但相对还能和睦相处。

咸丰帝死后，肃顺等八大臣辅政，不太把两位太后放在眼里。这时的两宫太后为了能除掉这个共同政敌，过从甚密，虽说或多或少都存在一定的矛

慈安太后画像

【第八章】慈禧与慈安，姐妹还是敌人？

盾，但在当时的情况下，比较容易化解。政变成功后，慈禧因惧怕祖制的嫡庶之分，小心谨慎不敢失礼，遇事均与慈安太后商量，以示对东宫的尊重。加之恭亲王奕訢在中间调和，有话就直说，两宫太后之间看上去是一团和气。然而此后发生的一系列事情加深了两者的矛盾，增加了慈禧对慈安的仇恨，使她渐起杀机。

首先，就是同治皇帝喜慈安而远慈禧。慈禧太后嫉妒心甚重，同治皇帝不喜欢亲娘，却与慈安关系极好，那么在慈禧看来，是谁造成了儿子与亲娘不亲？这种恶劣情况在宫里已经有多久了？慈禧太后思考后得出了一个结论：只有一种可能，那就是慈安太后费尽心机，做了手脚，存心搞鬼。儿子的事情，就像阴影一样，始终纠缠着慈禧太后，对慈安太后的杀机，也就如影随形地在心中一天天滋长。

同治八年，慈禧派亲信安德海出宫办事，安德海就像她的情人一样，但他出宫以后再也没能回来！正是慈安、奕訢和同治帝联合山东巡抚，众人按祖制处死了安德海，一时天下无不称颂，而慈禧的心中却留下了积怨。她的小安子命丧山东，她岂会不想报仇！慈禧太后清楚地记得，当小安子在山东出事的消息刚刚传来时，她是如何地目瞪口呆！她简直不敢相信，平常柔弱如柳、胆小如鼠的慈安太后，竟然会如此胆大，此时她便想除掉慈安了。

同治十一年关于给载淳立后一事，双方又再起争执，意见相左。慈安所争的阿鲁特氏为同治所喜，后来被立为后，而慈禧所争的凤秀的女儿只屈居慧妃之位，慈安获胜，这对嗜权如命、颐指气使的慈禧来说无疑是空前的打击，她无法原谅自己的亲生儿子在这个关键的时候与慈安联盟背叛自己的旨意，她也会十分嫉妒慈安在儿子的心目中拥有比她更为尊崇的地位。她将这一切痛苦转嫁到阿鲁特氏身上，用变相折磨皇后的手段来恣意表达自己的不满，后将其赐死。

## 慈禧骗得遗诏，下毒害死慈安

同治帝死后，慈禧立醇亲王之子载湉为帝，本想趁皇帝年幼，一手遮天，把持朝政，谁料光绪帝入宫后，因慈安太后性情温和，不像慈禧那样严厉，所以小皇帝喜欢亲近慈安太后，对慈禧却相当地疏远。这使慈禧感到恐惧。要是小皇帝被慈安唆使来反对自己，威胁自己的地位，该怎么办？慈禧的恐惧心理，随着光绪帝年龄的增长，与日俱增，对慈安的防范心理也日渐急切，欲除之后快之心更盛。

史料和传说都曾提到这样一件事，或许更促进了慈禧杀慈安的决心，据说在咸丰帝临死前，曾交给慈安太后一道密谕，要她好好约束慈禧，若慈禧不听，慈安便可将密谕着军机大臣等扳倒慈禧。慈禧听说有这密谕后，其行为便不太敢张狂。

到光绪朝时候，慈禧再度垂帘，慈安对政治有倦怠意，不多过问政事，有时甚至不出来垂帘摄政，慈禧更加纵恣无度。她一人召见廷臣，有事竟不复禀慈安，慈安太后内心多有不平。

但到了光绪七年，突然发生的一件事让慈安太后为之瞠目，这一年慈禧骤患重病，遍征中外名医医治均告无效，唯有薛福成的哥哥薛福辰给慈禧太后诊脉后，得其病因，开药慈禧太后服用后，病得痊愈。后得知薛福辰所开药剂均为产后滋补之药，慈安知慈禧失德，决定好好劝劝慈禧，让她保全皇家体面。一日，摆酒宫中，庆贺慈禧大病痊愈，忆及协力清除肃顺及同治十余年的垂帘听政事，慈禧悲不自胜，话语很讨慈安的欢心。

慈安听后，也对慈禧坦诚相见道："你我都是年过半百之人，不知何时均要去见先帝了，幸得20余年来你我能同一条心。既然这样，我也不瞒你，先帝升天之前，曾交给我一物，是关于妹妹的，现在看来是没什么用的了。此事不要声张出去，以防外人怀疑我姐妹二人表面上和好而暗地里互相嫉妒。"说完从袖中取出文宗遗诏，给慈禧看。慈禧看后，面色顿变，惭愧不已。慈安见慈禧有真心悔过之心，索要过函文，随即于灯烛上烧了。慈禧又是羞惭又是愤怒，表面上仍做感激涕零状，内心窃喜。以后时日里，慈禧对慈安甚为恭敬，慈安以为是自己的规劝起了作用，孰知慈禧已有歹意，因为她可能不敢确定慈安拿出来的遗诏是真是假，倘若以后有事，慈安再拿出一诏来，她就无可奈何了，于是杀心顿起，后遂将其毒死。

梳理一下关于慈安死因的资料和传说，归纳起来，大致有两类说法：

第一类：清朝官方的"正常病死说"。

《德宗实录》载："（光绪七年三月）初九日偶染微疴，初十日病势陡重，延至戌时，神思渐散，遂至弥留。"这一记载见于慈安的《遗诰》。但《遗诰》完全是别人在慈安死后，按照慈禧的指示所作，因此人们有理由怀疑它的真实性，怀疑慈禧有可能为了掩盖某种阴谋而肆意编造死因。

第二类：慈禧逼死或毒死说。

据《清稗类钞》记载：慈安与慈禧共同垂帘听政。慈禧权欲极重，慈安却倦怠少闻外事，并不与之争权，因此倒也相安无事。光绪七年初，慈禧患血崩剧疾，不能视事，慈安有一段时间独视朝政，致使慈禧大为不悦，"诬以贿卖嘱托，干预朝政，语颇激"，以致慈安气愤异常，又木讷不能与之辩，恼恨之下，"吞鼻烟壶自尽"。

而据《崇陵传信录》载：当年咸丰帝临终时，曾秘密留下一份遗诏给慈安，要她监督慈禧，若慈禧"安分守己则已，否则汝可出此诏，命廷臣传遗命除之"。但老实的慈安却将此事告诉慈禧并当着慈禧的面，将此遗诏烧掉。阴险毒辣的慈禧表面对慈安感泣不已，实际上已起杀机，遂借向慈安进献点心之机，暗下毒药，加以谋杀。

此事也有这样的描述，为了骗慈安取出密诏，解除慈禧心中的隐患，太监和俚兆（一说李莲英）向慈禧献计建议攻心为上，适时下手。光绪七年（1881年），慈安太后身体生病，慈禧太后乘机大献殷勤，亲召御医，亲手煎药，服侍周到。有一天，慈禧太后过来探望，将左臂微露在外面；慈安看去，似有一寸帛带缠在臂上。慈安感到奇怪，问道："臂上为何缠帛？"慈禧说："此时不便说明，只希望你精心养病，等慈体康复再说吧。"慈安更想问个明白，慈禧说道："昨日你服的药中，有我割下的一片肉在其中。"老实的慈安听到慈禧割肉为自己治病，甚为

慈安太后居住的钟粹宫内室

惊讶，不觉感极而泣，说道："太后如此待我，恩情实在无法报答。"说完，转身回到卧室取出一笺，递给慈禧。

慈禧接过来一看，两手都颤动起来。原来这笺书就是咸丰帝留给皇后的手谕，上面写着："那拉贵妃如果挟持天子，骄纵不法，可按祖宗家法治之，不得宽赦。特谕。"

慈禧太后今日所设割臂肉这一诈局，为的就是向慈安要这个。她手里拿着笺书，想留下又不敢，想还给慈安又不忍，正在犹豫，慈安便叫人放入炉中化为灰烬。慈禧这时如同除去压在心头的一块大石头，痛快得很，她道过谢意，即返回寝宫。但慈安万万没有想到的是，事后慈禧不但不感恩戴德，反而恩将仇报。

这一天，慈安正在钟粹宫院里玩儿，她倚在水缸旁欣赏缸中的游鱼，入神之际，慈禧派人送来一盒点心，慈安吃了一块，顿觉腹中不适，未等喊来御医医治，她就毒发暴毙。

# 慈禧不择手段，只为争名夺权

上面说的是生活上慈禧欲杀慈安的个人原因，而在政治上，慈禧也是欲将慈安除之而后快的。

慈禧太后大权在握后，唯一的顾虑是慈安皇太后。立载湉为帝，并非慈安之意，后垂帘听政制度建立，慈安则多持斋念佛，长居宫中，朝中事实际由慈禧把持，慈禧从此为所欲为。

慈安之死，对慈禧、奕䜣均有影响。对慈禧来讲，慈安的死为其专

权扫清了道路。尽管慈安生前清心寡欲，极少参与政治，不像慈禧那样有谋略和魄力，然而慈安的存在本身对慈禧的专权就是一股巨大的威慑力量。有慈安在，慈禧就不敢那么明目张胆、恣意妄为。慈安一死，政权尽归西太后慈禧，她可以唯我独尊、专执国政而无所忌惮。从此两宫垂帘局面变为一宫独尊，光绪帝还未成人，慈禧大权独揽，人们尊称她为"老佛爷"，慈禧开始成为名副其实的清王朝的最高统治者，奕䜣的势力也就更加削弱了。

慈安的死，无疑使奕䜣在最高统治集团中少了一个可以依靠的力量。多年来，慈安和奕䜣与慈禧之间均有矛盾，奕䜣多以"嫡庶之分"为由，通过支持慈安压制慈禧的嚣张气焰，慈安也多倚重和信任奕䜣，无形之中，奕䜣和慈安形成一种联合力量，来共同对付慈禧，如咸丰陵前的席次之争、诛杀安德海等等。慈禧感到势单力薄，也在努力培植自己的势力，如在内务府、军机处相继安排进自己的人或者是牵制奕䜣势力的人。慈安在时，尽管奕䜣曾屡受打击，但因慈安的倚重，他依然能保住军机处的位子、执掌军机处大权；慈安一死，形势大变，慈禧不再受约束，同时由于自己的党羽势力大增，她对奕䜣也就不再顾忌了。

慈安的死，使慈禧位及最尊，慈禧培植的势力也随之抬头，奕䜣派势力则相应遭到压制。清议派攻击他的改革，七弟奕譞也攻击他崇洋媚外，这两种力量的抬头，使奕䜣日益陷入孤立的境地，而慈禧就可以为所欲为了。

对于慈安之死的说法有多种，基本都认为是慈禧所为，但当时的官方史料是不可能这么记载的，有些人研究史料去找答案，必然不可能指向慈禧，如张尔田指出：慈安的病况，可详见翁同龢日记，哪里有食盒外进之猜疑？二十年来，排满思想深入人心，时人不痛诋清代则不快，即使是光绪帝的日讲起居注官恽毓鼎的《崇陵传信录》也断不可信。学者金梁也在《清帝外纪·清后列传》中，对慈安焚烧遗诏和慈禧进献毒盒事，提出质疑："手敕既然焚毁，敕语内容又从何而知？食盒外进，又有谁见到了呢？"

这么说，慈安的死就与慈禧无关了吗？当然不是，其实当时的翁同龢、张之洞等人根据慈禧造假的种种迹象，对慈安病死之说也是心存疑惑，并间接肯定是慈禧所为。

翁同龢的日记中留下了诸多疑点。皇帝皇后生病，按清祖制，应先由军机、御前大臣详细了解情况后传御医，然后御医诊断、开药方，药方应交军机、御前大臣传视，以显示慎重。而慈安九日患病，当日并未见医方发下，这是为什么呢？慈安因偶感风寒，却不到一天就骤然崩逝，死后第二天公布的五个药方，均未说明致病原因，这又是为何？死后第三天，似乎为了消除人们的疑虑，所发药方才写上"伤感过甚，诸症骤发"的含混言语，且药方上也没有御医庄守和的名字。凡此种种，不能不让人生疑。

张之洞觉得事情蹊跷，曾致信李鸿藻："此事实出非常，殓奠一事，翰林院一向是派人轮班前往的，但至今未见知会一声，也没听说到底是派了谁去？"并请教李鸿藻："现在是应静候呢？还是应径直前往呢？即使翰林院没有被派，应当没有大碍吧？敬请指示，不胜感激。"张之洞对慈安逝世后的殓奠的反常迹象也不知如何是好，所以写信求教李鸿藻，但他也不知其中机密。

事过多年，参与殓奠的荣禄才透露了殓奠的秘密。当时荣禄任内务府大臣，慈禧避开了那些好"遇事生风"的翰林院，派她最信任的荣禄亲自前往殓葬，并谕示荣禄："尔等详细视殓，勿令人有疑辞。"荣禄听慈禧这么一说，反倒胆战心惊，殓奠时未敢多看一眼，只赶紧殓毕退下了。慈禧这种欲盖弥彰的做法更显示了背后藏有不可告人的隐秘。

另外的一件事也可佐证慈禧先置慈安于死地的动机和决心，即死后的名位之争。慈安丧葬事，慈禧令减少礼仪。据翁同龢的日记记载，慈安的梓宫用的是楠木，但却是由厚度不过一寸七、八分的多块木头拼成，这与慈安正宫的地位是不相符的。慈禧修园、自我享乐那么舍得花银子，对已作别人世的慈安却如此的苛刻，居心何在？

在谥号问题上，慈禧又一反历代皇后所上谥法的规则，欲以"钦"

字居首，以否定慈安的正宫地位。后翁同龢等人极力抗争，说："贞者，正也。此乃先帝所命也"，且穆宗同治帝尊崇慈安二字，天下人对此也熟闻，谥号中必须用"贞"、"安"二字。最终在其坚持下，慈安才得谥号"孝贞慈安裕庆和敬仪天祚圣显皇后"。

　　至慈安崩逝，慈禧也不放过与她在地位上的争夺，慈禧对慈安的仇视之心可见一斑。虽没有确凿的证据证明慈安就是慈禧所杀，但多方面事实反映，慈禧难脱干系。

　　还有值得一提的一件事就是，慈安死后没过多久，慈禧就下令拆掉慈安的墓，而且把自己的墓地和慈安的墓地换了个位置。因为慈安的墓地在东边，意味着地位较高，慈禧的墓地在西面，就是地位比慈安低，以慈禧的性格，是肯定不想死以后到另一个世界时也屈居于慈安之下的，所以慈禧忽然想到这一点，便先将慈安毒死，然后把自己的墓地和慈安的给换了，心理上便认为自己将来会居于慈安之上。并且她还把自己的墓地装饰得富丽堂皇，在清朝后妃之墓中堪称第一，自以为生前死后都是养尊处优，荣宠无比。不想未过数年，军阀孙殿英便动用军队将她的墓挖开来，将里面的宝物洗劫一空，慈禧之棺更被撬开，身上之物被剥夺一空，还落了个尸骨无存的下场。

清东陵

# 慈禧与奕䜣，战友还是对手？

## 第九章

## 两人相好，一生为奴

慈禧与奕訢关系比较复杂，按史实来看，两人曾做过战友，但这只限辛酉政变之时；要说两人是对手，则说法基本不能成立，因为奕訢根本不够资格，也没那样的能力。曾有人用"一生为奴"这样的话来形容奕訢，还是比较中肯的，他的确做了慈禧一生的奴才。

不过也有人说慈禧太后很早之前就与恭亲王奕訢相好，在她刚入宫做秀女时便与奕訢私通，经常趁别人不注意时偷情狂欢，甚至有人怀疑同治皇帝并非咸丰的亲生儿子，而是慈禧与奕訢的私生子。二人的关系或许没有亲密到那种程度，但二人在咸丰逃往承德前一定有过不少接触，并有一定的了解，因为慈禧很早时就熟悉奕訢的能力和才情，并向咸丰推荐过奕訢，想让他得到重用。

奕訢幼年师从卓秉恬、贾桢，聪明好学。咸丰三年（1853年），奕訢开始在军机大臣上行走。四年连封都统、右宗正、宗令。五年其母孝静成皇后去世，奕訢为其母争封号，被免去军机大臣、宗令、都统，七年才恢复他的都统，九年又授内大臣（侍卫处次长官）。十年英法联军进攻北京，咸丰帝逃往承德，奕訢临危受命，担任议和大臣。九月十五日、十六两日，奕訢分别与英使、法使签订《中英北京条约》与《中法北京条约》，挽救了清皇朝的命运。他主持议和以及进行的大量的善后事宜赢得了西方对他的好感，为他以后的外交活动创造了条件。在议和

奕䜣像

期间他笼络文祥（户部侍郎）、桂良（文华殿大学士）、宝鋆（总管内务府大臣）、胜保（副都统），形成了一个新的政治集团。这是他通过议和捞到的政治资本。

咸丰十年十二月初一，奕䜣、文祥、桂良上《通筹夷务全局酌拟章程六条折》，分析了各列强国特点，认为太平天国和捻军是心腹之患，英、俄是肢体之患，应以灭内患为先，然后对付俄国和英国。这媚外之策为后来借师助剿，镇压太平天国奠定了理论基础。根据他的观察，他认为外国人并非"性同犬羊"，英国"并不利我土地人民，犹可以信义笼络"。清政府把列强只当作"肢体之患"，认为"可以信义笼络"。折子还提出要成立总理各国事务衙门，设南北口岸管理大臣，添各口关税，要求将军督抚办理国外事件互相关照，避免歧误，要求广东、上海各派两名懂外语的人到京以备询问，将各国商情和报纸汇集总理处。十二月十日，总理各国事务衙门设立，出现了军机处以外的另一中枢政府机构。自此，清朝有了专门的外事机构，使清代的外交产生重大突破。衙门还领导了后来的洋务运动。

咸丰帝去世后，奕䜣协助慈禧太后政变，被授予议政王，在军机处担任领班大臣，以他为首的领导班子全面控制了中枢机关。他又身兼宗人府宗令和总管内务府大臣，从而控制皇族事务和宫廷事务大权，又以总理各国事务衙门王大臣的职务主管王朝外交事务，自此总揽清朝内政外交，权势赫赫。这也是奕䜣政治上最好的时期。

19世纪60~90年代，为了求强求富，增强镇压太平天国和抵御外侮的能力，奕䜣支持曾国藩、左宗棠、李鸿章等大搞洋务运动，以兴办军事工业为重点，也兴办民办工业，近代工业从此起步。为了洋务事业，他兴办新式学校，派出留学生，促进了近代教育事业发展。奕䜣奏请两宫皇太后重用曾国藩，与列强极力维持和局，借师助剿，终于镇压了太平天国，赢得了同治中兴，奕䜣获得"贤王"美称。

在外交手段上，奕䜣比较媚外，他亲近列强，也是洋务派领袖。但他为当时的保守派和清流派所鄙视，被呼为"鬼子六"。

奕䜣支持曾国藩等办洋务，但他又主张削弱地方势力，这又引起湘淮势力的不满；奕䜣办洋务，清廷中倭仁等顽固派也不满；由于奕䜣权力受限，不能满足列强的要求，列强对他也开始不满。

相对而言，慈禧太后还能很好地利用奕䜣，也给予了奕䜣巨大权力。随着奕䜣地位高升和声名鹊起，恭亲王奕䜣又引起了慈禧太后的不安。于是慈禧太后利用一切机会对他进行打击，使奕䜣一直浮浮沉沉。

## 慈禧恩威并用，奕䜣沉浮不停

同治四年（1865年）三月初五，编修蔡寿祺弹劾奕䜣，说他揽权纳贿，徇私骄盈，太后命令查办，七日就以其目无君上，免去议政王和其他一切职务。朝中大臣求情，慈禧太后才允许他在内廷行走，并管理总理各国事务衙门，但免去了议政王职务。这是奕䜣遭受的第一次打击。

同治八年，奕䜣支持杀掉慈禧太后亲信安德海，为慈禧太后所恨。

同治十二年，奕䜣劝谏同治帝不要修治圆明园，触怒了同治帝和慈禧太后，被免去亲王王位与一切职务。但慈禧为顾全大局，又恢复了他的职位。

通过其生平经历来看，奕䜣不是素餐尸位的庸碌之辈。他过人的才能、高远的视野以及出色的外交能力，是慈禧执政不可缺少的干将，无论慈禧怎样打压他的势力，领班军机的职位一直由他担任，这充分体现了奕䜣不可或缺的才干。到了光绪帝归政时，慈禧心中隐忧丛生，她决心在归政前一定将奕䜣驱逐出权力核心！

奕䜣主管军机处，这是一个直接关系到清王朝大政方针运作的机要部门，一般认为军机处大约组建于雍正七年（1729 年）。当时，正值雍正对西北准噶尔用兵，往来军报紧急频繁，必须迅速而缜密地处理。可是内阁距宫禁太远，往来不便；而且耳目又多，不利于保密。为此，雍正帝便在宫内隆宗门附近建板屋数间，称军需房，办理机密事务，后来又改名为军机房、军机处。雍正帝及其以后的历代皇帝都十分看中军机处的作用，乾隆帝称由于有了军机处"权衡悉由朕亲裁"。究其原因是军机处的特殊职能和办事方式符合专制主义中央集权日益加强的需要。

军机处的特殊表现在于它不是清朝法定的、独立的政府衙门，而是直属皇帝领导。它无官署、无定员、无专官、无属吏。人员由皇帝自己从亲王、重臣中拣选，均是兼职，按资历地位分别称为军机大臣、军机大臣上行走、军机大臣上学习行走等，统称"军机大臣"，俗称"大军机"。人数不定，少时三人，多时六七人，内中为首者，称为"领班"或"首枢"。

清朝军机处办事是迅速而机密的，军机大臣每天清晨都要谒见皇帝请旨，并迅速处理军国大事。军机处昼夜都有人值班恭候，以备接见，从不误事。皇帝外出巡幸、谒陵、避暑，都有军机大臣相随，因此军机处也并不是紫禁城一处地方。

军机处每日折奏无论是几十件或上百件，一律当天办完，从不耽搁。军机大臣掌握机要之事，因此皇帝接见他们时，左右太监一律退

慈禧太后身世之谜

清代军机处内部摆设

出。可是，进出门时不是要掀帘子么？这件事也只得由军机大臣中的最末一位来担任，因此当时有"挑帘军机"之称。军机处的值庐是机密重地，不准闲人窥伺。内中使用的杂役人员，都是15岁左右不识字的幼童，俗称"小么儿"。皇帝还经常派人在军机处附近稽查、监视，以防有人干扰军机处。

慈禧从军机处入手拿下奕䜣，这样做的目的是很明确的，就是要从根本上铲除奕䜣的势力。光绪帝不是自己的亲生儿子，归政后，自己能否依然操控自如？这是非常令慈禧担忧的。尤其令她不放心的是，奕䜣统领的军机处是掌管军国大事运作的中心所在，如果自己撤帘归政，谙熟朝政运作的奕䜣势必如脱缰的野马，到时自己将鞭长莫及，又如何暗操皇权？此时，对于慈禧而言，如果能够组建一个由自己的嫡系组成的军机处，就可以在军国大事的运作上贯彻自己的主意，由此就可以达到自己长久把持朝政，而根绝奕䜣东山再起的可能。

这样，不仅可以操纵亲信挟持光绪帝继续按照自己的旨意办事，可以保证自己虽撤帘却仍在幕后，保证自己操纵朝局目的的实现。

慈禧是如何罢免奕訢的呢？所谓"欲加之罪，何患无辞"，治人的机会对慈禧来说是极易把握的，中法战争进行期间，慈禧就找到了良机。

鸦片战争后，法国一直在亚洲中南半岛上扩张殖民地。光绪九年（1883年），占领越南南部的法国一方面不断向越南调兵遣将，并大举北进；一方面利用外交手段向清政府进行讹诈，力图用武力恫吓逼迫清政府满足它的侵略要求。面对法国所制造的西南边疆严重危机，朝野上下"战"、"和"分歧十分明显。

作为当时最高权力的控制者，慈禧在对法交涉的"战"、"和"态度上游移不定，迁延不决。相当长的时间内，慈禧没有明确的态度。她把处理这一严峻局势的全权交给李鸿章，命其"相度机宜，妥为筹办"。

很明显，慈禧含混的态度表明她对中法战争存在极大的侥幸心理。而此时，身为军机领班的奕訢，对"战"、"和"这样关乎国家命运与未来的大问题上也不置可否，甚至动辄请假或不入朝，不和不战、麻木不仁。奕訢的态度，令当朝诸臣十分不解，翁同龢更是心急如焚："如何如何，愤懑填膺也。"那么此时那个纵横捭阖的奕訢哪去了？其实，此时的奕訢正有病在身，且在多年理政和与慈禧的较量中，他已身心俱疲，锐气全消，并且在慈安死后，他也已变得孤立无援。

自从咸丰十一年（1861年）与慈禧联手扳倒八大臣以后，奕訢就入值军机处，这一做就是20余年，内忧外患的国家政局，使得奕訢几乎没有片刻闲暇。光绪八年，长期的劳累奔波，日积月累，奕訢的身体健康状况迅速下降，经常感觉倦怠。八月以后，更是感觉身体不支，有时甚至几天不能入值军机，且经常便血，无奈请长假在家养病。十二月初一（1883年1月9日），鉴于奕訢病情无法在短期内恢复，总理衙门许多事亟待处理，慈禧太后正式谕令李鸿章代理该衙门有关外交大事。次年二月（1883年3月），奕訢病愈，但仍精神不振。慈禧召见，见其依然难堪繁巨事务，于是又赏假一个月，让他安心调理。直至该年六月（7月），奕訢才重入军机。而此间正是法国不断在西南边疆挑起事端、朝野上下"战""和"难决的时候。

奕䜣在与慈禧20余年的合作中,对于慈禧的专断擅权、阴险毒辣早已领教。每一次的挫折都使他的锐气有所消磨。同治初年,奕䜣意气风发,大有挽江山于既倒的胆识与魄力,朝野上下好评如潮,然而,奕䜣势力的异军突起,使慈禧无法容忍,于是就有了慈禧在同治四年以日讲起居注官蔡寿祺参劾为口实的全力打压,不仅削去了"议政王"的名号,而且还致使高傲的奕䜣经历"双膝跪地,痛哭谢罪"的蹉跎。同治十二年,奕䜣又因在同治帝重修圆明园的问题上拍案而起,被同治帝削去王号,罢免本兼各职。虽经两宫太后做主,撤销了处分,仍主持军机,但鼎力任事的魄力已远不如任事之初,凡事多有回避,很少建言。

光绪七年,慈安暴病身亡,两宫垂帘骤然变成慈禧独裁。虽然朝政的掌控在慈安生前也是慈禧为主,但毕竟有慈安的牵制,慈禧还有所顾忌。伴随着慈安的故去,奕䜣势单力孤,更不敢轻易与慈禧面折廷争。

# 甲申易枢，奕䜣遭贬

中法战争爆发前后，奕䜣对言战颇感犹豫，对言和又颇多顾忌。遭受多次打击和大病初愈的奕䜣此时尽量保持少言说的态度，不断揣摩慈禧的意向。为讨好慈禧，奕䜣为半年后慈禧寿典一事煞费苦心，企图博得慈禧的好感。《翁同龢日记》载：光绪十年三月初四日（1884年3月30日）"恭邸述醇邸语请旨，则十月中进献事也（为慈禧祝寿事），极琐细不得体。慈（慈禧）谕谓本不可进献，何用请旨，且边事如是，尚顾此耶。意在责备。而邸（恭王）犹刺刺不已，竟跪六刻，几不能起"。

由此可见，此时的奕䜣已经完全没有了昔日的果敢与睿智。而慈禧不然，她嗜权如命，来自于任何一方的挑战，乃至于一丝一毫的碰撞，都会引发她的全力反击。即使是潜在的力量，她也绝不姑息。更何况奕䜣这样举足轻重的人物，无论是过去还是将来，慈禧都把他视为权力的威胁，她岂能姑息？慈禧缺少的就是借口和机会。光绪十年初，中法战争连续失败，朝野舆论哗然，慈禧找到了难得的借口。

三月初八（4月3日），慈禧召见军机大臣，不失时机地为罢免军机大臣改组军机处制造舆论。她在分析战争责任时，大谈特谈官员因循守旧，应对不力。据《翁同龢日记》记载："今日入对时，谕及边防不靖，疆臣因循，国用空虚，海防粉饰，不可以对祖宗。"言辞颇为严厉，所指非常明确：军机大臣不得力，不惩办无以对祖宗。

在慈禧的舆论导向下，日讲起居注官左庶子盛昱上《疆事败坏请将军机处交部严议》奏折，严厉弹劾张佩纶、李鸿藻，同时敦促恭亲王奕䜣和军机大臣宝鋆等，不要蒙蔽视听、诿卸责任，而要戴罪图功。

慈禧如获至宝，将折子留中不发，她要不露声色地安排一切。首先，她要把奕䜣支开。恰好第二天，即三月初九（4月4日）是清明节，慈禧派奕䜣去东陵祭祀，主持慈安皇太后三周年祭典。往返东陵需要一些时间，她完全可以借此机会逐一安排，然后，频频召见亲信宠臣。随后，慈禧以祭奠九公主的名义前往九公主府并留下用膳，此次，她又以祭奠为借口，不露声色地制造了一次单独召见奕谖的机会，两人进行了秘密的商讨。十二日，慈禧在召见军机后，相继密见了孙毓汶和奕谖。

一切准备停当之后，慈禧迅速对奕䜣发出致命一击。十三日，奕䜣办理完祭典相关事宜后回来，本应召见，但这一天，慈禧只召见御前大臣、大学士、六部满汉尚书，军机大臣一概未得召见。就在奕䜣和诸军机大臣耐心等待召见的时候，忽然传出太后懿旨，让在场的每一个人都大吃了一惊！这是一份革除奕䜣及全体军机大臣的上谕，宣布将奕䜣为首的军机处全班撤换。奕䜣被革去一切职务，并撤去恩加双俸，令家居养疾，处罚最重。跟随奕䜣二十多年的宝鋆也被开去一切差使，仍以原品休职；李鸿藻和景廉降两级调用；翁同龢革职留用，退出军机，仍在毓庆宫行走，继续为光绪帝授读，处罚最轻。

上谕加给奕䜣等人的罪状是："军机处实为内外用人行政之枢纽。恭亲王奕䜣等，始尚小心匡弼，继则委蛇保荣，近年爵禄日崇，因循日甚，每于朝廷振作求治之意，谬执成见，不肯实力奉行，屡经言者论列，或目为雍蔽，或劾其萎靡，或谓簠簋不饬，或谓昧于知人。"（《清代通史》）

同日又宣布了新军机处的人员组成：礼亲王世铎，户部尚书额勒和布、阎敬铭，刑部尚书张之万在军机大臣行走，工部左侍郎孙毓汶在军机大臣上学习行走。光绪十年是甲申年，历史上又把这次重大的朝廷人

奕訢照

事变动称为"甲申易枢"或"甲申朝局之变"。

慈禧在不到一个星期的时间里，便完成了左右天下时政的军机处大换血，建立了完全听命于自己的中枢机构。这次高层人事大变动，行动之迅速、借口之恰当、更换之彻底、安排之巧妙均令人叫绝，其反响之微弱也让当时及后世人出人意料。

这次奕訢惨遭罢黜，反对之声寥寥无几，与同治四年那次弹劾风波引起的反响完全不同。那次慈禧在举朝的强大的舆论压力下，被迫收回成命，只是削掉奕訢"议政王"的封号。而这一次罢免反对的呼声甚微，仅寥寥数人上疏。前后十九年，同样是罢黜奕訢，反差如此之大！

至此，慈禧将奕訢的力量彻底铲除，自"辛酉政变"以来，慈禧与奕訢之间20余年的政治合作和斗争终告结束。

奕訢被罢免后，取而代之的是慈禧的妹夫醇亲王奕譞。在大事的处理上，军机处必须与醇亲王奕譞商办、裁夺，实质上就是将奕譞置放在军机处领班的位置上。

之后奕訢常年在西郊戒台寺静修，一直到1894年中日甲午战争败战以后才再度被起用，但当时奕訢老迈，因早已看破慈禧用权之心，更无斗志，政治上毫无作为。

光绪二十四年（1898年）奕訢病故，终年66岁，奕訢一生，在政治舞台上经历几番大起大落，却始终未出慈禧之控制，真可谓"一生为奴"。

# 慈禧之死，谜雾又生

## 第十章

## 帝后同死，秘密何在？

慈禧七十岁以后身体便渐衰弱，接连生病。她生日是十月初十，73岁寿辰时，宫廷内外，照例要举行庆典，慈禧都要参加，此时她的病情有增无减，到十月十四日，病情继续有所增重，十五日，病情继续有所发展，脉息呈"左寸关弦而近躁，右寸关滑数鼓指，气口脉浮"。其他如肝、胃、肺部之病象仍如前，而又新增"周身疼痛，面目发浮"之病象。

让人意想不到的是，就在慈禧病入膏肓之际，年仅38岁，正值盛年的光绪帝的身体突然变差，且状况急转直下，到十月二十一日，慈禧还未死之际，光绪皇帝却突然进入弥留状态，酉刻即在瀛台涵元殿含恨而死。其时为1908年11月14日，终年38岁。

第二日午后，慈禧太后这个视权如命的恶毒老妇人，在掌权大清47年之后，终于告别人世，撒手西归，终年74岁。此时距光绪皇帝离世未及一日，只刚刚过去20个小时。

一代妖后，终于作古，但临死之际，她又留下了一个巨大的谜团——光绪与慈禧，一帝一后，几乎同日而死，且年纪尚轻的光绪皇帝死在了老迈的慈禧之前，事情怎会如此巧合？

这其中，定有不为人知的秘密。

关于光绪之死，历来众说纷纭，但众多的证据和说法的矛头都指向了慈禧。

还在慈禧和光绪刚死之时，大洋彼岸的《纽约时报》于1908年11

光绪皇帝葬礼时的情景

月 16 日有这样的报道：从北京发往伦敦《泰晤士报》的一则消息说，大清国慈禧皇太后已于今天去世。大清国皇帝陛下刚刚于周六去世，他们两人死亡时间离得如此之近，不由使人疑窦。人们怀疑这件事情的背后可能有谋杀。而刚刚死去丈夫的皇帝遗孀对其他人而言无足轻重。

看来，连只关心在中国的利益而不关心政治的外国人，都相信光绪皇帝的死和慈禧太后有关。

## 担心死后之事，先行毒死光绪

那么慈禧是怎么害死光绪皇帝的呢。

1938 年，光绪的陵墓曾遭盗掘。1980 年，我国有关部门对光绪皇帝的棺椁进行清理并重新封闭，光绪的若干头发、遗骨与衣服被移出，保存在清西陵文物管理处的库房。2003 年，清西陵文物管理处等四家

单位相关工作人员组成了一个课题组，研究者采集了光绪皇帝遗体上的两小绺头发，试图用现代科技破解光绪帝死因这一百年疑案。

经过一系列实验和模拟实验，诸多证据表明，光绪帝的两小绺头发砷含量的最高值远远高于同时期的人，是光绪隆裕皇后的 261 倍，也远远高于其棺椁内物品和墓室内外环境样品的最高含砷量。在光绪遗留下来的三件较为完整的上衣中，胃部和腹部位有多处腐蚀脱落形成的窟窿。

以上检测结果表明：大量的砷化合物曾留存于光绪帝尸体的胃腹部，其生前可能先被少量服用，后又大量服用，其尸体腐败过程中，这种剧毒化合物也四处扩散，并由里向外侵蚀衣物。由此可推知：光绪帝的骨骼、内层衣物及头发的高含量砷，均来自其尸体胃肠内含砷的物质。

光绪皇帝胃肠中致命的砷元素究竟来自哪种化合物呢？经过一系列分析、比较和小鼠实验。课题组专家们得出的结论是：砒霜。

砒霜是一种剧毒化合物。人口服砒霜 60 ~200 毫克就会中毒死亡。因受条件限制，光绪帝尸体中的砒霜总量难以测算，但仅头发残渣中的砒霜总量就高达约 201.5 毫克。

2008 年 11 月 3 日，国家清史编纂委员会在北京举行光绪死因研究报告会，正式宣布光绪皇帝载湉死于急性砒霜中毒。

由此基本可以盖棺定论，光绪皇帝是被人毒死的，那么又有谁能毒死光绪皇帝呢？除了慈禧，其他人基本都做不到。

长期以来，中国史学界的主流意见倾向于光绪帝死于谋杀，认为谋杀的嫌疑人有慈禧太后、袁世凯、李莲英、崔玉贵等。但清朝在皇帝的饮食安全、医疗保健方面有一套极为严格的制度，袁世凯身为大臣，无法接近皇帝，没有下手的机会，他若起意谋杀，只能买通太监下手，而这需过重重关卡，以他当时的能力，基本做不到。李莲英和崔玉贵身为太监，但如果不奉旨意，也难以接近皇帝；更何况李莲英缺乏谋杀的动机，他平素对光绪帝多有关照，光绪帝曾说过"若无李俺答，我活不到今日"这样的话，可见，即使光绪帝上台执政重翻旧案也跟李莲英无关，所以，他作案的可能性不大。

其实，光绪帝若死于谋杀，主谋元凶基本可以断定是慈禧太后，因为按常情推断，若没有她的指使，一般人不仅没有条件，也没有胆量下这种毒手。所以还是她下的命令，具体执行者很可能是李莲英和崔玉贵等一帮太监，因为在庚子年间崔玉贵就奉旨杀了珍妃，以此类推，他奉慈禧之命直接对光绪下手的嫌疑最大。

慈禧之所以先行毒死光绪皇帝，是她自知生前与光绪帝结下太多矛盾，担心死后遭到以他为首的势力的清算，所以不顾姨甥之亲、母子之义而痛下杀手。据《清德宗实录》记载，在光绪帝逝世的前一天，慈禧授予光绪帝同父异母弟弟醇亲王载沣"摄政王"的职位，将他的长子溥仪接到宫中教养，这便是她的老情人荣禄的外甥。光绪帝咽气后，慈禧立即宣布：溥仪继承同治皇帝，兼祧光绪皇帝，为清朝新一代君主。又规定："嗣皇帝尚在冲龄，正宜专心典学。着摄政王载沣为监国，所有军国政事，悉秉承予之训示裁度施行。"这表明溥仪为帝，载沣摄政。在慈禧做出这一系列决定的第二天，她就走到了自己生命的尽头。可见，关于光绪皇帝死亡及前后所发生的一切事，都是慈禧安排好的。综合分析下来，正是慈禧在死前用砒霜毒死了光绪皇帝，这一说法，基本可以为光绪之死因盖棺定论。

清东陵之葬慈禧的定陵

## 慈禧厚葬东陵，终遭斫棺弃尸

光绪帝的一生是令人扼腕叹息的，其死后也是如此，在光绪登基直至驾崩长达 34 年的岁月里，不但一生竭力倡导的改革事业未能成就，图谋报国的壮志未竟，就连自己的陵寝也未兴建。直到他驾崩后，才由他的异母弟、新登基的宣统皇帝溥仪之父、醇亲王载沣派人在西陵界内找了一块叫绝龙峪的地方，兴建了清王朝统治时期最后的一座皇帝陵寝。当 1911 年辛亥革命兴起，大清王朝正式宣告灭亡时，已驾崩 3 年的光绪皇帝，那硬邦邦的尸体还躺在紫禁城一间漆黑的屋子里，直到 1913 年才被草草安葬于绝龙峪。光绪帝倒霉至此，生前的哀婉凄惨身陷囹圄总算过去，但死后又凄惨葬到绝龙峪中，不知他的孤魂该是怎样的忧愤与悲哀了。

而与光绪帝冷冷清清的身后事相比，执掌政权近 50 年的慈禧太后的丧事却办得异常奢华隆重，给她上的谥号也美轮美奂："慈禧端佑康颐昭豫庄诚寿恭钦献崇熙皇太后"。

慈禧一生都在恃宠专权，作威作福，生前享尽人间荣耀与辉煌，死后更是气派非凡，华贵异常。在她死亡 24 天后的十一月十六日，慈禧安排的太监们将她的尸体入殓于棺椁之中，同时放进棺椁的还有大量金银珠宝和其生前喜爱的宠物，整个棺椁造价昂贵，豪华无比。其木料均取自云南的深山老林，光是这些木材的运费就耗银数十万两。当棺椁成型后，先用 100 匹高丽布缠裹衬垫，然后再反复

光绪陵墓崇陵

油漆 49 次，始装殓慈禧尸骨。

　　据说慈禧的陵寝建筑也是清东陵建筑群中最精美的一座，可称得上是金、木、石三绝。先说"金绝"：据《清史》记载，慈禧的陵寝仅三大殿所用的金叶子就达 4592 两以上，殿内外彩绘 2400 多条金龙，64 根柱上都缠绕着半立体铜鎏金盘龙，墙壁上的大量图案也全都筛扫黄金。这货真价实、金碧辉煌的陵寝虽经盗墓者洗劫，但如今依然可见黄金雕饰的豪华残迹与碎片。

　　再说"木绝"，慈禧的陵寝三大殿的梁、枋都是用木中上品黄花梨木制成。这种木质坚硬、纹理细密的木材现在已濒临绝种，其价值称得上是寸木寸金。而慈禧的棺椁更是用名贵的金丝楠木制成。

　　再说"石绝"，慈禧陵寝的石料一律采用上好的汉白玉，石雕图案更是绝中之绝。隆恩殿的汉白玉石栏板上，都用浮雕技法刻成前飞凤、后追龙图案。76 根望柱柱头全部雕刻着翔凤，凤的下面是雕在柱身里、外侧的两条龙，形成独一无二的"一凤压两龙"造型，寓意着慈禧生前凌驾于皇帝之上的权力。而殿前的凤龙丹陛石雕刻更是石雕中的珍品。

　　从慈禧崩亡到棺椁抵达东陵，其间将近折腾了一年，最后总算于宣统元年（1909 年）十月初四巳时，将棺椁葬入菩陀峪定东陵地宫。整个殡葬共耗费白银达 120 多万两，为大清历代帝王后妃葬礼之最。这个

慈禧太后身世之谜

女人假如死后有知，她应该为自己生前死后都志得意满了。

　　当慈禧躺到华贵无比的地宫中时，辉煌夺目的紫禁城已进入大清帝国日落后的黄昏，光芒灿烂的昌瑞山，也将很快王气不再，并进入一代王朝彻底衰败的最后一缕暮色之中。

　　而慈禧更想不到的是，还在她未死之时，河南省永城县一个年近20岁的乡村青年开始走出贫困的故乡，在军阀混乱的中国大地上四处寻找发迹和求财的机会，19年后，他率领一支军队盗掘了清东陵，并且重点开挖了传说藏有大量珍宝的慈禧的陵墓，在大掠其财的同时，又将慈禧本人的尸体特别"关照"地抛于棺外，盗墓士兵还对其大加污辱。这个人就是中国近代史上著名的"盗陵将军"孙殿英。此人此举虽为人不齿，但也算是为世人对慈禧的仇恨作出了让人稍为中意的回答。

　　慈禧死后仅仅三年，清政府便在武昌起义的枪声中轰然倒塌，慈禧的侄女隆裕太后签署了清帝退位的诏书，历时268年的大清王朝宣告作古，慈禧太后费其一生心血，用尽各种手段，凭其冲天的权力欲望，毁掉了大清王朝，终于替其叶赫一族实现了"叶赫灭清"之誓言，其为祸国家之甚、流恶影响之大，使民族受辱之深，实为亘古未有。

祭奠慈禧时的情景

# 附录一：中国清代皇帝简表

| 庙号 | 姓名 | 在世时间 | 在位时间 | 年号 | 皇陵 |
|---|---|---|---|---|---|
| 清太祖 | 爱新觉罗·努尔哈赤 | 1559—1626 | 1616 年 ~ 1626 年 | 天命 | 福陵 |
| 清太宗 | 爱新觉罗·皇太极 | 1592—1643 | 1626 年 ~ 1643 年 | 天聪 崇德 | 昭陵 |
| 清世祖 | 爱新觉罗·福临 | 1638—1661 | 1643 年 ~ 1661 年 | 顺治 | 孝陵 |
| 清圣祖 | 爱新觉罗·玄烨 | 1654—1722 | 1661 年 ~ 1722 年 | 康熙 | 景陵 |
| 清世宗 | 爱新觉罗·胤禛 | 1678—1735 | 1722 年 ~ 1735 年 | 雍正 | 泰陵 |
| 清高宗 | 爱新觉罗·弘历 | 1711—1799 | 1735 年 ~ 1795 年 | 乾隆 | 裕陵 |
| 清仁宗 | 爱新觉罗·颙琰 | 1760—1820 | 1796 年 ~ 1820 年 | 嘉庆 | 昌陵 |
| 清宣宗 | 爱新觉罗·旻宁 | 1782—1850 | 1820 年 ~ 1850 年 | 道光 | 慕陵 |
| 清文宗 | 爱新觉罗·奕詝 | 1830—1861 | 1850 年 ~ 1861 年 | 咸丰 | 定陵 |
| 清穆宗 | 爱新觉罗·载淳 | 1856—1875 | 1861 年 ~ 1875 年 | 祺祥 同治 | 惠陵 |
| 清德宗 | 爱新觉罗·载湉 | 1871—1908 | 1875 年 ~ 1908 年 | 光绪 | 崇陵 |
|  | 爱新觉罗·溥仪 | 1906—1967 | 1908 年 ~ 1912 年 | 宣统 | 华龙陵园 |

注：宣统帝溥仪因是末代皇帝，没有庙号，初葬八宝山革命公墓，后在家属要求下移葬华龙陵园。

# 附录二：慈禧太后大事记

慈禧太后于清道光十五年十月初十（1835年11月29日）出生，一般认为慈禧出生于北京西四牌楼劈柴胡同（今辟才胡同）。

咸丰二年（1852年5月）（18岁），选秀入宫，赐号兰贵人。

咸丰四年（1854年）（20岁），晋懿嫔。

咸丰六年（1856年）（21岁），生皇长子载淳（后来的同治皇帝），当日晋懿妃。

咸丰七年（1857年）（22岁），晋懿贵妃。

咸丰十年（1860年）（26岁），英法联军攻陷北京，咸丰皇帝率后妃宗室重臣等避祸承德避暑山庄，命恭亲王奕䜣留京与联军议和。

咸丰十一年（1861年）（27岁），咸丰皇帝驾崩，皇子载淳继位，以皇帝生母被尊为圣母皇太后；九月，在恭亲王奕䜣支持下发动辛酉政变，两宫太后联合恭亲王，杀肃顺等八大臣，成功夺权，垂帘听政。

同治元年（1862年）（28岁），同治皇帝对圣母皇太后晋徽号"慈禧"。（此时同治帝年幼，实际是西太后以同治皇帝的名义给自己晋徽号）

同治四年（1865年）（31岁），罢议政王奕䜣职务，遭洋人、宗室、大臣疑问，旋又复职。

同治十三年（1874年）（40岁），同治皇帝驾崩，因其无嗣；遵皇太后之意，由醇亲王奕譞之子载湉继位（即光绪帝）。

光绪七年三月（1881年）（47岁），慈安皇太后钮钴禄氏逝世（多认为慈禧所杀），年45岁，从此慈禧独尊天下。

光绪十三年（1888年）（54岁），光绪帝大婚，翌年亲政；慈禧继续"训政"。

光绪十九年（1894年）（60岁），皇太后六十大寿庆典；甲午中日战争战败。

光绪二十四年（1898年）（64岁），因光绪皇帝发起戊戌变法，皇太后发动戊戌政变，杀六君子、囚光绪，后重行训政。

光绪二十六年（1900年）（66岁），因义和团发起庚子拳乱，导致列强八国联军攻入北京，帝后被迫离京，前往西安避祸。

光绪二十七年（1901年）（67岁），《辛丑条约》签订后，慈禧与光绪两宫回銮北京；皇太后及皇帝下诏罪己、行庚子新政。

光绪三十四年（1908年）（74岁），光绪皇帝驾崩后一天，皇太后于11月15日下午五时病逝，后葬于定东陵；大行皇帝无嗣，由醇亲王载沣为摄政王，其子溥仪为帝（即后来的宣统皇帝）。

1928年，军阀孙殿英借演习之名，率其部下盗掘了金碧辉煌、极尽奢华的慈禧定东陵，将其抛尸棺外。

# 参考资料

[1]《晚清史》，戴鞍钢著，上海百家出版社，2009年5月出版。

[2]《慈禧大传》，徐彻著，国际文化出版公司，2012年1月出版。

[3]《正说慈禧》，丁燕石著，浙江人民出版社，2006年1月出版。

[4]《清朝三百年史》，张杰著，社会科学文献出版社，2011年12月出版。

[5]《清朝十二帝》，阎崇年著，人民出版社，2010年7月出版。

[6]《话说清朝那时候儿》，史官、启航编著，北京理工大学出版社，2012年6月出版。

[7]《别笑，这是大清正史》，雾满拦江著，武汉出版社，2010年8月出版。

[8]《光绪帝毕生血泪史》，德龄著，天津古籍出版社，1999年3月出版。

[9]《清朝全史》，郑永安编著，云南人民出版社，2011年8月出版。

[10]《大家说历史：王钟翰说清朝》，王钟翰著，上海科学技术文献出版社，2009年1月出版。

[11]《穿越百事通——清朝不可不知的历史细节》，周舟著，苏州古吴轩出版社有限公司，2012年7月出版。

[12]《向斯说慈禧》，向斯著，工人出版社，2010年8月出版。

[13]《黎东方讲史：细说清朝》，黎东方著，上海人民出版社，2007年4月出版。

[14]《这一朝兴也太后亡也太后·慈禧》，丁燕石著，工人出版社，2011年1月出版。

[15]《剑桥中国晚清史1800–1911年》（上、下卷），（美）费正清等编，中国社会科学出版社，1985年2月出版。

[16]《天公不语对枯棋：晚清的政局和人物》，姜鸣著，三联书店，2006年1月出版。

[17]《说慈禧》，隋丽娟著，中华书局，2007年2月出版。

[18]《咸丰皇帝》，叶子文著，中国华侨，2009年1月出版。

[19]《咸丰事典》，庄吉发编著，紫禁城出版社，2010年7月出版。

[20]《咸丰同治两朝上谕档》，中国第一历史档案馆编，广西师范大学出版社，1998年8月出版。

[21]《话说大清逃亡皇帝——咸丰私密档案全揭秘》，圣烨编著，尹楠摄影，北方文艺出版社，2005年8月出版。

[22]《慈禧太后和她身边的男人们》，高淑兰编著，凤凰出版社，2011年4月出版。

[23]《慈禧太后演义》，蔡东藩著，华夏出版社，2009年3月出版。

[24]《同治事典》，刘耿生编著，紫禁城出版社，2010年7月出版。

[25]《正说清朝非常人物——慈禧与恭亲王》，马东玉著，团结出版社，2009年9月出版。

[26]《恭亲王奕䜣政海沉浮录》，汤黎著，湖北人民出版社，2006年1月出版。

[27]《慈禧太后》，张延芬著，北方文艺出版社，2005年9月出版。

[28]《慈禧后宫实录》，德龄著，沈紫，林清译，学林出版社，2002年2月出版。

[29]《囚徒天子光绪皇帝》，喻大华著，商务印书馆，2011年11月出版。

[30]《光绪皇帝》，卢建中，熊诚著，安徽文艺出版社，2009年7月出版。

[31]《正说光绪》，徐彻著，上海古籍出版社，2005年8月出版。